淮安绿色高地建设研究

何 伟 朱 洁 著

中国矿业大学出版社

·徐州·

图书在版编目(CIP)数据

淮安绿色高地建设研究 / 何伟,朱洁著. —徐州：中国矿业大学出版社,2021.11

ISBN 978-7-5646-5197-8

Ⅰ.①淮… Ⅱ.①何…②朱… Ⅲ.①绿色经济-区域经济发展-研究-淮安 Ⅳ.①F127.533

中国版本图书馆 CIP 数据核字(2021)第 222471 号

书　　名	淮安绿色高地建设研究
著　　者	何　伟　朱　洁
责任编辑	史凤萍
出版发行	中国矿业大学出版社有限责任公司
	（江苏省徐州市解放南路　邮编 221008）
营销热线	(0516)83884103　83885105
出版服务	(0516)83884895　83884920
网　　址	http://www.cumtp.com　E-mail:cumtpvip@cumtp.com
印　　刷	苏州市古得堡数码印刷有限公司
开　　本	787 mm×1092 mm　1/16　印张 19.5　字数 270 千字
版次印次	2021 年 11 月第 1 版　2021 年 11 月第 1 次印刷
定　　价	68.00 元

（图书出现印装质量问题,本社负责调换）

序

党的十八大以来,以习近平同志为核心的党中央高度重视生态文明建设,把生态文明建设项目纳入中国特色社会主义总体布局,推动生态文明理论创新、实践创新、制度创新,提出了包括"两山"理论、防治"三个治污"、建设美丽中国、碳达峰碳中和纳入生态文明建设整体布局等一系列新理念、新思想、新战略、新要求、新举措,由此形成了习近平生态文明思想,开辟了我国生态文明建设理论和实践探索的新境界。

淮安市认真贯彻落实新发展理念,坚持生态优先、绿色发展,坚持经济发展和生态环境保护的辩证统一,以生态环境高水平保护促进经济高质量发展。截至2021年10月,淮安颁布施行永久性绿地保护首部地方性法规,获批全国第一批生态文明先行示范区试点城市、全国绿色交通试点城市,公众生态环境满意率位居全省第二;持续打好蓝天碧水净土保卫战,$PM_{2.5}$浓度实现"五连降",国省考断面全面消除劣Ⅴ类,入选国家黑臭水体治理示范城市,创成国家水生态文明试点市,国家和省级水利风景区数量居全省第一,高颜值的美丽淮安画卷徐徐铺展。

目前,长三角一体化发展、大运河文化带建设、淮河生态经济带建设等国家战略在淮安叠加交汇,淮安被明确为全国性综合交通枢纽;经济总量跃过4 000亿元大关,人均国内生产总值(GDP)迈过1万美元台阶、达到12 683美元;全国城市GDP百强榜排名上升至第58位;产业结构持续优化,"333"主导产业体系加速构建。现在的淮安比以往任何时候都更接近、更有信心和能力重塑"运河之都"和"壮丽东南第一州"的繁华盛景。为此,2021年9月,中国共产党淮安市第八次代表大会提出今后淮安五年的目标任务是:聚焦打造"绿色高地、枢纽新城",全面建设长三角北部现代化中心城市。

打造淮安"绿色高地",要以习近平新时代中国特色社会主义思想为指导,统筹推进"五位一体"总体布局,协调推进"四个全面"战略布局,把握新发展阶段,完整、准确、全面贯彻新发展理念,践行绿色发展理念,优化思路、创新方法,全面促进人与自然和谐共生。

打造淮安"绿色高地",要以生态环境高水平保护促进经济高质量发展,要推动生态环境综合治理、系统治理、源头治理,要积极探索生态价值实现机制,推进生态产业化和产业生态化,加快走出一条生态淮安、美丽淮安路径。

打造淮安"绿色高地",需要全市人民凝聚智慧力量,共同献智献力。既要有经济项目发展、工程项目建设的长期艰苦创业,也要有发展理念、发展思路和措施的长期研究,持续为"绿色高地"建设提供高质量的智力服务。

《淮安绿色高地建设研究》一书,是何伟、朱洁两位专家持续十多年围绕淮安"绿色高地"建设调查研究的智力成果。本书紧扣长三角一体化发展、大运河文化带建设、淮河生态经济带建设、江淮生态经济区等国家和省级战略,深入联系淮安经济社会发展实际,从淮安生态经济发展、淮安河湖流域生态建设、淮安生态经济带、淮安生态文明建设、淮安盐化工产业绿色发展五个方面建言献策,不少建议得到省、市领导的批示并在有关征文评比中获奖。相关研究成果既有实践理论的创新,也有较高的决策服务价值。书中所汇集的35篇调研论文,是当前淮安市生态文明建设研究领域内容最丰富、最具有代表性的研究成果。希望本书的出版,能够给广大学者和热爱、关心淮安发展的朋友们以启迪,共同为打造淮安"绿色高地"贡献智慧。

成长春

2021年10月于南通

成长春,江苏省重点高端智库——江苏长江经济带研究院院长兼首席专家,江苏省中国特色社会主义理论体系研究中心南通大学基地主任,江苏省乡村振兴智库研究院首任院长。

目 录

淮安生态经济发展

淮安生态经济发展总论（上） …………………………………… 3

淮安生态经济发展总论（中） …………………………………… 12

淮安生态经济发展总论（下） …………………………………… 21

淮安市直沿运河工业企业绿色转型发展思考 …………………… 30

构建淮安"2＋4"生态产业体系的思考 ………………………… 39

推进淮安大运河生态经济带发展的思考 ………………………… 48

以生态工业大发展助推淮安高质量发展 ………………………… 57

区域生态经济一体化与江淮生态经济区规划思考 ……………… 65

管理技术视角的苏北生态建设规划优化建议 …………………… 74

淮安、盐城合作共建生态产业先行区 …………………………… 78

江淮生态经济区推进生态保险的思考

  ——以淮安市发展生态保险服务为例 ……………………… 85

绿色发展呼唤生态 GDP 管理机制

  ——推进江淮生态经济区绿色发展的思考 ………………… 92

淮安河湖流域生态建设

加强洪泽湖生态保护和建设
　　——白马湖生态环境建设的启示 ………………………………… 101
淮安市白马湖生态环保工程建设的建议 …………………………… 106
淮安永济河生态环境治理建议 ……………………………………… 114
从环境修复到生态修复
　　——白马湖生态环保工程建设的风险启示 …………………… 123

淮河生态经济带

推进淮河生态经济带战略基本工作的思考
　　——以江苏区域推进工作为视角 ……………………………… 131
构建先导区还需保持工作领先一步
　　——淮安推进淮河生态经济带战略的基本问题思考 ………… 139
借力国家发展战略　打造生态环保产业
　　——淮河生态经济带建设中的淮安生态环保产业发展思考 …… 144
积极探索淮河流域建立水环境生态补偿机制 ……………………… 150
推进淮河生态经济带国家战略形成的调研建议
　　——基于淮安市推进淮河生态经济带国家战略的视角 ……… 157
淮河生态经济带与江淮生态大走廊融合的思考
　　——江淮生态大走廊建设融入国家级淮河生态经济带战略 …… 168

淮安生态文明建设

加强生态文明建设　推进淮安高质量发展 ………………………… 177
淮安"绿水青山"转化为"金山银山"的践行路径 ………………… 190
淮安市创建国家森林城市的优势和对策 …………………………… 200
建议淮安通过生态环境一体化融入长三角城市群 ………………… 209

发挥国家水利风景区功能　提升淮安水利枢纽旅游功能……… 214

提升淮阴水利枢纽旅游功能　建设运河水利风景区………… 222

美丽淮安建设成效、问题与对策 …………………………………… 226

淮安盐化工产业绿色发展

淮安盐岩矿区地质环境保护探析 ………………………………… 247

做大做强淮安元明粉特色产业的调查与建议 ………………… 253

淮安盐化工园区循环经济路径探析 ……………………………… 263

淮安盐化工产业可持续发展的思考 ……………………………… 270

关于进一步理顺市盐化工园区管理体制及相关问题的思考 …… 279

盐化新材料产业：科学定位·氯碱先行·人才支撑

　　——兼第九期淮安发展学术沙龙综述 ……………………… 288

后记 ……………………………………………………………………… 299

淮安生态经济发展

淮安生态经济发展总论(上)[①]

淮安经济社会发展正在从工业文明步入生态文明,生态文明建设和生态经济发展成为淮安高质量发展必不可少的内涵,生态经济的发展自然也就成为经济领域最为瞩目的内容。改革开放以来,淮安经济也同样经历了高速发展的阶段,其成就既有国家改革开放的"红利",也有淮安人民创业奋斗的结果;既有淮安本地区经济发展内在规律的作用,也有淮安经济社会资源禀赋的决定性因素。对淮安的经济社会发展来讲,生态经济是一个全新的经济形态,是否符合淮安经济发展的内在规律要求?应当怎样与淮安资源禀赋相结合?应当怎样发展生态经济?应当建立怎样的生态经济体系和生态产业体系?面对这些问题,首先要从生态经济理论上联系淮安实际进行思考。

一、生态经济与"两山"理论认识

与传统的一、二、三产业相比,生态经济是一个全新的经济领域。发展生态经济,既要对生态经济的相关概念、含义有所认识,更要理解具有中国文化特色的生态经济理论——"两山"理论。

[①] 本文定稿于 2018 年 10 月。

(一)生态经济概念及其本质认识

1. 生态经济概念。生态经济是符合生态规律的经济形态;是以不破坏、最少干预、最大限度地保护生态系统,顺应生态系统内各类自然资源的本质属性,彰显时代特色、创造其价值的经济形态;是实现经济腾飞与环境保护、物质文明与精神文明、自然生态与人文生态高度统一的可持续发展的一种经济综合体。①

2. 生态经济的本质认识。生态经济的本质内涵有两个方面,一是"两减"——在经济发展过程中减少资源消耗、减少污染排放;二是在生产经营过程中实现环境资源成本的内化。

(二)生态经济发展的相关概念

1. 经济生态化。经济生态化即经济发展生态化,指经济发展需要遵循生态规律,要把生态的理念融入经济工作中去,用生态的概念来发展经济,使经济成为一种具有自我可持续发展动能和活力的体系。

2. 生态经济化。所谓生态经济化,一是指生态建设要遵循经济规律,即对生态的保护与建设按照市场经济的规律办事;二是指把生态本身作为一项产业来抓,实现资源资产化,使优良的生态资源转变为发展经济的现实生产力。

3. 循环经济。循环经济是按照自然生态系统物质循环与能量转化守恒规律构造的经济系统,其本质上是一种生态经济,是对"自然—产品—污染排放"的传统经济模式的替代,倡导经济活动按照"资源—产品—消费—再生资源"的物质循环过程进行,使得整个经济活动基本上不产生或只产生很少的废弃物。

4. 绿色经济。绿色经济一般是指在进行生产、分配、消费等社会经济活动时,秉承有利于生态环境健康发展的理念,维护人与自然之间的和

---

① 陈宗兴:《生态文明建设》(理论卷),学习出版社2014年版,第157、818页。

谐,正确处理经济、社会、生态之间的矛盾关系,高效文明地实现经济发展目标,保证生态环境效益和经济效益同时产生的经济发展形态。

5. 低碳经济。低碳经济是指在可持续发展理念指导下,通过技术创新、制度创新、产业转型、新能源开发等多种手段,尽可能地减少煤炭、石油等高碳能源消耗,减少温室气体排放,达到经济社会发展与生态环境保护双赢的一种经济发展形态。

（三）"两山"理论的认识

2005年8月15日,时任浙江省委书记的习近平在浙江安吉县余村调研时,首次提出"绿水青山就是金山银山"的重要论述。调研余村9天之后,习近平以笔名"哲欣"在《浙江日报》头版"之江新语"栏目中发表短评《绿水青山也是金山银山》。文章指出,绿水青山可以带来金山银山,但金山银山却买不到绿水青山。绿水青山与金山银山既会产生矛盾,又可辩证统一。党的十八大以来,习近平总书记多次强调"绿水青山就是金山银山","两山理论"已成为引领我国走向绿色发展之路的基本国策。

1. "两山"关系认识的三个阶段。习近平总书记对"两山"理论进行了深入的阐述,强调在实践中对绿水青山和金山银山这"两座山"之间关系的认识经过了三个阶段:第一个阶段是用绿水青山去换金山银山,不考虑或者很少考虑环境的承载能力,一味索取资源。第二个阶段是既要金山银山,但是也要保住绿水青山,这时候经济发展与资源匮乏、环境恶化之间的矛盾开始凸显出来,人们意识到环境是我们生存发展的根本,要留得青山在,才能有柴烧。第三个阶段是认识到绿水青山可以源源不断地带来金山银山,绿水青山本身就是金山银山,我们种的常青树就是摇钱树,生态优势变成经济优势,形成了一种浑然一体、和谐统一的关系。这一阶段是一种更高的境界。[①]

---

① 习近平:《之江新语》,浙江人民出版社2007年版,第186页。

2. 绿水青山的内涵。 从狭义的角度理解，绿水青山代表生态环境。从广义的角度理解，绿水青山就是优质的生态环境——优质的水环境、优质的大气环境、优质的土壤环境、优质的天然氧吧、高浓度的负氧离子等，以及与优质生态环境关联的生态产品——有机产品、绿色产品、无公害产品等。

3. 金山银山的内涵。 从狭义的角度理解，金山银山代表经济增长。从广义的角度理解，金山银山就是经济增长或经济收入——国内生产总值（GDP）的增长、居民可支配收入的增长，以及与收入水平关联的民生福祉——优良的环境所带来的健康状况的改善、优质生态环境所带来的审美享受等。

二、淮安发展生态经济的必然性分析

淮安发展生态经济，既是国家对经济发展转型升级的政策要求和省委省政府对淮安功能区定位的战略要求，也是淮安经济发展内在规律的要求。

（一）国家经济发展政策视角的淮安生态经济发展必然性

党的十八大报告把生态文明建设纳入中国特色社会主义事业的总体布局，确立了经济建设、政治建设、文化建设、社会建设、生态文明建设"五位一体"的战略，并出台了一系列发展生态经济的宏观政策和发展规划，指导地方生态经济的发展。

1. 国家经济政策对淮安发展生态经济的要求。 党的十八大以来，国家在宏观经济政策方面不断强化生态经济的内涵，特别是在经济转型发展、经济高质量发展、生态文明建设、生态环境保护等方面的政策，对淮安经济特别是生态经济发展有根本性的指导作用。

2. 国家重大发展战略对淮安发展生态经济的要求。 近几年来，涉及淮安发展的国家重大发展战略规划，都明确了淮安生态环境保护和生态经济发展的战略定位，主要有"长江三角洲区域一体化发展战略"和"一区两带"战略——省级江淮生态经济区战略、国家级淮河生态经济带建设战略和国家级大运河文化带战略。

3. "263"专项行动对淮安发展生态经济的倒逼。 2016年12月，江苏省委省政府加强环境治理和保护，实施"两减六治三提升"行动（简称"263"专项行动）。"两减"指减少煤炭消费总量和减少落后化工产能；"六治"指重点治理太湖水环境、生活垃圾、黑臭水体、畜禽养殖污染、挥发性有机物污染和环境隐患；"三提升"指提升生态环境保护水平、提升环境政策调控水平和提升环境监管执法水平。"263"专项行动是江苏省生态文明建设和环境整治面临严峻形势的必然要求。"263"专项行动的持续实施，不断倒逼淮安转变传统经济发展模式，加快发展生态经济。

（二）生态位理论视角的淮安生态经济发展必然性

生态位是指一个生命系统在某个因子梯度上的生态幅及其相对位置，即系统在空间、食物及其理化条件等资源谱中的位置。根据生态位理论，淮安的经济发展也可以视为一个"生命系统"，并且处于人类社会的经济社会发展体系和地理空间、生态环境的大系统中，既有自己的经济社会发展"生态位"，也有自然环境和地理空间的"生态位"。淮安的经济社会发展与所处的人类社会发展时代的"生态位"有着密切的关系，只有把握好淮安经济社会发展的"生态位"，才能取得更好的经济发展成就。

1. 农业文明时代的淮安经济发展"生态位"。 农业文明时代是一个面向陆地的经济社会发展时代，经济社会发展的要素向开封、洛阳、北京等内陆方向集聚。京杭大运河的开通，就是为了通过水运将各种物质产品向内陆输送，使得淮安处于经济社会发展系统的高"生态位"，从而造就了历史上淮安"运河之都"的繁荣时代。

2. 工业文明时代的淮安经济发展"生态位"。 工业文明时代是一个面向海洋的经济社会发展时代，经济社会发展的要素主要向海外国际市场集聚，使得处于临海地区和具备海港条件的城市在经济社会发展中处于高"生态位",而像淮安这样处于苏北内陆的城市就转而处于经济社会发展系统的低"生态位"。尽管高速公路、高铁、航空等要素能够在一定程度上改变淮安的"生态位",但处于临海地区的上海、苏州、无锡、常州等城市的交通要素也在改善,造成城市"生态位"的"水涨船高"。在工业文明时代和海洋经济的背景下,上海、苏州、无锡、常州、淮安在经济社会发展"生态位"上的优劣差异,带来了经济发展差距的必然性。

3. 生态文明时代淮安经济发展的"生态位"。从社会文明的视角,人类社会经历了从原始文明、农业文明向工业文明和生态文明进化发展的过程。在生态文明时代,生态环境要素成为经济社会发展的重要因素,原先带有环境污染和损害的 GDP 指标已不再成为衡量经济发展的唯一指标,而反映生态环境内涵的绿色 GDP、生态系统生产总值成为评价经济社会健康发展的重要指标。与苏南城市相比,淮安拥有相对丰富的生态环境资源,为淮安建设生态文明、发展生态经济提供了更加优越的"生态位"。因此,加快发展生态经济,既是生态文明时代淮安经济社会发展的必然,也是淮安经济发展类型的必然选择。

(三)生态文明视角的淮安生态经济发展必然性

国家加强生态经济发展的宏观政策,是淮安发展生态经济的外在要求,而淮安生态环境的基本情况和经济发展的自身因素,决定了淮安生态经济发展的内在要求和规律性。发展生态经济,既要听懂国家宏观政策的"普通话",也要会讲体现淮安生态经济发展内在要求的"地方话"。

1. "两山"理论视角的淮安经济发展阶段。习近平总书记的"两山"理论,既是生态文明建设更是生态经济发展的指导思想。从"两山"理论的视角分析,自改革开放以来,淮安经济发展经历了三个阶段。

第一个阶段是改革开放初期到 2007 年,淮安处于"只要金山银山、不要绿水青山"的阶段。淮安在经济发展中忽视生态环境保护,虽然经济发展成就显著,但生态环境也遭到较大程度的破坏。

第二个阶段是2007年到2017年,淮安处于"既要金山银山、也要绿水青山"的阶段。2007年,党的十七大提出了生态文明建设的战略部署。淮安在经济发展中逐步重视生态环境保护和治理,最具代表性的工作就是白马湖生态环境建设工程,成为国家中小湖泊生态环境治理和修复的榜样工程。此外,淮安自2017年起贯彻实施"263"专项行动,进一步加强环境污染整治。

第三个阶段是2018年以后,淮安进入"金山银山就是绿水青山"的发展阶段,需要探索生态经济发展的路径。这也是淮安经济社会发展必然迎来的新阶段。对淮安的发展来讲,没有良好生态环境的经济发展,是"黑山黑水"的"黑色"经济发展;没有生态经济支撑的生态环境改善,只是"穷山恶水"的落后生态环境。

2. 生态文明建设对淮安经济发展的内在要求。生态文明建设既要有良好的生态环境成果,也要有经济发展的成就。对经济还不发达的淮安来讲,有良好的生态环境并不是生态文明,如果生态环境优势不能转变为经济发展优势,那么淮安所得到的只是原始生态环境或贫困贫穷的自然环境。2017年以来开展的"263"专项行动,虽然取得了生态环境治理的积极成效,但不能仅仅停留在环境整治上。如果不发展生态经济,"263"专项行动就可能使我们停留在"只要绿水青山没有金山银山"的欠发达水平。建设生态文明,既要有环境治理的"壮士断腕"勇气,又不能带来经济倒退;既要跳出约束经济发展的"绿色陷阱",又要抢抓机遇发展生态经济。只有发展了生态经济,实现了"绿水青山就是金山银山",才是真正的生态文明。

三、外部规模经济理论与淮安生态经济板块

(一)外部规模经济理论

在企业的生产经营中,产量的增加会带来产品平均成本的下降,通常

称为规模经济,又称为内部规模经济。对生态经济来讲,当生态环境资源成为各个企业生产经营共同的外部成本时,也就成了区域经济层面或产业层面的内部成本,这就需要各生产经营主体共同维护生态环境,这样才能共同利用生态资源,才有可能在总体上共同降低环境资源成本,这就是外部规模经济。例如,甲、乙两个相邻地块,种植相同的植物(如水稻),当甲地块用药灭虫时,害虫会转移到乙地块,等到药效过后,害虫又会回到甲地块;同理,当乙地块施药灭虫时,害虫也会转移,等药效过后害虫又会回到乙地块。只有甲、乙地块同时施药,才能达到最佳灭虫效果。这就是生态经济中的外部规模效益。在生态农业发展过程中,对于生态(绿色)农产品基地的建设,良好的周边生态环境无疑会带来外部规模经济;良好的生态环境也是旅游景点的外部规模经济要素之一。

根据外部规模经济的原理,由于生态资源的空间分布特点(如流域特性)和对企业产生的外部性,不同行业、企业都可以同时利用生态资源,因此更容易形成空间上的生态经济板块或产业板块,如洪泽湖生态经济圈板块、白马湖生态农业旅游板块、古淮河生态文旅板块、大运河生态产业板块等,由此形成一批"旗舰型"的生态经济(产业)板块。同样,大运河水体资源,既可以服务于旅游产业,又可以服务于内河航运,还可以服务于工农业生产,由此带来不同产业发展的外部规模经济。

(二) 环境污染"流域"理论

外部规模经济理论是从企业生产经营视角提出的、能够带来正效益的环境经济理论。实际上,企业的周边并不都是良好的生态环境,生态环境良好时带来正效应的外部规模经济,生态环境污染时带来负效应的外部规模经济。这就是说,如果从更大区域的范围来看,一个地区及其周边的生态环境也会给地区生态经济的发展带来正、负外部规模经济。在环境污染中,水体污染有上下游关系,上游污染会沿流域污染中下游;空气污染有上下"风口"关系,上风口的雾霾等空气污染会向下风口飘移,由此形成环境污染的"流域"特性,可以称为环境污染"流域"理论,也可以视为"区域性外部规模经济理论"。在环境污染的"流域"性影响下,区域性生态经济带和生态产业板块的建设,需要考虑从外来"输入"的环境污染可能带来的负效应着手。

(三)生态环境的外部规模经济理论与淮安生态经济的发展

对于山区丘陵地区来讲,水环境往往处于河流上游,不容易有水污染的输入;空气流动性相对较差(与平原地区相比),雾霾等空气污染不容易飘入。而淮安地区自然地貌为平原水网,处于环境污染"流域"的下游,水污染和空气污染都容易输入,这也就容易形成区域性的负外部规模经济。因此,淮安生态经济的发展,更需要建立健全跨行政区域的生态环境补偿机制。

只有深入理解生态经济理论,并与淮安经济社会和自然环境的实际情况相结合,才有可能提出更加科学、更有价值的淮安生态经济发展思路和措施。

淮安生态经济发展总论(中)[①]

本文就淮安生态经济发展现状和生态经济发展面临的主要问题进行分析,以便有针对性地理清淮安生态经济发展思路。

一、淮安生态经济发展的基本情况

(一)发展生态经济具备较好经济社会条件

改革开放以来的经济发展成就,为淮安发展生态经济奠定了较好的基础。

1. 具备一定的经济基础。 改革开放以来,淮安经济呈现持续高速增长,特别是在近年来生态环境基本稳定的情况下,2013—2017年GDP年均增长约10%,2017年GDP为3 387亿元,为生态环境治理和生态经济发展奠定了物质基础。

2. 具备一定的产业基础。 一是在推进"4+1"现代农业体系过程中,2017年第一产业增加值近340亿元,"淮安大米"品牌和农业规模经营逐渐形成,地理标志商标达到121件,为全国地级市之最,"三品一标"农产品逐步形成规模,"稻+虾(鱼)"种养规模全省领先。二是在打造"4+2"优势特色工业产业体系过程中,半导体产业加速集聚,盐化工企业进入园

[①] 本文定稿于2018年12月。

区,澳洋顺昌二期、敏安电动汽车等高端产业项目加快建设。三是在实施"4+3"现代服务业产业体系过程中,推进全域旅游发展,逐步形成运河城市产业集群、洪泽湖休闲产业集群等一批文旅产业集群,以高速公路、铁路、港口、航空为主的交通枢纽和现代物流体系正在形成,苏北物流枢纽地位确立。

3. 具备较好的社会氛围。近几年来,淮安市在获评国家级环保模范城、国家级园林城市的基础上,不断加强生态文明建设,开展了一系列生态文明创建活动,取得了积极的成效。这既是生态经济发展的社会性思想准备过程,又形成了较好的生态经济发展的氛围。(表1)

表1 淮安市生态文明建设成效一览表

序号	生态文明建设成效
1	全国第二批低碳示范试点城市
2	全国第二批低碳交通运输体系城市
3	全国可再生能源建筑应用示范区
4	国家绿色建筑示范创建区
5	国家生态文明先行示范区
6	国家级水生态文明城市试点市

(二)拥有较丰富的生态环境资源

江苏全省生态环境资源相对贫乏,相比之下,淮安在全省拥有较为丰富的生态环境资源。

1. 自然资源条件优越。淮安市域范围内水资源丰富,人均生态足迹[①]0.18 hm²,为江苏全省人均生态足迹 0.13 hm² 的1.3倍,形成"一山

---

① 生态足迹是指经济参与者们占用的各种类别的水体和陆地面积总和,全球人均生态足迹约为 2 hm²。参见 Michael Common Sigrid Stagl:《生态经济学引论》,金志农等译,高等教育出版社2012年版,第349页。

二水七分地"的平原水网自然地理特征。淮安境内湖泊、河流较多（表2），沟通江、淮、沂三大水系；各类湿地20.14万hm^2，占全市国土面积的20.25%，每年约创造28.2亿美元（约193亿元人民币）的生态价值。

表2 淮安市主要水系一览表

主要湖泊	东西水系	南北水系
洪泽湖	淮河入江水道	京杭大运河
高邮湖	淮河入海水道、盐河	二河
白马湖	苏北灌溉总渠、古淮河	淮沭河

2. 环境质量相对较好。 淮安经济发展水平在全省较为滞后，人均GDP只有全省平均值的64%，人均第二产业GDP只有全省平均值的52%，但体现生态产业的农业发展水平较高，农业现代化工程发展指数苏北领先，人均第一产业GDP为全省平均值的1.2倍，为环境质量做出较大贡献。经过几年来的环境整治，淮安2017年空气质量达标率80.8%，高于全省平均值11个百分点；国家和省级地表水体断面水质考核（Ⅲ类）达81.5%，高于全省平均值10个百分点（表3）。

表3 2017年省市生态环境与经济质量对比一览表

省市	空气质量达标率	断面水质考核（Ⅲ类）	人均生态足迹/hm^2	人均GDP/元	人均第一产业GDP/元	人均第二产业GDP/元
江苏省	68.0%	71.2%	0.13	107 189	5 077	48 142
淮安市	80.8%	81.5%	0.18	69 103	6 052	25 181

注：淮安人均生态足迹为全省平均值的134.5%，人均GDP为全省平均值的64.5%，人均第一产业GDP为全省平均值的119%，人均第二产业GDP为全省平均值的52.3%。

3. 积累了生态环境建设的技术和经验。 一是以白马湖生态环保建设工程为代表的生态环境治理和修复取得显著成效,成为全国中小湖泊生态环境治理样板工程,为生态环境治理、修复和建设积累了工程技术和管理经验。二是在盱眙"稻+虾(鱼)"种养、金湖"荷+旅游"等产业发展中,创新并积累了生态农业发展的种养技术和管理经验。三是以水环境治理为主的河长制全面建立,以大气质量改善为目标的减煤减化工作取得成效,全市达到国家生态市考核标准。四是在推动国家级淮河生态经济带发展战略的工作中,牵头制定规划,积累了规划生态经济发展的工作经验。

二、各县区生态产业发展的基本情况

近几年来,淮安各县区注重传统产业的优化和节能减排,推广循环经济,发展绿色生态经济。在生态产业发展方面,各县区生态产业的特色和发展水平有所差异,从产业类别来看,依托农业技术资源、土地资源和水生态环境资源,生态农业和生态旅游业发展较好;从县区分布来看,金湖县、盱眙县生态产业发展较好,已经形成具有生态特色的主导产业,金湖县先后获得国家级生态文明建设示范县、全国"两山"百强县第十五名。各县区生态产业发展基本情况如下。

(一)清江浦区生态产业发展基本情况

一是加强文化创意、物流服务、商贸服务等现代服务产业发展,2018年上半年服务业产值占 GDP 比重达 74.9%。二是强化淮安红椒(地理标志产品)、食用菌、观光农业发展,推进农业产业"接二连三";三是充分利用里运河、古淮河、钵池山公园、楚秀园、清晏园等资源,培育生态旅游精品,发展生态旅游业。

(二)淮安区生态产业发展基本情况

在加强城乡污水处理和环境整治的基础上,一是工业方面淘汰落后产能企业53家,关停车桥4家甘油企业,发展循环经济,实施一批节能与循环经济项目40多个。二是建设苏嘴智慧农业示范园、流均现代渔业产业园、漕运现代农业园等一批省市级现代农业园区,大力发展绿色有机农产品,全区通过省级认证的农业"三品"生产基地达10万hm^2、累计认证农业"三品"386个。三是建设淮安电子商务现代物流园区,圆通等7家快递物流企业和康乃馨电子商务等近百家电商企业落户,依托里运河、水利枢纽、周恩来纪念馆等资源打造生态文旅产业。

(三)淮阴区生态产业发展基本情况

一是大力发展德淮半导体、骏盛新能源等一批高科技项目,建设国家级高新区,进驻高新技术企业37家,同时加快推进光大生活垃圾和生物质一体化发电项目建设。二是创建国家农业科技园区,加快发展高效农业、休闲农业,先后引进皇达花卉、天丰种业、金地种业、禾佳生态农业观光园等一批农业龙头企业,成功举办蝴蝶兰博览会、淮安花卉暨兰科植物与产业发展高端峰会,推进一、二、三产业融合发展。三是积极策划乡村全域旅游活动,打造乡村休闲旅游产业,利用医疗资源发展健康养老产业。

(四)洪泽区生态产业发展基本情况

一是提升和优化工业结构,注意淘汰落后产能。"十三五"以来实施超美斯新材料、翰康新材料、生物质机组整体升级改造等工业技改项目80个,完成技改投入100多亿元。二是打造特色生态农业产业基地。获批省级稻田综合种养新增试点区、全国粮食生产全程机械化示范区和水稻生产全程机械化示范区县,建成国家级水产良种场1个、省级现代渔业园区1个、大闸蟹出口备案基地1个,稻田养虾、稻田养鸭等综合生态种养面积达5万亩,高效设施渔业总面积达2.8万亩,培育农产品"三品"认证282个、地理标志商标11个,创成省级农业电子商务示范县。三是利用洪泽湖水生态资源和水文化资源,发展环洪泽湖生态旅游。洪泽湖大堤创成国家级 AAAA 级旅游景区,蒋坝镇被评为全国优选旅游项目、省生态文明建设示范乡镇,老子山镇创成全国美丽宜居小镇和省级温泉旅游度假区。

(五)涟水县生态产业发展基本情况

一是推进薛行化工园区循环经济产业发展,促进企业清洁生产和智能化、品牌化建设。今世缘酒业被中国酒业协会评为白酒智能化酿酒示范车间,天宫云锦成为省级文化产业示范基地,大东桑德日处理 800 t 生活垃圾焚烧发电项目上马建设,2017 年对 202 家污染源企业进行信用评级。二是发展高效生态农业。建成省级现代农业园区 1 个、省级农产品加工集中区 1 个、保滩苗木基地 1 个和红窑现代农业示范园区 1 个,推进保滩现代农业博览园建设,加强禁养区内养殖场整治,592 个规模养殖场已完成治理 568 个。三是发展生态旅游。建成今世缘旅游 AAAA 级景区,打造五港苏淮生态园、红窑金鸡坨生态农庄等乡村生态旅游点。

(六)盱眙县生态产业发展基本情况

一是加快宁淮产业高新技术创业园建设,推进凹土新材料研发和产业发展,清陶能源二期竣工投产,润源光伏发电项目并网发电,新天风电、高传风电、升义光伏等一批新能源项目有序推进。二是在成功打造龙虾产业后又大力发展稻虾共生产业,种养面积达到 33.9 万亩,有 2 623 户种养大户;发展中药材种植,面积达到 1.4 万亩;不断培育农村休闲观光经营主体,农家乐发展带动了 6 万余户农民就业;培育 72 个农村淘宝村级服务点。三是打造天泉湖养老养生服务产业,举办天泉湖半程马拉松国家挑战赛;利用铁山寺景区、黄花塘新四军军部等资源积极发展全域旅游。四是积极培育生态环保资源,设立自然保护区 6 个、面积 42 779 hm^2;建成铁山寺和第一山两个国家级森林公园,林木覆盖率达 29.3%。

(七)金湖县生态产业发展基本情况

一是强化以绿色发展为导向的产业结构调整,设立 1 亿元产业发展引导资金,培育高新企业,推动科技成果转化,鼓励引导企业加大技改力度。全县拥有省级工程技术研究中心 82 家、市级工程技术研究中心 82 家、国家高新技术企业 61 家、国家知识产权优势企业 2 家,均居全市第一。二是实施新增千亿斤粮食高标准农田项目、水稻绿色高产万亩示范创建项目,优质稻米面积达 52 万亩,发展稻虾综合种养 2.8 万亩,稻米加工省市级龙头企业 12 家;大力发展规模生态养殖,建成省级生态养殖示范场 27 个;发展高效园艺和休闲农业,建成金绿源乡野庄园、三园农庄、三禾农庄等一批休闲农业项目,建成环高邮湖休闲观光农业示范带、环白马湖生态渔村休闲示范带、金宝南线特色农业观光带等一批特色农业基地;做强农村电子商务,建成 1 个县级运营中心和 99 个村级电子商务服务点,全县入驻农产品电商 1 000 多家,获评省农村电子商务示范县和农业电子商务示范县,入选"全国电商百佳县"。三是依托特有的生态环境资源,念好"杉字经"、做好"水文章"、彰显"荷文化"。先后投资 5 亿元建成 AAAA 级荷花荡景区,同时推进水上森林公园创建 AAAA 级景区,全面完善旅游公共服务基础设施,发挥金湖荷藕、金湖龙虾两大产业优势,活跃旅游经济业态,建成星级乡村旅游区 7 家,拥有特色餐饮、农家乐、渔家乐近 100 家。

三、淮安生态经济发展面临的问题

虽然淮安在生态经济发展方面具备了一定的经济社会条件和有利因素,但也面临许多问题和困难。

(一)缺乏生态经济发展的规划体系

尽管淮安市、县区、乡镇各级政府近年来都比较重视生态环境整治,但是,对生态经济的本质认识不深、内涵理解不透,全市范围缺乏完整的生态经济规划体系,使得生态经济的地位未确立、目标未明确、部署未展开。

（二）生态经济体系不健全

一是生态产业体系还未建立，虽然已经形成了一些绿色产业、低碳产业和循环产业，但没有明确的生态主导产业，非主导的生态产业呈现碎片化发展，生态产业体系有待进一步明确和构建。二是生态市场体系不完善，虽然制定了一些环境准入、环境治理等方面的制度，但生态环境补偿制度、生态资源交易机制、环境成本内化机制的创新与实施还有很大差距，不少方面还只是处于起步阶段。三是生态消费理念不够深入，浪费性消费、过度消费、病态消费现象还比较多，垃圾分类任重道远。

（三）生态环境质量较脆弱

中低端和高能耗、高排放产业占比还较大，主导产业中千亿元盐化工产业和特钢产业给生态环境改善带来较大压力，不少企业的环境责任意识不强，甚至违法偷排。2013—2017年，淮安环境质量总体上呈现平稳稍有下降的状态，市区空气质量优良率由2013年的74.8%下降到2017年的68.1%，地表水体国家和省级断面水质（Ⅲ类）考核优良率由2013年的86.8%下降到2017年的81.5%。（表4）

表4 淮安市生态环境质量与经济发展相关指标一览表

年度	市区空气质量		国家和省级断面水质优良率（Ⅲ类）	地区生产总值		一般财政预算	
	优良天数	占比		GDP/亿元	增长率	收入/亿元	占比
2013	272	74.8%	86.8%	2 216	12.0%	271.42	16.2%
2014	269	73.7%	86.9%	2 455	10.9%	308.51	13.7%
2015	246	67.4%	81.6%	2 475	10.3%	350.31	13.5%
2016	248	67.8%	85.7%	3 048	9.0%	315.51	−9.9%
2017	248	68.1%	81.5%	3 387	7.4%	230.61	−26.9%

注：① 环境质量数据来源于淮安市环保局环境质量报告；② 经济发展数据来源于淮安市统计局网站"数据淮安"。

（四）经济发展缺乏生态产业支撑

近年来,在铁腕治污的高压下,淮安生态环境恶化得到控制,但由于缺乏生态产业的支撑,经济发展也受到较大影响。淮安GDP增长率由2013年的12.0%下降到2017年的7.4%,同时,地方一般预算财政收入由2015年最高值350.31亿元下降到2017年的230.61亿元,增长-34%。

淮安生态经济发展的基本情况和面临的问题,在一定程度上说明了淮安生态经济发展的必要性和紧迫性。推进淮安经济高质量发展,迫切需要加快淮安生态经济体系和生态产业体系的构建。

淮安生态经济发展总论（下）[①]

根据前文的理论和现状分析，本文提出淮安生态经济发展的基本思路和相关建议。

一、淮安生态经济发展基本思路

无论是国家生态文明建设的战略部署，还是江苏省对淮安发展功能区的定位，以及淮安经济发展的内在规律要求，生态经济都将成为淮安发展的主要经济形态，生态产业都将成为淮安的主导产业。对此，我们提出淮安生态经济发展的基本思路。

（一）以国家级生态文明城市创建引领生态经济发展

生态经济是生态文明建设的重要内容之一，国家级生态文明城市是生态文明建设最高标准的体现。因此，有必要在国家级生态文明城市创建的引领下，从顶层规划和引领淮安生态经济发展。

1. 在国家级生态文明城市创建中确立生态经济发展的基础地位。 生态文明城市创建包括生态经济、生态社会、生态文化、生态环境等多方面内容，建议市委市政府做出创建国家级生态文明城市的决定，从国家级生态文明城市创建的高起点强化生态经济的主导地位，从社会、文化、环

[①] 本文定稿于2019年1月。

境等多方面为生态经济发展提供保障和服务。同时,淮安作为江淮生态经济区核心城市,也有必要在生态文明城市创建方面领先一步。

2. 在国家级生态文明城市创建中推动生态经济发展战略的创新。在生态文明城市创建中,围绕生态经济体系构建和培育生态产业,实现"263"专项行动整治与产业转型升级的有机结合,推动生态环境保护工程建设与生态农业、生态旅游产业的有机结合,推进农村环境治理与农业休闲产业、绿色有机农产品生产的有机结合,最终实现发展战略生态环境整治—环保工程建设—经济转型升级—生态经济发展的层层递进和创新。

3. 在国家级文明城市创建中推动生态经济发展。国家级文明城市创建与国家级生态文明城市创建有较多的共同目标和要求,同时,对生态经济发展也有巨大的推动。如,生态环境的保护和城市卫生环境的维护对生态产业的支持和推动,绿色出行和勤俭节约的倡导对生态消费的培育和鼓励,垃圾分类和处置的要求与物资再生产业的发展和生物质发电等等方面,能够实现文明城市创建和生态经济发展的共赢。

(二)科学制定和实施生态经济发展规划

以"一区两带"战略为指导,加快制定并实施淮安生态经济发展规划,为生态经济发展构建制度保障。

1. 确定一千亿元和两千亿元的生态经济发展目标。在科学认定生态产业范围的基础上,以"稻米+"产业和生态旅游为特色主导产业,明确生态经济发展的规模和目标:2020年产值1 000亿元,2025年产值2 000亿元。在生态产业规模方面,一是到2020年,稻米产业产值达到200亿元,生态旅游产值达到300亿元,每个县区都有一个50亿元以上的特色生态产业;二是到2025年,稻米产业产值达到300亿元,生态旅游产值达到500亿元,每个县区都有一个产值100亿元以上的特色生态产业。

2. 构建生态经济发展的规划体系。在与"一区两带"战略规划和淮安市高质量发展方案、淮安市生态文明建设规划相融合的基础上,制定三个层次的生态经济发展规划,由此构成全市生态经济发展规划体系。一是市级层面的生态经济发展规划。二是各县区层次的生态经济发展规划。三是农业、工业和服务业层面的生态经济发展规划,以及"稻米＋"产业和生态旅游产业的专项规划。

3. 扎实推进生态经济发展规划的实施。一是制定生态经济发展规划的实施方案,并推动各行业、产业实施方案的制定,细分每年的工作要求和目标。二是加强财政扶持政策的落实和相关考核制度的完善,实现各产业发展规划、市场资源配置、各类评比表彰与生态经济发展的衔接和对接。

(三)打造生态经济和生态产业板块

根据外部规模经济理论,淮安生态经济的发展还可以从区域视角打造生态经济板块和从产业视角打造生态产业板块。

1. 打造生态经济板块。在市域层面打造洪泽湖生态经济圈、白马湖生态经济区、大运河生态经济带、古淮河生态经济带等生态产业板块。各县区可根据资源禀赋打造相应的生态经济板块,如,淮阴区码头镇的现代农业经济区、涟水县的高效农业经济区、金湖县的休闲农业经济区等县区级生态经济板块。

2. 打造生态产业板块。以生态旅游和生态农业为主要特色产业,打造里运河生态旅游产业、洪泽湖生态旅游、白马湖休闲旅游、金湖农家乐等旅游板块和盱眙龙虾稻米、洪泽绿色水稻、金湖高效农业等农业板块。重点发展水上运输、绿色物流、金湖光伏、生态环境修复等生态产业板块。

二、培育构建"3＋1"的生态经济体系

根据淮安经济社会和自然资源条件,建议培育构建"3＋1"生态经济体系,即"3个基本体系＋1个基本要素"——生态产业体系、生态消费体

系、生态市场体系和生态环境资源要素。

(一) 构建淮安特色生态产业体系

生态产业的含义,有广义和狭义两个层次。广义的生态产业指在产品生产过程中,自然资源消耗低、环境污染排放低、具有可持续发展的产业。狭义的生态产业则是指与生态环境相关且有利(或无害)于生态环境的产业,如,创造生态环境价值和服务于生态环境价值创造的产业,在利用生态环境资源过程中对生态环境不损害或损害很小(少)的产业。根据生态产业两个层次的含义,淮安生态产业的构成也可以分为两个层次。

1. 广义视角的淮安特色生态产业体系。 传统产业在资源消耗和污染排放方面的转型升级,新一代信息技术、新能源汽车及零部件、凹土及新材料产业,高效农业、生态农业、绿色水产、休闲农业、生态文旅、绿色物流、绿色金融等服务业,构成淮安广义生态产业体系。

2. 狭义视角的淮安特色生态产业体系——构建"2+N"生态产业体系。 以"稻米+"和生态旅游为两个"航母"生态产业,以一、二、三产的相关生态产业为"战舰群"生态产业,构建"2+N"的"特混舰队"型生态产业体系。在生态农业方面,以"稻米+虾、鱼、蟹、鳅"为主体,以循环养殖、绿色水产、园艺、林业、高效设施农业、休闲农业等生态农业产业为重点;在生态工业方面,培育低碳产业、新能源产业、静脉产业[①]为重点产业;在生态服务业方面,以生态旅游、绿色物流为主体,进一步发展健康养老、绿色信贷、生态保险服务。

(二) 培育绿色健康的生态消费体系

人与生态的和谐发展,关键在于培育良好的生态消费理念和习惯。就淮安的生态消费培育来讲,需要突出培育生态住房消费、生态社会消费

---

① 静脉产业是指从生产或消费后的废弃物排放到废弃物的收集运输、分类分解、资源化或最终废弃处置过程的产业。参见翁羽:《基于生态经济视角下的城市群发展机制研究》,浙江大学出版社2017年版,第115页。

和节俭公务消费。

1. 培育生态住房消费。建筑物是城市能源消耗的"大户",有的城市建筑物消耗了80%的能源[1]。因此,除了全面推广绿色建筑,还应当强化节俭型住房消费,在全社会倡导、引导住房面积低标准。在房地产开发建设中,强制规定中小套户型的高比例,控制大套面积的户型比例,严格控制150 m² 以上和别墅的房型比例,使消费成本低的中小套户型供给充足有余,150 m² 以上房型和别墅的消费承担高额的置业成本。

2. 培育生态社会消费。一是强化垃圾分类的实施,实现"三到位"——垃圾箱分类设置到位、垃圾分类投放到位、垃圾分类处置到位。二是完善水、电、气价格的阶梯机制,特别是让住别墅、特大户型的住房高消费者承担更多的生活消费成本。三是大力推广绿色低碳出行,倡导绿色生活,推动全民在衣、食、住、行等方面加快向绿色低碳、勤俭节约、文明健康的方式转变。四是全面开展绿色机关、绿色校园、绿色企业、绿色社区的创建活动,使生态绿色消费成为全社会的良好风尚。

3. 打造节俭公务消费。公务消费应当成为全社会生态消费的典范。一是制定低于国标、省标的机关办公用房面积标准。二是进一步降低公务接待、公务用车、公务出差的标准,改进工作餐制度,杜绝就餐浪费。三是强化绿色机关、绿色公务员的创建活动,以最严格、最低消耗、最大回收废旧物资的标准,树立机关绿色生态消费的典型形象。

(三) 完善生态市场体系

在现有环境准入、环境保护和监管、"263"专项行动等体制机制的基础上,以企业环境成本内部化为导向,进一步完善三个方面的机制。

1. 生态环境保护机制。一是建立生态环境保护投资机制、自然资源

---

[1] [加]加埃唐·拉弗朗斯、朱丽·拉弗朗斯:《拯救城市》,贾颉译,海天出版社2018年版,第4页。

资产的产权管理和保值增值机制。二是完善环境资源有偿使用机制和生态补偿机制，特别是加强对集中水源地和上下游之间的生态补偿。

2. 减碳减排管理机制。 积极探索碳排放交易市场建设和排污权有偿使用，优化减碳管理，将减碳计划与企业生产经营淡旺季特点相结合，避免生产淡季用碳计划有余而旺季用碳计划不足。

3. 生态发展考核机制。 加强生态发展考核制度建设，创建能够体现淮安生态经济发展成就的绿色GDP、生态系统生产总值指标体系。

（四）促进生态环境资源不断增值

将生态环境资源的价值创造和增值作为特殊的产业进行管理，促进全市生态环境资源价值的保值增值。

1. 建立生态环境资源价值的评估和考核机制。 这样可以使生态环境的保护过程、治理过程变成生态价值的创造过程，使隐性的环保成绩变成显性的价值政绩。定期公布各县区、乡镇的生态环境资源总价值，既作为地方生态环境的名片，也作为生态经济发展的成就，激励各级政府创造生态价值的积极性，不断做大生态资源价值总量。

2. 以生态环保工程建设创造环境资源价值。 一是通过专项生态环保工程建设和生态环境治理项目，改造生态环境，创造生态价值。二是在水利、航道、道路等基础设施建设过程中，融合生态环境建设的内容，既形成工程建设的 GDP，又创造环境资源的 GEP，进而产生环境资源价值总量的新增量。

3. 推动生态环保建设项目产业化。 构建"生态建设项目—生态价值评估—生态市场交易"的生态环保建设项目产业化机制。一是确定一批中小地块的生态环保建设项目，以生态林或人工湿地为主，制定项目建设标准，面向社会招标，吸引社会投资建设。二是对建成后的生态林或人工湿地项目进行生态价值评估，由政府收购建成项目，或面向社会公益性"购树捐绿"，或由环保违法企业认购。三是对环境违法企业的监管查处不仅要罚款和整改,还要处以生态环境修复的责任和任务,使环境违法企业通过认购生态环保建设项目来代替被处罚的环境修复工作任务。

三、助力生态经济发展的"三加强一强化"建议

(一)加强创业精神的塑造

生态环境治理、保护需要遵循自然规律,具有周期长、显效慢和持续性的特点。生态经济发展与生态环境治理、生态环境改善密切相关,也是一个长期奋斗、持续努力的过程。浙江省安吉县的生态产业——白茶,年产值达到百亿元以上,约占安吉县GDP的40%,这一成就的取得,靠的是安吉人几十年的艰苦创业。安吉的"白茶仙子"宋昌美从种茶、炒茶到卖茶,拼搏了20多年;"白茶大王"盛振乾研究种茶、扦插,探索了20多年才取得白茶种植的技术创新。安吉的竹产业从卖廉价的竹席到卖万元以上价格的竹编灯罩,进入"全竹利用时代",也是安吉人奋斗20多年的结果①。

因此,生态经济的发展还需要塑造长期奋斗、艰苦努力的创业精神。一方面,要大力营造艰苦创业、长期创业的氛围,对相关评比表彰应当以5年以上甚至10年、20年创业奋斗的业绩为主,尽量减少只有一两年业绩的表彰对象;另一方面,大力宣传把生态经济发展作为终身事业追求的企业家、科技人员,避免简单以投资多少、招商引资额大小作为褒扬的标准。

(二)加强人才队伍的建设

正如改革开放初期严重缺乏工业企业人才和对外开放人才一样,当前十分缺乏具有生态经济意识和生态产业创业的人才。发展生态经济是

---

① 何建明:《那山,那水》,红旗出版社2017年版,第170-184页。

一个持续的过程,更需要人才队伍的支撑,既要有经营管理人才和科技研发人才,也需要建立起一支高素质的产业职工队伍。特别是作为主导产业的生态农业、生态旅游行业,缺少人才的积累,更需要加强人才队伍建设。浙江省安吉县的农家乐产业有3 000多家的经营者队伍和30万人的从业人员;白茶产业不仅有经营者和科技人才队伍,还有30多万的现代农业职工队伍[①]。

对此,淮安生态经济发展要突出加强三方面人才队伍建设。一是要加强现代农业和生态农业的人才队伍建设,充分利用农村扶贫政策、惠农政策,加强农业经营者、农技人员和农业职工的培养,改变农业生产中"3860"人员的状况。二是加强生态旅游行业的导游队伍和服务人员的培养,通过高职院校、职业学校加强面对乡村旅游领域的学生培养,改变目前乡村旅游行业人才短缺的现状。三是加强环境保护和环境工程的人才队伍建设,满足持续增加的生态环保工作量对人才的需求。

(三)加强科技创新及转化

减少能源和资源消耗、减少废物和污染排放,既是生态产业发展面对的经济效益问题,更是面临的技术创新问题。因此,不能仅仅靠压缩产能来减少消耗和排放,根本的出路在于技术创新。通过科技创新,既服务于传统产业、高消耗和高排放产业的升级发展,也服务于环境治理和生态修复的技术需求。浙江省安吉县的竹产业,通过不断的技术创新,形成竹质结构材、竹质装饰材、竹日用品、竹纤维产品、竹质生物制品、竹工艺品、竹笋食品和竹机械等八大系列组成的完整竹产业链[②]。

对此,淮安在推进生态经济发展中要重点加强三个领域的科技创新。一是要持续加强农业科技研发,加大财政扶持力度,使淮安成为全省农业

---

① 何建明:《那山,那水》,红旗出版社2017年版,第75页。
② 何建明:《那山,那水》,红旗出版社2017年版,第142页。

科技的领头羊,为淮安生态农业的发展提供强有力的科技支撑。二是加强盐化工产业的科技创新,强化与大院名校和本地高校的科技协同创新,加快盐化工产业的升级发展,减轻对生态环境的压力,才有可能保持盐化工产业的主导产业地位。三是加强生态修复和环境治理的科技创新,创建江淮生态环境研究院,为江淮生态经济区主体功能发挥提供科技支撑。

(四)强化经营者环保意识

实现经济发展与自然环境的和谐,关键环节在于企业经营者在生产经营中有自觉的环保意识。当前,尽管环境监管和执法力度不断加强,但企业经营者的环保意识总体上还较弱,多数对生态环境保护处于被动应付状态,甚至有不少企业为了效益还不断违法偷排。

对此,不能仅仅满足于加强生态文明宣传来提高全社会环保意识,还要通过三方面措施进一步强化企业经营者的环保意识。一是要严格查处企业违法偷排,并严格依法处罚,不放过一个违法偷排者,使企业经营者意识到所有违法偷排都会被处罚,彻底放弃侥幸心理。二是加大环境污染者治理环境的责任,对环境污染者既要有经济处罚,也要有环境治理和生态修复的工作责任和任务。三是将企业环保违法行为与诚信建设挂钩,不仅要让违法企业的法人承担环保违法的诚信缺失后果,还要让违法企业中有责任的高层管理人员也承担个人诚信缺失后果,让企业经营者在严格的执法监管和违法处罚中强化环保意识。

生态经济与传统的工业经济相比,发展规律不同,需要兼顾环境效益,具有绩效隐性、发展周期长的特点。对此,不仅要树立长期创业意识和艰苦奋斗精神,还要积极探索生态经济发展的内在规律,建立科学的生态产业体系,才能更加有效地推进淮安生态经济的发展。

淮安绿色高地建设研究

淮安市直沿运河工业企业绿色转型发展思考[①]

淮安市直工业是指生产布局在淮安市中心城区，经济指标单独统计不列入县区考核，以西南片8个重点骨干企业为依托的特殊工业体系，这些企业全都是沿运河分布的。长期以来，市直工业一直是全市工业经济的主导力量，是市级财税的主要来源，为改革开放和国民经济发展做出了重大贡献。但是，面对大运河保护、经济高质量发展的要求，市直工业高能耗、高污染、高排放的传统粗放增长模式已难以为继，深层次矛盾日益加剧，加快绿色转型势在必行。建立资源节约型、环境友好型绿色工业体系，对推进新型工业化，加快形成新的增长极，创建生态文明城市，具有示范效应和重大意义。

一、淮安市直工业绿色转型已在路上

近年来，为了保持经济快速发展，淮安市不断推动市直工业的绿色转型，努力提高生产运行质量，在生产项目建设、节能技术改造、异地搬迁重组等方面取得了积极成效。

[①] 本文于2017年6月调研，2017年11月完成，刊发于淮安市政府办公室（研究室）编印的《调研专报》第8期。

感谢时任淮安市经济与信息化委员会科技与质量处处长刘林舟博士的全程调研与共同撰写。

（一）投资建设生产项目

面对冶金行业产能过剩的严峻形势，天津钢管制造有限公司与淮钢特钢有限公司合资40亿元兴建了江苏天淮钢管有限公司，建设国际上第一条508超大口径热连轧无缝钢管生产线。2016年，在众多钢管生产企业产量下降10%~15%的困难形势下，天淮钢管实现产（20.35万t）销（5.35亿元）两旺，2017年1—8月份产值已突破6亿元。淮钢特钢2016年虽然产（71.44亿元）销（78亿元）双降（分别下降20.2%和12.8%），但利税实现7.4亿元，增长46.7%。2017年上半年在原脱磷炉车间投资6000多万元新建1台六机六流小方坯连铸机，同时生产新产品54个，其中开发全新产品20个，截至2017年8月份已累计实现产值69.77亿元，同比增长56.9%。

淮阴卷烟厂在行业形势不好、库存依然偏高的压力下，累计投资6800万元新建了白肋烟生产线。2017年上半年有10台细支设备投入运转，累计生产卷烟36.91万箱，完成合作加工卷烟近20万箱，销售收入66.4亿元，入库税金48.14亿元，同比增长12.5%。江苏中烟也在清浦工业园区投资兴建了鑫源烟草薄片公司，新上了技术领先、绿色环保的高端再造烟叶（梗丝）项目。清江石化多年来积极开发了40多个低硫、低芳、绿色环保的特种产品，成为国内特种溶剂油行业的领头雁，2016年投入5500万元实施国Ⅴ汽、柴油质量升级项目，化解了企业生存危机，入库税金继续保持全市工业企业第二位。安邦电化采用以色列ADAMA公司提供的最新生产工艺，在盐化工园区新上60 kt/a农药制剂（除草剂和杀虫/菌剂）项目，一期45 kt/a共投资近3亿元，5条生产线和配套包装线已基本完成调试，部分机组已生产出合格产品。

淮阴电厂根据国家"上大压小"和节能减排产业政策，2008—2010年先后拆除老厂8台总计234 MW容量的小机组，在原址投资23亿元建设两台330 MW热电联产机组，共替代市区大小锅炉500余台；2012年在远离市区的建淮乡投资10.4亿元建成投产2×180 MW燃气—蒸汽联合循环热电联产项目,淘汰了供热范围内飞翔纸业、飞洋钛白粉、英华管桩等企业自备小锅炉32台;在盐化工园区投资19.6亿元兴建了2×460 MW燃气—蒸汽联合循环热电联产机组,已竣工投产,这将大幅度节能减排,改善园区环境质量。通过持续稳定释放产能,预计年度开票销售收入有望超8亿元。

(二)持续开展技术节能改造

为了节能降耗,提高经济效益,市直企业每年都投入大量资金,开展节能环保设备和技术改造工作。淮钢特钢2016年投入2亿多元,先后实施了污水处理项目、2号焦炉大修、220 kV变电所改造、20万 m^3 煤气柜改造、80 MW机组煤气发电建设、二轧加热炉改造、银亮材探伤线等重点技改项目,全年吨钢综合电耗同比下降5%。通过水系统整治和中水回用,自来水消耗同比下降52%,工业用水消耗同比下降23%。2017年上半年投资3 850万元完成酚氰废水处理技改工程,因节能技改净减电量5 064万 kW·h,下半年将陆续投资1.23亿元,对焦炭干湿熄法、干熄焦蒸汽发电和精整探伤线进行技改,预计将进一步提高节能降耗和经济效益水平。

淮阴卷烟厂4年来陆续投入3.12亿元建设烟叶醇化库等项目并配套除湿安全消防监控信息化等设施工程,2017年投资5 920万元对卷烟设备进行细支化改造,努力打造成为细支为主的特色烟生产基地。

清江石化近年来投入1.07亿元用于安全环保隐患治理和节能减排改造。其中,包括污水处理、河堤加固和应急事故水处理系统,消防水系统,硫回收、火炬气回收及燃烧放空系统,厂区恶臭治理及油气回收、周边居民事故应急响应系统等改造。2017年还将进行催化烟气脱硫脱硝除尘等技术改造。

安邦电化2017年相继进行乙烯利重排工艺和扑虱灵生产工艺改进,

以及在盐化工园区对麦道分公司污水处理厂进行技术改造等,并且构建热电—氯碱联产优化模型,通过调峰运行,预计年节约用电 2 000 万 kW·h,降低成本 1 200 万元/年。2017 年下半年实施离子膜烧碱盐水纳滤膜脱销项目,预计可节约生产成本 1 000 万元/年。

华能淮阴电厂总投资 1.65 亿元对发电机组进行超低排放环保改造,从 2016 年到 2017 年上半年已完成 3、4、5、6 号机组改造,并取得了电价补贴。另外,华能淮阴电厂还对冷却塔滤料系统进行清理更新,对电除尘热风吹扫装置进行技术改造。淮阴电厂在投资 6 400 万元完成 4 号机组技术改造的基础上,2017 年 8—12 月份投资 6 500 万元对 3 号机组进行环保改造,2018 年烟尘、二氧化硫、氮氧化物排放将达到国家超低排放标准。

(三) 推进停产搬迁重建工作

2010 年,市政府对市区西南片区企业进行专项整治,明确了淮钢特钢北厂区和清江石化、安邦电化、华尔润等企业限期停产和搬迁的实施方案,在经信委专门成立了搬迁办公室,制定了搬迁时间表。安邦电化作为安全风险较高的危化品企业,根据市政府的要求,先后将光气化生产装置和三氯化磷装置停产并搬迁到盐化工园区,为其他企业搬迁做出了表率。安邦电化与淮河化工和安麦道重组后,将 15 万 t 隔膜法烧碱装置停产后报废,并在盐化工园区新建了 60 kt/a 农药制剂(除草剂和杀虫/菌剂)项目。淮阴电厂已完成建淮乡和盐化工园区新建的燃气—蒸汽联合循环热电联产(替代老厂)项目。华能淮阴电厂拟在涟水县建设燃机热电联产(替代老厂)项目。

二、淮安市直工业存在的主要问题

市直工业涉及冶金、化工、烟草、电力等传统产业,8 家骨干企业在对淮安市工业经济进行有力支撑和拉动的同时,也对资源、环境和生态造成了沉重的压力,在绿色转型过程中的生产能耗大、污染排放强、产业布局失衡等问题十分突出。

(一)粗放发展导致能耗居高不下

市直工业企业大多属于国家产业政策限制的重化工业,长期以来经济增长模式粗放,主要依靠投资拉动、资源要素投入驱动,资源综合利用率和劳动生产率较低,竞争力和可持续发展能力不强。2016年,市直8家企业综合能耗2 990 469 t标煤,工业用电量249 584万kW·h,分别占全市工业企业总量的48.7%和23.4%。2017年上半年,市直8家企业综合能耗2 048 627 t标煤,工业用电量144 278万kW·h,分别占全市76家重点用能单位总量的53.8%和49.8%。全市煤炭消费量同比净增47.31万t,其中淮阴发电厂原煤消费量同比净增34.42万t。市直工业企业生产过程中需大量的能源资源投入,能效较低,尽管不断地推动节能环保技术改造,但经济增长与环境消耗之间显著的正相关关系并没有得到根本改变,而且增长趋势明显。

(二)污染排放导致环境难以改观

从有关政府文件、网络信息、各级环保部门监测通报和"263"专项行动公示了解到,市直企业污染排放部分情况如下:

1. 大气主要污染物。 市直8家企业2016年氮氧化物排放量为26 179.87 t,占全市排放总量的46%;二氧化硫排放量为5 614.94 t,占全市排放总量的14%。最近,国控废气比对监测安邦电化二氧化硫排放不合格,清江石化催化裂化排放口发生异常被省控曝光。

2. 工业废水。 大多数企业都有污水处理装置,部分循环利用,部分通过管道排向污水处理厂。由于监控点极少,列入省控的只有安邦电化一家,所以会有企业废水未按要求私自排放,其中淮钢特钢因污水处理不当、管网混乱、工业废水直排清安河被江苏新时空"263"专栏曝光。

3. 工业固废。 安邦电化2016年跨省转移处置精(蒸)馏残渣1 500 t、含铜废催化剂 80 t;2017 年拟跨省转移处置精(蒸)馏残渣 1 100 t、含铜废催化剂 120 t、吡蚜酮扩环废液(缩合废液)1 000 t、废水处理污泥 500 t、扑虱灵蒸馏残渣 800 t。清江石化 2016 年跨省转移处置废油泥 29 批次共 999.22 t;2017 年拟跨省转移处置废矿物油泥 1 350 t、废活性炭 60 t、废催化剂 657 t。

另外,淮安市环境噪声功能区划图显示,市直工业企业所在的西南片区是污染最严重区域。工业企业噪声投诉案件也时有发生。市环保局每季度公布的市区排污费(主要是废气)征收情况显示,2016 年和 2017 年上半年征收市直 8 家企业排污费总计 3 587.64 万元(中海华邦特殊处理,华能淮阴电厂没列入市区),占市区工业企业排污费的 96.67%。

(三) 内外障碍导致停产搬迁动力不足

由于长期的结构性矛盾没有解决,企业和政府推动绿色转型的内在动力和外部条件均面临着一些障碍。

1. 企业加快发展不愿搬。 化工 3 家企业除安邦电化隔膜法烧碱装置停产后报废、光气和三氯化磷装置停产并搬迁到盐化工园区外,其他企业和生产装置不仅没有停产搬迁,而且生产能力有所增加。冶金、电力、烟草 5 家企业根本没有搬迁的意愿,而且不断地在加快发展。其中的主要原因无非是搬迁成本高、资金补偿少、新建项目投入大,会影响经济效益。

2. 政府经济考核不敢搬。 在长期的以 GDP 为导向的相对单一的考核机制下,政绩的压力往往让政府有关部门忽视长期效果而注重短期目标,即在任期内尽可能地促进经济增长。尽管节能减排也纳入考核指标,但其促进 GDP 的作用是有限的,很难对政府有关部门发展经济的愿望和决心构成威胁。市直 8 家企业主要经济指标稍有变化,就会影响经济总量和增速的变化。2017 年 8 月,因淮钢特钢技改和安邦电化部分生产线停产导致用电量下降,直接影响工业用电量考核指标在全省的排名(总量 13 名、增速 12 名)。可想而知,市直 8 家企业搬迁工程投资大、见效慢,必然会引起产值、利税等经济指标的变化,进而对全市的GDP和财政收入产生巨大的影响。

3. 停产搬迁条件不肯搬。 市直8家企业都属于传统产业,一旦停产搬迁,就要淘汰很多落后和过剩产能,产业转型升级困难很大。一是搬迁政策不明朗、难到位。土地置换等各种补偿不优惠,环保补偿机制不健全,搬迁成本越来越大。二是园区公共设施配套跟不上。水、电、气、热等生产要素供给不能保证,特别是废水(液)、废气和固废处置能力远远不能配套。三是企业技术创新积累不够。上节能环保新项目和高附加值新产品有困难,进行自主的绿色转型和实施智能制造还不现实。

三、淮安市直沿运河工业企业绿色转型对策建议

淮安市正处于工业化和城镇化快速发展时期,面临着工业投资扩张、能源资源需求扩大、生态环境影响加剧等"重化工业化"阶段性问题,但是,随着江淮生态经济区的功能定位,淮安市工业经济将迎来生态优先、绿色发展战略机遇期。市直工业绿色转型正当其时,迫在眉睫,必须加快搬迁步伐,转变发展方式,构建生态环保工业经济园区和绿色宜居运河文化风貌城区。

(一)整体彻底搬迁,根本解决西南片区的生态环境

搬迁是一个系统工程,牵涉方方面面,一定要科学规划、统筹安排、分步实施、加快推进。

1. 从战略层面高度重视,明确绿色转型思路。 建议市委市政府尽早借力生态经济区战略,淡化GDP考核指标,在基本保证淮阴卷烟厂生产能力、不明显降低财税收入的前提下,制定整体搬迁方案,不说活话,不留死角,不走老路。

2. 从政策层面多方支持,切实激发起企业的先导意识和主动行为。 建议有关部门尽快开展土地、厂房、设备等固定资产的评估,不仅要解决

正常的基本搬迁补偿,还要考虑搬迁后实现节能环保的预期补偿;不仅要对积极搬迁、提前搬迁的企业进行奖励,还要在新项目建设中给予其融资、税费、生产要素和技术创新等方面的优惠;不仅要本级财政和8家企业的努力,还要争取各企业的上级8大集团公司、各种其他机构以及上级政府财政(专项申请资金)的大力支持。

3. 从操作层面突出重点分步实施,先难后易保证效果并限期实施完成。 建议分三步走:第一步(1~3年),搬迁重点是安邦电化、清江石化、中海华邦和淮钢特钢北厂区,先停、快搬、边建新项目,韩泰轮胎西厂区和开发区厂区以及洁丽莱日化等周边小企业也应该同步实施搬迁。第二步(2~4年),加快淮阴电厂异地燃气机组释放产能,达产达效,尽早将老厂关停报废。华能淮阴电厂涟水燃气机组尽快向上争取计划和项目审批,上马建设达产达效后即可关停老厂。两个钢厂可先期进行新厂选址搬迁设计等工作,基础实施配套后即可拆除搬迁安装。第三步(3~5年),在其他企业相继完成或搬迁过程中,特别是紧邻的淮阴电厂蒸汽停供后,淮阴卷烟厂即可搬迁到清浦工业园鑫源烟草薄片公司附近。

(二)转变发展方式,实现转型升级绿色发展

绿色转型以资源集约和环境友好为导向,以转变发展方式为核心,通过工业生产过程绿色化实现经济效益和环境效益共赢。

1. 淘汰落后产能,坚决关停环境污染严重的设备和生产线。 建议加大"263"专项行动整治力度,扩大国控、省控范围,严格能耗总量和强度双控制度,加强清洁生产和节能减排;还要通过市场化和价格机制,倒逼企业关停搬迁和转型升级。

2. 树立创新理念,努力构建高效、清洁、低碳、循环的绿色制造体系。 建议按照国家优先选择钢铁、化工等行业创建绿色工厂的要求,建设改造厂房要预留可再生能源应用场所和设计负荷,合理布局厂区内能量流、物质流路径,应用节能、环保技术对原有生产工艺进行调整,采用先进适用

的清洁生产工艺技术和高端治理装备,建立资源回收循环利用机制,推动用能结构优化,实现工厂绿色发展。

3. 加快产业园区公共设施建设,为绿色转型企业提供专业化、市场化服务。建议加快供电、供水、供热、供气等基础设施的共建共享,特别是大力提高"三废"处理能力,加强余热余压废热资源的回收利用和水资源循环利用。

(三)开展老厂区改造,建设城西生态历史文化风貌区

市直工业绿色转型绝不是一搬了之,老厂区的生态,闲置的土地、厂房和设备资源,产业的退二进三等等问题需要综合考虑。

1. 要解决老厂区生态环境的修复。建议在搬迁过程中,不要一味地拆,防止大量的移除和新垃圾的堆叠,否则经济上会产生很大浪费,而且会使污染源扩大。对遗留的粉尘、重金属颗粒、有毒的废水废气要进行无害化处理,特别是现有技术对化工固废无法生物降解的,参照国际做法采用混凝土包裹后,再进行深埋并在其上进行植被恢复,或堆积集中隔离或转移,避免二次污染。对长期被污染渗透的大面积土壤,要通过生物的自我修复再进行植物景观的改造,使之恢复基本的自然生态环境。

2. 要开发利用大量遗留闲置的资产资源。建议保留一些工业历史遗址遗存,如新四军兵工厂遗址、苏北第一发电厂、世界最大产能乙烯利生产装置、极具历史记忆的冶金高炉、巨大的石化储油罐、特殊的厂房烟囱设备管道等。建设淮安工业博物馆、工业展览馆、科技科普馆、清口水利博物馆、综合市民休闲广场、大型工业景观旅游公园等。

3. 要大力发展现代服务业。建议开发里运河西南文化走廊,依托清江浦与清口的历史文化底蕴,发展文化产业、旅游产业、港口物流产业、咨询信息服务业和各类技术服务业等,建设创意产业集聚区、工业设计产业园、文化艺术主题公园、港口物流园、智能制造产业园、企业管理和技术培训基地、电子商务产业园、创新创业服务孵化基地,等等。

构建淮安"2+4"生态产业体系的思考[①]

生态产业体系是淮安生态经济发展的基础,也是淮安经济高质量发展的体现。本文根据淮安生态环境的资源禀赋和区域战略功能的定位,结合淮安产业发展的现状,从培育和构建生态产业体系的视角,提出构建"2+4"生态产业体系的思路,以探索淮安生态经济发展的路径。

一、构建淮安"2+4"生态产业体系的条件和内涵

"2+4"生态产业体系,是以淮安生态环境资源禀赋为基础,以淮安区域发展战略功能定位为指导而提出的生态产业体系构想。

(一)构建淮安"2+4"生态产业体系的条件

淮安特色生态产业体系虽然受到现有产业体系和经济社会发展的影响,但决定性因素还取决于自身生态环境资源特点和区域发展的战略功能定位。

1. 淮安生态环境资源的特点。淮安生态环境资源在全省相对而言较为丰富,呈现为平原水网地区的特点和"一山二水七分田"的格局。相对丰富的平原农田资源和多年积累的水利基础设施,有利于发展生态农

[①] 本文被淮安市科协《科技工作者意见与建议》2018年第4期采用。
本文于2020年12月获得中共淮安市委党校"运河杯""绿色高地、枢纽新城"征文优秀奖。

业和高效农业；相对丰富的水体资源和湿地资源，有利于发展绿色水产和生态旅游。淮安应当以生态资源的禀赋优势谋划生态产业体系的主导产业。

2. 淮安区域发展的战略功能定位。"一区两带"发展战略确定了淮安的区域功能定位，包括淮河生态经济带的"绿色极核"定位、江淮生态经济区的主导城市和江苏"生态大公园"的定位。此外，长江三角洲城市群发展规划还将淮安定位为长三角城市群北部生态屏障。这些区域战略功能的定位，决定了淮安发展生态经济、构建生态产业体系的政策要求和必然性。

（二）淮安"2＋4"生态产业体系的内涵

1. 淮安特色生态产业的标准。生态产业是与生态环境密切相关的产业，生态产业与生态环境的关系可以是直接关系和间接关系，生态产业对生态环境的影响可以是有益的和无害的。与生态环境是间接关系和对生态环境的影响是无害的产业，其范围较为宽泛，难以定位为淮安特色生态产业的范畴。对此，本文从产业与生态环境直接有益、直接无害（或危害很小）、间接有益三个维度，确定淮安特色生态产业的四个标准如下。

① 直接创造生态环境价值的产业；

② 直接利用生态环境资源过程中对生态环境不损害或损害很小（少）的产业；

③ 在生产经营过程中能够实现生态环境成本内部化的产业（企业）；

④ 服务于生态环境价值创造的产业。

2. 淮安"2＋4"生态产业体系的内涵。根据以上提出的淮安特色生态产业的四个标准，就淮安特色生态产业的发展，提出"2＋4"的生态产业体系，具体内涵如下。

一是两个生态主导产业——"稻米＋"产业和生态旅游产业。

二是四类重点生态产业——生态农经产业（即生态农业多种经营产

业)、生态工业(生态价值型)、生态服务业(不含生态旅游部分)、生态环保产业。

二、打造"稻米＋"和生态旅游特色主导产业

(一)打造"稻米＋"产业

稻米是淮安农业的主导产业,充分利用农业资源和技术优势,打造"稻米＋"的特色生态产业,既是淮安粮食产业发展的方向,也符合淮安生态经济发展的内在要求。

1. 以"稻米＋"模式实现综合收益和品牌效应双赢。 通过"稻米＋渔"、"稻米＋经"的模式,在增加综合效益的同时,进一步培育有机和绿色稻米品牌。

(1)发展综合种养(植)模式。以"稻米＋渔"模式发展"稻米＋虾、蟹、鱼、鳅"综合种养,以"稻米＋经"模式发展"稻米＋番茄、西瓜、甜瓜、黄瓜、芹菜……"综合种植(轮作),虽然稻米产量会有所下降,甚至产量下降一半以上,但每亩综合经济效益却能实现较大增长。

(2)打造规模生态农产品基地。结合区域生态环境整治和流域综合治理,在"稻米＋"综合种养、种植的基础上,充分利用生态环境的外部规模经济效益原理,建设生态稻米基地。在规模种植的基础上,推广农药化肥等农业投入品减量技术,发展生态、有机稻米和经济作物。

(3)培育生态农产品品牌。在综合种养(植)模式和生态农产品基地建设的基础上,结合"淮安大米"品牌打造,围绕"稻米＋农产品"品牌建设开展行动:一是创建淮安"稻米＋农产品"的产品认证体系,规范认证管理,逐步形成市场公认的权威认证机制。二是加强对"稻米＋农产品"系列的生态产品品质的市场监管,杜绝"稻米＋农产品"系列的滥竽充数和假冒伪劣产品,维护"稻米＋农产品"的市场信誉。三是加强"稻米＋农产品"系列产品的市场宣传,制订产品的市场开拓计划,稳步开拓市场,逐步

培育系列产品的品牌价值。

2. 打造盱眙"稻米＋龙虾"的产业品牌。盱眙县虾稻共生综合种养模式,经过几年的技术创新和实践探索,已经取得显著的成效,种养面积由2015年初的0.6万亩发展到2018年夏季的33.9万亩,经济效益由亩均2 000元增加到3 000元以上,效益好的可达到5 000元以上。主要措施有:一是与高校和科研院所建立技术创新机制,联合攻关虾稻共生种养难题,种养模式不断创新,从"虾稻连作"发展为"虾稻共生";二是加强农业基础设施建设,建设连片、高标准农田,发展规模种养;三是加强政策扶持,包括扶贫政策、引导资金、龙虾保险、人才培养等。未来"稻米＋龙虾"产业的发展,需要注意做好三方面工作。

(1) 制定"稻米＋龙虾"产业发展规划,不仅仅在种养面积的扩大,还要从龙虾产业向"稻米＋龙虾"产业升级发展的视角,实现由龙虾品牌向"稻米＋龙虾"双品牌的突破,在龙虾品牌179.87亿元(2018年)价值的基础上,再造龙虾米品牌市场价值。

(2) 构建"稻米＋龙虾"产业从规模种养到市场营销、品牌管理的综合管理体系,严格产品认证工作,维护生态产业形象和绿色、有机的产品声誉;充分利用省"苏米"品牌战略,积极争取扶持政策,借力"苏米"品牌战略打造盱眙龙虾稻米品牌。

(3) 形成龙虾品质的关键环节在于后期的餐饮加工,而形成龙虾米品质的关键环节在于前期的品种和种植。针对小龙虾产业竞争发展的格局,积极输出成熟的"稻米＋龙虾"综合种养技术(包括稻田管理经验),提供技术培训、管理服务,通过扩张"稻米＋龙虾"种植覆盖面,迅速将龙虾米品牌推向江淮流域,以技术推广带动品牌扩张,扩大盱眙龙虾米在全国的影响力。

(二) 打造生态旅游产业

淮安旅游资源较为丰富,有A级景区41家,其中AAAAA级景区1

家,AAAA 级景区 14 家。在已有的旅游资源中,生态型资源占多数,总体上可以分为四类。一是以水生态景观为主的,如洪泽湖、白马湖、古淮河等景区;二是以水利工程为主的,如三河闸景区、水上立交等 9 个国家级水利风景区;三是以农林资源为主的,如金湖荷花荡、金湖水上森林、铁山寺森林公园等景区;四是以历史文化为主的,如大运河文化带、洪泽湖古堰、码头古镇、河下古镇等景区。如何将丰富的资源转变为规模的生态旅游产业,还需要在资源利用、发展思路方面探索创新。

1. 认识生态旅游产业发展面临的问题。淮安生态旅游资源虽然较为丰富,但高质量景点空间布局较为分散,景区之间距离较远;优质景点体量不大,游览时间不长;购物经济不丰富,体验活动、娱乐活动不足。这些问题使得淮安旅游总体上呈现为"一日游""半日游"的状态,也导致"过夜经济"的不足,制约了生态旅游产业规模扩大。

2. 科学规划旅游建设项目布局。将全市旅游建设项目按照规模和功能大小,分为局域游项目和全域游项目。将规模体量大的项目,列为全域游项目,应由市旅游局统一规划,从全域旅游的视角、从有利于重点景区间的串联、从旅游线路的优化等方面科学布局。将规模体量较小的项目列为局域游项目,由县区规划管理,主要为重点景区配套和补充。如,规模较大的主题公园建设,在空间布局上应兼顾市区景点、洪泽湖景区、白马湖景区的分布,有利于三个景区之间的串联,形成旅游市场的景区板块,同时适当配套农家乐、休闲采摘、购物就餐等旅游项目布点。

3. 差异化发展大运河文化旅游。大运河文化旅游资源丰富,但同时在江苏也面临较为激烈的市场竞争,北有徐州、宿迁,南有扬州、无锡、苏州。对此,淮安应充分利用漕运总督府、河道总督府等历史文化资源,加上周恩来纪念馆和周恩来故居等红色旅游资源,形成与周边城市差异化的淮安特色大运河旅游。

4. 深入发掘生态旅游市场潜能。随着淮安高铁时代的来到,淮安旅游市场将可能迎来新一轮的游客增长,甚至节日游客的"井喷"。对此,淮安应当以生态旅游为主要内容,进一步发掘生态旅游市场潜能,推动生态旅游产业的快速发展。

(1) 积极发展旅游购物市场,提供充足的绿色有机农产品,满足外地游客特别是苏南和上海游客对绿色农产品的消费需求。科学布局一批旅游购物市场,围绕重点景区游览线路,与游览线路的中途休息、就餐一体化,形成"景区—购物(就餐)—景区"的紧密且自然的衔接。

(2) 针对水利景区在旅游市场中未能有效开发利用的情况,一是会同水利景区单位建立完善管理制度,促进水利景区的对外开放;二是加强对外宣传,公布水利景区游览线路,并与周边景区游览线路有机衔接;三是优化公交线路,完善水利景区公共交通,方便游客游览。

(3) 结合休闲度假旅游,充分融合体育健身、农园采摘、手工体验等活动,并设立相应的竞赛奖励机制,使淮安旅游不仅以生态美景难忘,更以欢乐激情流连忘返。

三、大力发展四类重点生态产业

淮安生态产业的发展,既要有特色主导产业的支撑,也要有一批重点产业的助力。对此,需要大力发展四类重点生态产业。

(一) 大力发展生态农业

农业产业总体上属于生态产业的范畴。农业生产工业化给生态环境带来了一定的面源污染,对此,从生态环境保护的视角,需要弱化农业生产中的工业产品使用,强化农业产品的生态化,在大力发展"稻米+"产业的基础上,加强生态农业的发展。

1. 强化畜禽规模循环养殖。对适养区的规模畜禽养殖,坚持循环生产处理畜禽粪便。一是对大规模的畜禽养殖,实行标准化建设,配套畜禽粪便处理的工厂化生产,实现有机肥的干湿分离、固液分离和产品化。二是对小规模畜禽养殖,或配套沼气工程,或按一定标准(如1头猪/50亩)配套规模农田种植,以消纳畜禽粪便。

2. 加强绿色水产业发展。进一步加强洪泽湖网围养殖整治,在洪泽湖、白马湖、古淮河等水体,按照中度干扰理论,开展适度的增值放流活动,推动水产从人工养殖回归自然生长,促进水产业的可持续发展。

3. 积极发展农林生态经济。一是积极发展休闲农业、高效农业和花卉园艺产业,提高农业综合效益。二是科学发展设施农业,比如通过工厂化菌菇生产有效利用秸秆,同时必须配套废旧物资的回收机制。三是构建"意杨+本土树种、名贵树种"的林产业"配方",以雄性不育意杨为主体继续发展经济林,以本土树种和名贵树种为辅助发展观赏林、景观林。

(二)大力发展生态价值型工业

生态价值型的生态工业主要指在工业生产过程中能够同时创造生态价值或实现生态环境成本内部化的制造加工产业。对此,在发展新材料、信息技术和推进清洁生产的同时,突出加强以下三方面的生态工业(生态价值型)发展。

1. 加强园区的循环产业发展。工业园区(开发区)的循环产业是生态环境成本内部化的体现。具备厂房条件的企业尽可能建设集中式光伏发电项目,增加企业对可再生能源的利用比例,所有工业园区(开发区)都必须建立起匹配的循环产业体系。其中,盐化工园区必须建成低碳循环的示范园区,为盐岩资源的有效利用和盐化工产业的发展奠定可持续发展的基础。

2. 加强新能源发电产业发展。淮安新能源产业主要有太阳能、风能、生物质能(含垃圾发电)发电,近两年来发展较快。需要针对发展中的新问题,优化能源发展规划,制定与能源需求、能源设施相匹配的新能源发展规划;完善光伏发电项目的审批管理,特别是针对城市分布式光伏项目所带来的城市相关的问题完善管理制度;加强新能源发电市场研究,加强新能源发电企业技术队伍建设,保障检测检验和维护维修等生产性服务的需求。

3. 大力发展静脉产业。建立健全淮安静脉产业体系,重点抓好以下四方面工作。一是扩大废旧物资回收利用产业规模,创新废旧物质利用途径,如废旧公交车可作为景区房车、服务厅使用。二是加强危化固体废弃物处置中心建设,扩大工业废弃物的处置能力,与盐化工产能相匹配,提高废渣废矿利用率。三是充分发掘"城市矿山"的价值潜能,优化城市建筑垃圾的处理利用,并与城市景区建设有机结合。四是完善城乡污水处理的配套建设和运营管理机制,特别是经费保障,确保乡镇污水处理厂的正常运营。

(三) 大力发展生态服务业

在引导全社会绿色消费的同时,进一步开展以下几方面的生态服务业。

1. 加强绿色物流产业发展。以快递服务、公路运输和航道水运为主体,推进物流产业的绿色发展。增加物流产业和园区发展规划的绿色发展内涵,推动快递服务包装材料的减量化,促进快递企业与农产品销售的深度融合,引导公路运输企业加快车辆使用新能源、清洁能源的更新换代,加强区域性水运协作,大力发展水运业务。

2. 加强绿色金融产业发展。一是加强面向生态环保建设项目、生态产业发展的信贷服务。二是促进农业保险、环境责任保险、安全生产责任保险等生态保险的进一步发展,特别是要不断创新农业保险服务内容,为日新月异的生态农业发展提供更加丰富的保障,为农民应对日益频繁的自然灾害提供更加有力的保障。同时,积极筹备成立淮安市地方保险公司,为农业保险提供更加优质的服务。

3. 提高休闲健康产业层次。倡导健康绿色消费理念的休闲健康产业,有利于减少或降低实物产品消费,客观上减少废弃物和环境污染,既是环境成本内部化的一部分,也是休闲健康产业的升级发展。一是引导社会公众减少浪费性消费,培养节俭消费的良好习惯,从追求物质名牌转向崇尚绿色品牌,减少生活垃圾的产生。二是引导养老保健从热衷保健品消费转向崇尚健康运动和文化生活消费,营造绿色社会生活环境。

(四)大力发展生态环保产业

作为江淮生态经济区的主导城市和淮河生态经济带的核心城市,淮安理应成为生态环保产业的领军城市。

1. 积极实施环保建设和环境修复项目。 持续推动和实施生态环境建设和环境修复项目,不断创造生态环境价值。一是通过公共财政投入创造生态环境价值;二是通过宣传引导社会公众热心生态环境保护,植树"捐绿";三是通过环境违法企业承担环境修复责任,投资环境修复项目。

2. 积极发展环保科技服务产业。 认真总结近几年来重大生态环境建设项目的技术创新、工程施工和管理经验,从水利工程、水体管理、环境修复、项目规划设计、水生物多样性维护、生态产业发展等方面形成技术服务能力,面向江淮生态经济区和淮河生态经济带上游区域提供生态环保科技服务。

推进淮安大运河生态经济带发展的思考[①]

在农业文明和工业文明时代,大运河的价值主要体现为经济价值。淮安大运河之所以历经千年仍然生机勃勃,正是因为它能够始终发挥经济功能。随着我国经济社会发展从工业文明进入生态文明的新时代,大运河的价值已经超越了一般的经济价值,其文化价值和生态价值日显突出,甚至超越经济价值;大运河的功能已经不仅体现为传统的运河航运功能,而且承载着历史文化的传承、生态环境的保障、南水北调的补水等多项功能。因此,在大运河文化带的建设中,从经济作用的发挥和经济发展的视角,需要从一般经济带转型升级为生态经济带,打造大运河生态产业板块。对此,本文就大运河生态经济带的发展和生态产业板块的打造进行分析、提出建议,并以清江浦闸口景区为着眼点,提出建设生态景区的思路,进而对大运河旅游业发展提供创新思考。

一、生态经济理论与大运河生态经济带

对于淮安的经济发展来讲,生态经济是一种全新的经济形态。推进淮安生态经济发展、打造生态产业板块,需要进一步理解生态经济的相关

[①] 本文被收入2018年《江苏省哲学社会科学界第十二届学术大会苏北区域专场论文集》(下册)。

理论,在此基础上思考和提出大运河生态经济发展和生态产业板块构建的建议。

(一) 生态经济与生态产业

1. 生态经济含义。 生态经济是符合生态规律的经济形态;是以不破坏、最少干预、最大限度保护生态系统,顺应生态系统内各类自然资源的本质属性,彰显时代特色、创造价值的经济形态;是实现经济腾飞与环境保护、物质文明与精神文明、自然生态与人文生态高度统一的可持续发展的一种经济综合体。其核心内容包括两方面,一是利用生态资源发展经济;二是减少资源消耗和污染排放,不损害生态环境。

2. 生态产业标准。 生态产业是与生态环境密切相关的产业,生态产业与生态环境的关系可以是直接关系和间接关系,生态产业对生态环境的影响可以是有益的和无害的。与生态环境是间接关系和对生态环境的影响是无害的产业,其范围较为宽泛,难以定位为淮安特色生态产业的范畴。对此,本文从产业与生态环境直接有益、直接无害(或危害很小)、间接有益三个维度,确定生态产业的四个标准:

(1) 直接创造生态环境价值的产业;

(2) 直接利用生态环境资源过程中对生态环境不损害或损害很小(少)的产业;

(3) 在生产经营过程中能够实现生态环境成本内部化的产业(企业);

(4) 服务于生态环境价值创造的产业。

3. 产业板块含义。 产业板块一般是指产业或企业的集聚,可以表现为一定区域内产业和企业的集聚,也可以是若干(或某个)规模产业和一批规模企业的体现。

(二) 外部规模经济理论与生态经济(产业)板块

在企业的生产经营中,产量的增加会带来产品平均成本的下降,通常称为规模经济,又称为内部规模经济。对生态经济来讲,当生态环境资源成为各个企业生产经营共同的外部成本时,也就成了区域经济层面或产业层面的内部成本,这就需要各生产经营主体共同维护生态环境,才能共同利用生态资源,才有可能在总体上共同降低环境资源成本,这就是外部规模经济。例如,甲、乙两个相邻地块,种植相同的植物(如水稻),当甲地块用药灭虫时,害虫会转移到乙地块,等到药效过后,害虫又会回到甲地块;同理,当乙地块施药灭虫时,害虫也会转移,等药效过后,害虫又会回到乙地块。只有甲、乙地块同时施药,才能达到最佳灭虫效果。这就是生态经济中的外部规模效益。同样,大运河水体资源,既可以服务于旅游产业,又可以服务于内河航运,还可以服务于工农业生产,由此带来不同产业发展的外部规模经济。

根据外部规模经济的原理,由于生态资源的空间分布特点(如流域特性)和对企业产生的外部性,不同行业、企业都可以同时利用生态资源,因此,更容易形成空间上的生态经济板块或产业板块,如洪泽湖生态经济圈、白马湖生态农业旅游板块、古淮河生态文旅板块、大运河生态经济带等。大运河的生命力在于其包括航运、旅游等经济功能的作用发挥,京杭大运河江苏段之所以至今保存完好、充满生机,就是因为始终保持着强大的经济功能。在生态文明建设的新时代,打造大运河生态经济带和生态产业板块,是保持大运河生命力最有效的举措。

(三) 构建淮安大运河生态产业板块体系

自然环境和历史文化都是生态经济发展的基础资源。大运河不仅是淮安生态环境的重要水体资源,还是淮安旅游产业的主要资源。生态产业体系的构建,既可以从一、二、三产业的维度和视角谋划,也可以从空间布局的视角培育不同的经济板块和产业板块。生态产业体系是大运河生态经济带的主要内容,按照"一区两带"战略和苏北大运河流域的区域功能定位要求,根据大运河自然环境和历史文化资源的禀赋及其空间分布,本文从空间维度、产业维度、战略维度三个方面提出大运河生态经济和产业板块体系。

1. 空间维度的"乡村＋城区＋乡村"经济板块。 大运河在淮安段全长63 km，从西北向东南贯穿淮阴区、清江浦区、淮安区，从空间维度来看，呈现为"西北乡村—中间城区—东南乡村"的城乡格局，相应的经济布局也分为"乡村经济—城区经济—乡村经济"的空间布局。城乡生态经济资源的不同，直接决定了大运河沿线生态产业发展的不同要求，大运河段中间的城区经济板块应以服务业特别是旅游产业为主，淮安大运河段西北和东南的乡村经济以生态农业为主。

2. 产业维度的"1＋2"产业体系板块。 根据大运河自然环境和历史文化资源的禀赋，大运河经济带的产业体系应当是"1个主导产业＋2个重点产业"——以中间城区的生态旅游为主导产业，以贯穿南北的运河航运和西北、东南的生态农业为重点产业，由此构成"1＋2"大运河生态产业体系。以下先对大运河生态经济带的2个重点产业（运河航运和生态农业）发展进行简要的分析和提出建议，再就大运河生态主导产业发展进行深入的分析和提出建议。

3. 战略维度的大运河生态经济板块。 随着江苏省江淮生态经济区战略和国家淮河生态经济带战略、大运河文化带战略的确立，淮安大运河段正处于"一区两带"战略的叠加区域，同时还处于国家江苏沿海开发战略和长三角城市群区域一体化战略的辐射范围。这些战略规划对大运河淮安段都有一个共同的指向——生态环境屏障和发展生态经济。对此，通过生态产业体系的构建，推进生态经济化和经济生态化，进一步打造大运河生态经济板块，是大运河保护和发展的必然要求。

二、大运河重点生态产业：运河航运和生态农业发展建议

（一）大运河航运发展建议

与公路、铁路和航空运输相比，水运作为运输领域中的生态产业是当

之无愧的。大运河是中国仅次于长江的"第二条黄金水道",苏北运河为二级航道,年货运量达 3 亿多 t,苏南运河年货运量 1 亿多 t(相当于沪宁铁路单线货运量的 3 倍),可见运河航运不仅是淮安运输行业的主导产业,而且也应当是大运河经济带的重点产业。2018 年 9 月,江苏省政府发布《江苏省内河港口布局规划(2017—2035 年)》,将全省 13 个市内河港口分为主要港口、地区性重要港口和一般港口。(表 1)

表 1 江苏内河港口分类一览表

分类	主要港口	地区性重要港口	一般港口
港口	徐州港、无锡内河港	苏州内河港、常州内河港、淮安港、扬州内河港、宿迁港、镇江内河港	盐城内河港、泰州内河港、南通内河港、南京内河港、连云港内河港

淮安港被定位为地区性重要港口,这有利于保障大运河航运产业的稳步发展。但与主要港口相比,淮安港的定位还偏低,对大运河航运产业发展的推动力还不够。对此,淮安大运河航运产业的发展,一方面要强化港口环境污染治理,推进运输船舶清洁能源全覆盖,加强生态环境保护;另一方面要充分发挥苏北内河航运枢纽地位的作用,在继续发展大运河南北航运的基础上,利用国家级淮河生态经济带发展战略的政策,以"晋升"主要港口为目标,实现"东西"两个方向的突破。

一是加快推进淮河入海水道二级航道建设规划的实施,尽早向东实现运河航运与海运协作的新突破,打造"运河+海运"的航运体系,为淮安走向海洋创造更加有利的条件。

二是加强与淮河上中游城市的航运协作,向西扩展运河航运的辐射深度,实现运河航运与淮河航运协作的新突破,扩容"淮河+运河"的航运体系,使运河航运量再上新台阶,提升淮安港和运河航运的地位。

（二）大运河生态农业发展建议

大运河的生态环境与运河沿岸乡村农业生产发展密切相关，相互影响。一方面，鉴于大运河生态环境保护的要求，大运河沿岸的农业生产应当减少面源污染对运河水质的污染；另一方面，大运河为沿岸乡村农业生产提供水源，大运河的水质与农产品的绿色品质相关。此外，大运河作为南水北调东线补水工程，必须保持水质达标；大运河沿岸林木绿化既是运河生态的组成部分，又是江苏乃至长三角区域的屏障。这些构成了大运河沿岸生态农业的外部规模经济和环境政策约束。对此，应当加强以下三方面工作，借势发展大运河生态农业。

1. 实现大运河沿岸乡村的生态农业发展规划全覆盖。 比照城区大运河两岸生态环境保护和历史文化保护的要求，将大运河沿岸乡村全部规划为生态农业经济区，使运河生态环境保护与生态农业发展互相促进，实现空间上的外部规模经济。

2. 打造大运河生态农业产业品牌。 在大运河沿岸乡村建立生态农业产业基地，充分利用大运河文化的影响力，培育大运河品牌的生态绿色农产品。

3. 科学发展大运河沿岸林业经济。 鉴于意杨的速生特点，意杨林仍是目前淮安乡村最具有市场效益的林木产业。应充分利用大运河两岸丰富的林木资源，在适当保留乡土树种的同时，运用雄性意杨种植技术（无花絮污染），继续发展意杨经济林产业，使大运河沿岸的绿化维护与林业产业发展有机结合。

三、大运河主导生态产业：生态旅游业发展建议

大运河生态旅游业是指在不产生（或极少产生）对生态环境污染和历史文化破坏的前提下，利用大运河生态环境资源和历史文化资源发展的旅游产业。当前，大运河生态旅游业的发展即将迎来高铁时代的重大机

遇,甚至可能在两年后的节日游迎来游客的"井喷"。然而,在重大机遇面前,大运河生态旅游产业还面临几方面的问题。一是淮安旅游的过夜经济不发达,旅游购物市场不配套,运河旅游面临苏南城市和扬州、宿迁的竞争。二是运河沿岸旅游市场规划建设不够科学,旅游线路设计不够合理,制约了旅游业的发展。三是面对高铁时代大量游客的到来,旅游管理和服务还存在不足,如缺乏本地旅游公司与景点单位、宾馆饭店的良好协作机制,运河的环境保护还不到位等。未来,如何面对大量的过境游客,需要提前谋划。

(一)构建大运河生态旅游产业板块

大运河生态旅游产业板块的构建,一方面,要从环境污染治理的视角,整治大运河沿岸的污染源,如餐饮服务、港口码头的污水排放,提升旅游产业的生态环保"含金量";另一方面,要从空间布局的视角,合理规划和整合旅游资源、建设项目、经营模式。具体内容如下。

1. 明确大运河生态旅游产业板块的空间范围。 将"九龙口—里运河—淮安水利枢纽"确定为大运河生态旅游产业板块的空间范围,建设九龙口景区,优化里运河旅游资源布局和经营机制,发挥淮安水利枢纽旅游资源价值的作用,建立配套的经营管理机制。

2. 重点打造里运河生态旅游板块。 以里运河为轴线,"闸口景区—运河水上游—河下古镇景区"为重点,向北覆盖清江浦区东西大街、清晏园、苏皖边区政府旧址纪念馆等景点,向南覆盖淮安区周恩来纪念馆、周恩来故居、淮安府署等景点,打造里运河生态旅游板块,如图1所示。

九龙口景区—里运河生态旅游板块—淮安水利枢纽景区

↓ ↓ ↓

清江浦古城—闸口景区＋里运河水上游＋河下古镇景区—淮城镇古城

清晏园、东西大街、　　　　(里运河生态旅游重点景区)　　　　淮安府署、漕运博物馆、
苏皖边区政府旧址纪念馆　　　　　　　　　　　　　　　　　　周恩来故居、周恩来纪念馆

图1　里运河生态旅游板块示意图

3. 设立里运河生态旅游管理机构。里运河生态旅游板块作为大运河生态产业板块体系的主体，应当有相应的管理机构。建议将负责里运河文化长廊建设的办公室（里运河办）调整为"里运河生态旅游管理办公室"，统一规划、建设、管理"闸口景区—运河游览—河下古镇景区"的旅游产业发展，负责里运河生态环境的监管和维护，以利于打造里运河生态旅游品牌。

（二）优化旅游管理体制机制

1. 构建旅游行业协同发展的良好机制。长期以来，淮安旅游企业与景点单位、宾馆饭店协作较少，甚至存在关系不协调现象。建议旅游主管部门深入调研，从旅游市场的利益协调、旅游市场的公平有序等方面，构建旅游企业与景点单位、宾馆饭店良好的共赢协作关系，培育和推动过夜经济，共同保障大运河生态旅游的健康发展。

2. 构建运河景点的生态环保机制。当前，大运河景点的生态环境还较为脆弱，特别是里运河闸口段的水质较差，少数沿岸饭店还存在偷排和渗排经营污水的现象。对此，需要强化两点环保措施。一是建立与游客总量相匹配的景点环卫保洁机制，制定高标准的景点环境保洁标准，确保在游客大量增加的情况下保持清洁良好的景点环境。二是严格督查运河沿岸宾馆饭店经营污水排放，包括杜绝地面污渍清洗、河边洗刷等污染运河水的行为，确保经营污水向里运河的零排放。

3. 推进旅游购物市场的繁荣。一是在周恩来纪念馆、清江大闸等重点景点，按照"景点入口—景点游览—购物市场—景点出口—上车送客"的流程，科学规划、布局和建设旅游购物市场，引导游客在离开景点之前自然进入购物市场，自然购物消费。二是加强购物市场的管理，严厉打击欺客、宰客行为，确保游客的安全感、幸福感、愉悦感。三是引导旅游商品的生产制作，统一收集、管理淮安企业注册的"大运河"商标，培育"大运河"旅游商品品牌，为旅游购物市场提供丰富的淮安特产。四是发挥淮安区百事特公司淮扬菜快餐制作技术和产品品质的优势,利用节假日产能过剩的资源,为节日期间重点景区提供快餐服务,既可解决重点景区可能出现的就餐难问题,又可培育打造淮扬菜快餐品牌。

4. **以差异化提升运河旅游竞争力。** 在大运河旅游方面,苏州、扬州、宿迁等城市都有较强的竞争力。对此,淮安大运河生态旅游应突出生态环境和历史文化的优势,重点推出"运河游＋漕运总督府""运河游＋河道总督府""运河游＋周恩来故居、周恩来纪念馆""运河游＋洪泽湖""运河游＋水上立交"等特色旅游资源,形成自己特有的旅游品牌。

5. **未雨绸缪提升旅游市场监管能力。** 加强旅游监管的队伍建设,建立与旅游产业规模相匹配的市场监管队伍和监管机制,建立外地游客投诉的快速处置机制,树立淮安大运河旅游的良好市场形象。

以生态工业大发展
助推淮安高质量发展[①]

生态工业是以资源节约、减轻生态环境损害和资源利用循环化、废物利用系统化为特征的现代化工业发展模式,体现为生产加工过程中的低能耗、低消耗、低排放、低污染或无污染,其产业类型可以分为三个层次——对生态环境低损害的产业、对生态环境无损害的产业和对生态环境有修复的产业。发展生态工业,不仅是淮安生态文明建设的根本要求和三大国家战略(淮河生态经济带发展规划、大运河文化保护传承利用规划纲要、长江三角洲区域一体化发展战略)的基本要求,而且是淮安生态环境治理的现实要求和工业产业发展的内在要求,是淮安经济社会高质量发展的体现。对此,通过深入的考察、座谈和研讨,就淮安生态工业发展进行分析和提出建议。

一、淮安生态工业发展的主要成果

"十三五"以来,淮安工业经济在生态文明建设和高质量发展的推动下,积极推进节能降耗、绿色制造、循环改造,生态工业发展取得一定成效。

[①] 本文完稿于2019年11月,得到淮安市发改委、工信局、生态环境局等部门有关人员在数据和资料方面的帮助,在此一并表示诚挚的感谢!

（一）加快工业绿色发展高端发展

"十二五"以来,淮安工业发展不断优化产业结构,从"4+2"产业体系（四大千亿元主导产业和两个战略新兴产业,即盐化工新材料、特钢及装备制造、电子信息、食品四大主导产业,新能源汽车及零部件、生物技术及新医药两个新兴产业）进一步升级为"三新一特"（新一代信息技术、新能源汽车及零部件、盐化凹土新材料和食品产业四大优势特色产业）优势特色产业体系,工业产业结构进一步绿色化、高端化。2018年"三新一特"优势特色产业完成工业增加值1 116.7亿元,占规模工业产值比重达27.9%,同比增长9.9%,其中新能源汽车和零部件、生物医药产业产值分别增长11.9%和22.9%。

（二）加强高污染高消耗的治理

近年来,一方面加快实施绿色制造工程,对传统产业进行节能降耗的技术改造;另一方面,加强对高污染高能耗企业的治理,全市累计关停污染化工生产企业74户,关停砖瓦生产企业134家。2018年完成淘汰低端低效印染产能120万m、纺织产能0.22万t、铅蓄电池产能7.3万kV·A、钢管加工产能10万t、造纸产能1万t。

（三）生态园区创建取得成效

不断推进园区循环化改造,促进资源阶梯利用。全市10个省级以上开发区有7家创建成省级生态园区,各园区积极加强污水处理、集中供热、固体废弃物处置等生态环境基础设施建设,积极推进园区循环产业发展。获批富誉电子等3家国家级"绿色工厂",天士力药业等5户企业（园区）积极申报第四批国家绿色制造名单。

（四）新能源产业快速发展

近年来,淮安新能源项目建设呈现"井喷"式发展。目前,全市已并网的新能源装机容量1 439.39 MW,已核准的风力发电44个项目、装机容量 2 981.1 MW,已并网和已核准新能源装机总规模将达 4 683 MW,比淮安 2018 年最高用电负荷(3 572 MW)多 1 111 MW。截至 2019 年 4 月,全市已并网的新能源装机容量为 1 439.39 MW,占全市电力总装机容量 5 114.42 MW 的 28.1%,同比增长 11.97%,主要为光伏发电、风力发电、生物质发电、垃圾发电项目(表 1)。

表 1　淮安市 2018 年新能源发电项目一览表

项目内容	光伏发电	风力发电	生物质发电	垃圾发电
装机容量/MW	999.49	335.90	65	45
年发电量/亿 kW·h	11.44	6.11	6.70	

(五)废弃物处置和再生利用产业有较大发展

废弃物处置主要包括三个方面内容。一是危险废弃物处置,主要有洪泽蓝天公司等 3 家企业,总处置能力达 6.5 万 t。二是垃圾处置,建成一批垃圾发电厂和垃圾资源化利用厂。三是建成城市污水处理厂 12 座,总处理规模达到 67.5 万 t/d,另有乡镇污水处理厂 96 座。此外,苏北废旧汽车家电拆解再生利用有限公司成为苏北最大的家电回收拆解中心。淮安经济技术开发区加快废旧轮胎再生利用基地建设,一批废旧物资利用企业投入生产运营,一批工业企业建立起废旧物资回收利用机制、循环水综合利用体系、分布式太阳能项目。

二、淮安生态工业发展存在的主要问题

虽然淮安生态工业发展取得了一定的成就,但也还存在一些不足和问题。

(一)工业绿色生态化水平还较低

以工业 GDP 能耗、工业"三废"(废气、废水、固体废物)的相关指标来

衡量，淮安工业的绿色生态还处于较低水平。2017年淮安单位工业GDP能耗为1.020吨标准煤/万元，高于全省平均水平。2016年淮安单位GDP的工业SO_2排放量为23.52吨/亿元、废水排放量为6.18吨/万元，均高于全省平均水平；淮安工业固体废物综合利用率为80%，低于全省平均水平。

（二）缺乏生态工业发展规划

淮安工业产业在2018年开启了从"4+2"产业体系向"三新一特"体系升级发展的过程，重新规划了优势特色产业体系，但对于促进工业经济高质量发展的生态工业产业发展的子规划，却没有及时制定，缺乏生态工业发展的具有可操作性的指导意见，不利于"三新一特"框架下的淮安工业发展的生态化、循环化、绿色化。

（三）危险固体废弃物处置能力不足

目前，淮安虽然已有3家危险固体废弃物处置企业，年处置能力达6.5万t，但全市每年危险固体废弃物产出远大于现有处置能力，2018年达到12万t，由此造成危险固体废弃物的积压和环境安全隐患，与淮安千亿元盐化工产业不匹配。

（四）再生利用产业发展不足

一是大多数工业企业未建立起废旧物资回收利用的体制机制，将环境维护的责任推向社会和市场。二是不少企业资源循环利用水平较低，甚至没有循环利用。三是废旧物资回收利用企业较少，与现有工业经济规模不匹配，也与城市未来垃圾分类后的处置能力不配套。四是装修垃圾未开展资源利用回收，缺乏综合利用机制和环保处置机制。

三、淮安生态工业发展建议

生态工业体系既是生态文明建设的成果，又是工业产业的必然构成。根据以上分析，就淮安生态工业发展提出以下建议。

（一）科学制定生态工业发展规划

淮安生态工业既要有发展的目标，也要有合理的产业构成。

1. 科学制定淮安生态工业发展目标。 根据淮安工业"三新一特"优势特色产业的布局，以及三大国家战略、"263"专项行动的要求，进一步确定低碳、绿色、循环、生态产业的覆盖范围，明确未来几年生态工业产值的发展目标以及占工业GDP和全市GDP的比例，由此确定淮安生态工业发展的水平。

2. 合理确定生态工业产业的主要构成。 根据淮安目前的生态工业发展现状，在低碳、绿色、循环等广义生态工业的基础上，以"对生态环境无损害和对生态环境有修复的产业"为标准，进一步确定狭义生态工业产业发展内容，建议可由三大重点产业构成——新能源产业、废弃物处置产业、再生利用产业，具体内容详见表2。

表2　淮安生态工业产业构成一览表

重点产业	产业主要内容
新能源产业	光伏发电、风力发电、生物质发电、垃圾发电
废弃物处置产业	固体危废物处置、建筑垃圾处置、生活垃圾处置、污水处理
再生利用产业	工业产品回收利用、生活垃圾回收利用、装修垃圾回收利用

3. 明确生态工业产业发展要求。 一是制定相应的扶持政策，使生态工业产业发展增速高于工业经济增加值和地区经济增加值的增速。二是加快做大生态工业产业规模，近期内争取将生态工业产业发展成具有一定规模的重点产业之一，远期争取发展成支柱产业之一。三是利用淮安高校智力资源，研究创建生态工业产业增加值统计制度，既为制定生态工业产业发展规划服务，又使生态工业产业发展规划成为生态文明建设规划和工业产业规划的子规划。同时，通过生态工业统计数据展示淮安工业特色和生态文明建设成就。

（二）积极发展三大生态工业产业

根据新能源产业、废弃物处置产业、再生利用产业的发展现状和前景，有的放矢、区别对待，采取不同方式推进发展。

1. 优化新能源产业发展和服务。一是针对光伏发电、风力发电项目的"井喷"现象，适当控制新上集中式光伏发电项目和风力发电项目，积极协调省电力部门加强电源接入能力和电网输送能力建设。二是积极探索光伏发电自我消纳途径，协调部分光伏发电项目与周边企业用电对接，提升新能源消纳能力，同时鼓励企业利用厂房屋面资源，发展自我消纳的分布式光伏发电项目。三是未雨绸缪，超前培训，建设一支维修队伍，为面广量大的光伏发电项目提供未来的维修服务。

2. 加强废弃物处置产业发展。一是扩大固体废弃物处置能力，特别是要优先扩大与千亿元盐化工产业相匹配的危险（固体）废弃物处置能力，实现本地工业固体废弃物处置的自我消纳。二是适当扩大生活垃圾焚烧处置能力，最大限度地减少生活垃圾填埋。三是加强工业污水排放的处置监管，确保工业污水处理到位。四是抢抓乡村环境整治机遇，更加有效地发挥乡镇污水处理厂的效用。

3. 积极发展再生利用产业。一是积极应对垃圾分类的发展趋势，建立装修垃圾回收利用管理体系，构建有效的生活垃圾回收利用服务体系。二是梳理已有再生利用加工企业，积极扶持再生利用项目建设，形成与全市生产经营和生活消费垃圾可回收、再利用相匹配的加工处理能力。三是扶持苏北废旧汽车家电拆解再生利用有限公司进一步做大规模。

（三）构建以园区为主的生态工业产业发展平台

省级以上开发区、园区是一个地区工业的最主要集聚区，因此，开发区、园区的绿色生态化创建是生态工业发展的主体。

1. 推动10个省级开发区全部创建生态园区。在生态工业发展上，各开发区、园区也应当像供电、供水、供热等基础设施一样，建立起相应的生态产业服务体系,作为园区工业的基础配套产业,争取在短期内将全市10个省级开发区全部创建为省级生态园区。同时开展对其他工业园区生态园区创建的评比。

2. 建立园区"固废处置中心"机制。 每个省级以上开发区、园区都必须建设固体(工业垃圾)废弃物处置中心。其中,固废处置可以根据各园区产业特点建立不同类型的工业垃圾处置中心,或者是工业垃圾的回收再利用机制,作为每个省级以上开发区、园区环境保护的基础设施和生态产业的"标准配置"。省级工业园区的固体废弃物处置中心,既可以是独立的企业(或机构),也可以依托园区产生固体废弃物数量最大的企业设立。

3. 构建工业固体废弃物处置体系。 在省级工业园区之外,对于其他规模较大的工业园区,也可以建设一批工业垃圾处置或回收利用的项目(企业),并作为相关创建申报的基础条件之一。通过全市10个省级以上开发区、园区和部分规模以上重点园区,可建成一定规模的工业垃圾回收、处置生态产业,并形成以园区为依托的、不同产业的工业固体废弃物处置体系。

4. 鼓励企业拓展生态产品(服务)。 各开发区、园区在指导企业开展绿色工厂创建、循环生产和节能减排时,还要鼓励企业拓展生态产品或生态服务。如,扶持企业建设自我消纳的分布式光伏发电项目,鼓励企业建立产品消费垃圾的回收利用服务机制,积极协调园区企业与废旧物资回收利用企业建立起紧密型的合作关系。

(四)助力生态工业产业链的构建

工业生态产业事关生态环境保护,往往涉及公共服务,仅靠市场机制还难以发展,需要完整的产业链支持。

1. 培育和构建动脉产业链条。 结合"三新一特"优势特色产业战略的实施,重点打造3条动脉产业链条。一是在机械装备产业方面,以高档数控机床机器人、新能源汽车及智能装备等产业为主导，形成上下游产业链。二是以富士康（淮安）科技城、鹏鼎科技等核心企业为中心，形成信息工业产业链。三是围绕凹土新材料、聚氨酯、盐化产品等打造产业链。

2. 构建废弃物处置产业的前端环节。 通过政府部门的扶持，加强以下几个方面废弃物处置的前端环节配套服务。一是加强工业生产中固体危险废弃物的去向监管，建立废弃物产出企业与废弃物处置中心的紧密对接关系。二是指导建筑垃圾产生单位、生活垃圾产生单位与垃圾处置中心（企业）建立紧密的协作关系。三是通过加强管网建设，完善管网布局和补偿机制，为污水处理厂发挥作用创造条件。

3. 构建再生利用产业的配套机制。 以垃圾回收利用为重点，积极开展垃圾分类，建立覆盖全市的、有效的可利用垃圾回收和装修垃圾回收的收集、运输、加工体系，为再生利用的生产加工提供配套服务。

（五）完善发展生态工业产业的扶持政策

一是在财政扶持产业发展基金中，建立生态产业发展资金，扶持生态产业发展。二是将污水处理、生活垃圾处理、建筑垃圾处理统一纳入生态工业产业体系，强化扶持政策。三是强化"亩产论英雄"导向，鼓励企业实施"零土地改造"，对批准实施的加层或翻建改建扩建扩大生产用房的技术改造项目，不再增收土地价款。四是在土地政策上扶持生态工业产业项目，尽快落实建筑垃圾资源化利用。

区域生态经济一体化与江淮生态经济区规划思考[①]

区域经济一体化是市场经济条件下区域经济发展的必然趋势,它不仅打破了行政区划对地区经济发展的羁绊和条块分割,促进了资源在更大范围的合理配置,而且推动了区域经济的共同发展。同样,作为经济发展形态之一的生态经济,在区域经济一体化的格局之下,也应当体现区域生态经济一体化的发展趋势和内在要求。本文从江淮生态经济区建设的视角,分析和思考区域生态经济一体化的相关内涵,并提出江淮生态经济区建设的相关建议。

一、区域生态经济一体化发展的必然性分析

生态经济既包含一般市场经济的内涵,也包含生态建设的内涵;既有一般市场经济发展的内在规律,也有生态环境建设的内在规律。因此,一定区域范围内的生态经济发展,除了区域经济一体化市场规律的推动因素之外,还要接受生态环境区域化的自然因素作用,共同推动区域生态经济一体化的发展。

(一)生态环境的区域化特征

区域生态环境的基本要素是水体、空气和土地,其中,水体和空气的

---

① 本文定稿于2019年3月。

生态环境质量又是区域生态环境的主要决定因素,并且直接影响土地的环境质量。因此,水体和空气的生态环境区域化特征决定了生态环境的区域化特征。

1. 水体的流域属性决定了生态环境的区域化。水是生态环境的灵魂。河流、湖泊的流域范围直接决定了生态环境的空间范围。一是河流上下游之间的生态环境存在关联性。上游环境污染、生态破坏,直接给中下游带来不利影响,反之则带来积极影响。二是湖泊水体之间的生态环境带来相互影响。污染水体按照高溶度向低溶度扩散的原理,以污染源为核心向周边水体扩散,而无污染区、低污染区水体则在稀释高污染区的水体。三是河流流域与湖泊之间按照上下游的关系,或者是河流水体影响湖泊的生态环境,或者是湖泊水体影响河流的生态环境。因此,无论是生态环境的污染和破坏,还是保护和建设,都需要以河、湖流域的空间范围为基础,而不是以行政区划为基础。而河、湖流域的空间范围往往并不与行政区划相一致,特别是大河、大湖的流域范围,往往是跨越市级行政区和省级行政区的。

2. 空气的流动性决定了生态环境的区域化。空气的质量和空气的流动性直接影响了所覆盖空间的生态环境,空气污染越严重,通过污染空气的扩散,覆盖的空间范围越大;空气的流动性越强,转移空气重污染物的能力也越强,同时也会使原来的空气污染地区的空气质量得到改善。这些情况都丝毫不受行政区划的约束。因此,空气质量的改善,既是某一行政区划内的责任,也是跨行政区划的共同责任。

(二)区域生态经济一体化的必然性

生态经济既包含产业发展中的节能降耗、减排治污,也包含生态环境保护、修复和工程建设,以及相关绿色产业的发展。这些都与水体生态环境和空气质量的保护密切相关。水体的流域属性、空气的流动属性与生态环境的关系,以及跨行政区域的特点,决定了区域生态经济一体化的必然性。

(三) 生态环境保护区域一体化的必要性

近几年来,无论是环境治理项目的实践,还是生态环境保护项目的建设,都证明了生态环境保护区域一体化的必要性。就全国来讲,华北的空气污染治理,实行了跨行政区的统一行动后,才取得初步成效;上海进口博览会、南京青奥会期间良好的空气环境,都是跨省域、市域共同协作、联防联控的结果。就江苏来讲,苏南太湖污水治理,实行全流域和跨行政区的统一治理后,才使太湖水质得到改善;而近几年苏北的白马湖生态环保工程建设,在淮安市的淮安区、洪泽区和金湖县的水域采取统一行动后,取得了良好成效,但位于扬州市宝应县的1/5水域面积未能同步进行治理,部分水域还存在较为严重的污染,导致白马湖整体的生态环境改善大打折扣。可见,生态环境保护必须区域一体化推进。

二、以区域一体化的视角构建江淮生态经济区发展规划

江苏省委省政府确定了全省"1+3"功能区的战略布局,提出了建设江淮生态经济区的发展战略,明确江淮生态经济区包括淮安、宿迁两个地级市和里下河地区的宝应、高邮、兴化、阜宁、建湖5个县(市)。区域生态经济一体化的必然性,既会在江淮生态经济区建设中体现,也是客观要求。对此,江淮生态经济区建设规划的制定,应当体现区域生态经济一体化的客观要求,遵循河流、湖泊流域的自然规律,突破市级行政区划的藩篱,构建区域一体化的江淮生态经济区发展规划。

(一) 加强生态建设规划的多方位融合

生态建设规划在空间上涉及两个要素——流域空间和行政区域。生态环境的空间通常由河、湖流域范围决定,而生态建设规划制定的主体往往又是行政区域的政府,政府往往以行政区域空间为基础来制定生态建

设规划。由于河、湖流域与行政区域并不都是一致的,流域空间越大,与行政区划空间越不一致。如淮河干流流域在江苏省覆盖多个城市,洪泽湖水面覆盖淮安、宿迁两市,这就容易产生生态建设规划在空间上的融合问题。因此,在制定生态建设规划时,如果不能兼顾河、湖流域的范围,必然会影响生态建设规划的整体性、系统性,进而使生态建设成效下降。对此,需要在三个方面加强生态建设规划的融合。

一是河、湖流域之间的生态建设规划融合,包括湖泊流域与河道流域之间,也包括河道与河道之间的规划融合。

二是行政区划之间的生态建设规划融合,既包括纵向的省、市、县(区)之间的生态建设规划融合,也包括相邻市、县(区)之间的生态建设规划融合。

三是生态建设规划与产业发展规划的融合,包括与工业、现代农业、旅游产业以及特色小镇建设等规划的融合。

(二)加强江淮生态经济区规划支撑体系的构建

目前,江淮生态经济区有两个国家级战略(淮河生态经济带和大运河文化带)和一个正在制定的省级战略——江淮生态大走廊建设战略,还应当有若干个省级规划支撑。对此,还需要进一步构建江淮生态经济区的省级发展规划体系。

1. 构建多个省级发展规划。 针对有的湖泊、河流流域覆盖两个以上省辖市的实际情况,需要从省级层面制定相应的生态建设规划。如,环洪泽湖生态经济圈发展规划,苏北大运河生态经济带发展规划,淮河入海水道(或称为淮海运河)经济带发展规划。通过一批省级规划,指导和引领市级发展规划,构成较为完整的江淮生态经济区建设规划体系。

2. 打造淮海运河生态经济带战略。 淮河入海水道进一步规划为淮河入海航道(二级航道),已成为淮河生态经济带战略的重要内容。但是,从淮河入海水道的功能转变为入海航道的功能,这一规划理念还有所不足。无论是入海水道还是入海航道,都只是简单功能的体现,而"运河功能"则是包括经济、社会、生态、文化、城镇建设等多方面要素在内的综合功能。正是因为京杭大运河的综合性运河功能,才有历史上淮安、扬州的发展和繁荣。因此,有必要以"运河功能""水文化"的理念来规划淮河入海航道,形成苏北第二条大运河,将淮河入海航道定名为"淮海运河"(淮河入海之意),并按照运河的综合功能规划建设。

(三)制定江淮生态经济区的生态城市群规划

当前,省内外的一些城市群如长三角城市群、沿江城市群,都是经济较为发达的GDP型城市群,而江淮生态经济区所覆盖的则是贡献生态绿色价值的"生态型"城市群。它们呈现为三个特点。一是具有丰富的水体、湿地、森林、农地以及历史文化、休闲旅游等生态资源。二是城市规模是由省辖大城市、县级市、县城和特大镇构成的多层次城市群,这种由大、中、小城市构成的"生态型"城市群与苏南大城市连片的城市群有着本质的区别,也是江淮生态经济区城市群发展的新模式。三是具有提供生态产品的优势。市场、资金、技术、设备、企业等要素是GDP型城市群,特别是大城市、特大城市创造物质财富的优势,而江淮生态经济区的中小城市的水体、湿地、森林、农地等要素是"生态型"城市创造生态价值的优势。

基于以上三个特点,有必要从生态功能的视角,制定江淮生态经济区的生态城市群规划。一方面,合理规划城市群的基础设施、产业发展、生态建设;另一方面,要以生态资源禀赋为基础,进一步细化生态功能作用。或发挥自然资源的水源、森林、湿地的不同优势,或发挥农业产业中稻麦、花木、果蔬、生态渔业等产业类型的优势,或发挥历史文化、生态休闲等旅游资源优势,结合特色小镇的培育,促进各城市功能定位的精准化和发展目标的精准化,采取有差异又有联系的发展战略。同时,通过宿迁"江苏大公园"、环洪泽湖生态经济圈、大运河生态经济带、淮河入海水道(淮河入海航道)生态经济带等一批省级规划或市级联合战略的支撑,提升江淮生态经济区"生态型"城市群的可持续发展能力。

（四）加强生态建设与饮用水源地规划建设的融合

水环境和水体的保护是生态建设最主要的任务,而饮用水源地的水质安全又是水环境保护的第一重点。同时,保障南水北调送水安全还是江淮生态经济区的重要功能和政治任务,强化水安全保障的规划就尤为重要。由于河、湖水质的普遍下降,即使是经济欠发达的苏北地区,农村居民也已经难从自然环境中直接获取饮用水。城乡普遍实行水厂集中供水,这就对饮用水源地水环境的保护提出了更高的要求。虽然相关法规对饮用水源地周边的水环境保护有明确、具体、严格的要求,但其与周边生态环境保护规划有效衔接还不够,带来两个方面的不足。一是有的饮用水源地保护区外没有规划生态环境保护项目,使得饮用水源地的水质安全隐患较大,甚至处于周边Ⅳ类水质的包围之中。二是有的饮用水源地已处于范围较大的生态环境保护项目范围内,生态环境保护效益对于单个饮用水源地水质安全的保障还有较大的溢出效应未被利用。

因此,基于更有利于饮用水源地保护的视角和南水北调送水安全的要求,有必要加强江淮生态经济区内生态建设规划与饮用水源地建设规划的融合。一是尽可能将饮用水源地纳入更大空间的生态环境保护项目,使得每个饮用水源地不仅有自己的水环境保护区,还有外围的生态建设项目在更大的区域范围内提供双重保障。二是在规划较大空间范围的流域性生态环境保护项目时,可以考虑同时规划多个水源地建设项目,使饮用水源地建设从零散分布到集约化布局,更加有效地利用流域性生态建设项目的水环境保障功能,减少流域性生态建设项目的溢出效应浪费。三是将饮用水安全环境的保护与南水北调送水安全的保障有机结合,增强南水北调送水安全的保障性。

三、推进"三大战略"的融合

江淮生态经济区正迎来淮河生态经济带国家级战略、大运河文化带国家战略、江淮生态大走廊建设工程这"三大战略",因此,"三大战略"的融合也就成为江淮经济区发展的首要问题。

（一）"三大战略"的基本情况

1. 淮河生态经济带国家级战略。淮河生态经济带国家级战略,于2015年5月由淮安市首先提出"构建淮河生态经济带先导区",委托中国国际经济交流中心开展课题研究,形成《淮河生态经济带发展战略规划研究报告（2013—2030）》,并以《促进淮河生态经济带建设的建议》上报国务院,经李克强总理批示、国家发改委研究,列入国家"十三五"发展规划纲要。

淮河生态经济带战略确定规划范围为:淮河干流、一级支流以及下游沂沭泗水系的地区,范围包括河南、安徽、江苏、山东、湖北的25个城市和10个县。其中,江苏覆盖范围为7个市,分别是徐州、连云港、宿迁、淮安、盐城、泰州、扬州。

2. 大运河文化带国家战略。2014年大运河成功列入《世界遗产名录》后,习近平总书记对大运河文化带的保护传承利用高度重视,并做出重要批示。2019年2月,国务院出台的《大运河文化保护传承利用规划纲要》,成为江淮生态经济区迎来的第二个国家级战略。规划纲要覆盖北京、天津、河北、山东、河南、安徽、江苏、浙江8个省市,其中,苏北的徐州、宿迁、淮安、扬州均在规划范围,与江淮生态经济区高度叠加。大运河文化带战略不仅强调大运河历史文化遗产的保护传承,还特别突出大运河河道水系的治理管护和运河沿线生态环境的保护修复。

3. 江淮生态大走廊建设工程。2013年,扬州市委市政府首次提出了建设江淮生态大走廊的构想,并于2015年启动编制江淮生态大走廊规划,2016年在扬州市第七次党代会上被列为今后5年重点抓好的10件大事之一。

2016年11月,江苏省第十三次党代表大会报告和2017年江苏省政府工作报告都明确提出"高起点规划建设江淮生态大走廊"。2017年2月,时任省委书记李强在扬州调研江淮生态大走廊规划建设时强调,要通过江淮生态大走廊规划建设,加强环境治理保护,着力推进绿色发展,让生态优势成为发展优势,为子孙后代留下重要的生态资源。2017年上半年,省发改委组织编制江淮生态大走廊建设规划,覆盖扬州、泰州、淮安、宿迁和徐州5个城市。

(二)"三大战略"融合的必要性

从以上内容分析可知,"三大战略"在构想提出、规划制定、覆盖空间等方面都呈现出高度的一致性。2017年全国两会期间,江苏代表就联名提出将"江淮生态大走廊建设"纳入国家规划的议案,这也从一个侧面反映出"三大战略"融合的必要性。

1. "三大战略"精神实质的高度一致。首先,"三大战略"在促进苏北发展、转变发展思路上是一致的。淮河流域处于京津冀都市圈和长江经济带之间的经济欠发达地区,由于其经济发展潜力而被称为第四增长极区域。淮河干流流域所覆盖的河南大别山地区、安徽淮北地区、江苏苏北地区,都是苏豫皖三省的经济欠发达地区。加快这一区域的经济发展,是苏豫皖三省特别是淮河干流流域人民群众的急切愿望。但是,为了避免传统的先开发后治理的发展模式,实现生态绿色发展的转型升级,需要未雨绸缪,规划国家级淮河生态经济带战略,推动绿色发展、可持续发展在淮河流域的实践,以国家级战略引领苏北绿色发展。改革开放以来,苏北地区一直以苏南为目标,在经济发展方面努力追赶,虽然取得了显著的成效,但结果却是经济发展水平差距不是在缩小而是在扩大。对此,需要反思苏北的发展思路和路径,江淮生态大走廊建设正是发展思路上的创新和转变。其次,"三大战略"在保障南水北调送水安全上是一致的。确保南水北调工程的送水安全,是"三大战略"的主要目的。淮河生态经济带战略通过保障淮河水质安全,进而保障南水北调对苏中、苏北的补水安全;江淮生态大走廊建设不仅从长江源头保障送水安全,还进一步保障输水廊道的环境安全。

2. "三大战略"在生态环保建设上的要求是一致的。 流域生态环境是一个关联性的总体空间。对河流水体来讲,上游的污染会向下游转移;在湖泊水体中,高污染区域会向低污染区域扩散。因此,在同一流域空间,环境治理和生态修复的过程,就如同企业的流水生产线一样,整个流域是一个巨型的生态环境产品的"生产企业"。这就要求同一流域中各行政区之间共同协作开展生态环境建设,在战略规划方面体现为相互融合。一是各流域之间的规划融合,包括湖泊与河流、河流与河流之间的流域规划融合。二是同一流域内各行政区之间的规划融合,包括省、市、县、乡镇之间的纵向规划融合,同级行政区之间的横向规划融合。三是产业规划与生态环境建设规划的融合,包括农业产业、旅游产业、水利建设等方面与水资源管理、环境治理和生态修复建设规划的融合。

3. "三大战略"融合具有积极的意义。 对江苏来讲,江淮生态大走廊建设战略融入淮河生态经济带国家级战略和大运河文化带国家战略,一是有利于江淮生态大走廊建设从省级层面上升为国家级战略层面,借力国家战略推进生态环境保护各项工作的实施;二是有利于推进淮河干流东西联动的水域安全保护,实现南水北调东线输水安全保障,构建东部安全生态屏障;三是有利于提高淮河干流江苏流域生态建设成效,带动苏中、苏北绿色发展,推动苏中、苏北所覆盖城市的可持续发展。

江淮生态经济区是江淮生态大走廊建设工程的主要区域,无论是江淮生态大走廊建设还是江淮生态经济区战略,都是区域经济高质量发展的战略部署,都必然立足于区域生态经济一体化的基础,才能取得经济发展和生态文明双丰收的成果。

管理技术视角的苏北生态建设规划优化建议[①]

近几年来,苏北洪泽(泗洪)湖湿地公园、白马湖生态环境治理等一批生态环保建设工程取得的积极成效,离不开科学的生态建设规划。同时,也应当看到在众多的生态建设项目中,也还存在一些规划内容不够科学、管理不够到位、机制不够合理的问题。如,有的环境治理规划设计不够科学,导致后期生态环境维护成本较大;有的生态建设规划覆盖范围不到位,导致同一水体环境不能同步治理;有的生态建设规划在行政区空间和流域空间上融合不够,影响规划实施成效。随着苏北生态优先、绿色发展战略部署的全面推进,不仅需要大批不同层次、不同范围、不同要求的生态建设规划,而且对规划内涵、规划质量、规划体系以及规划管理也会有更高的要求。对此,就生态建设规划工作从管理技术视角提出以下建议。

一、加强生态建设规划的多方位融合

生态建设规划在空间上涉及两个要素——流域空间和行政区域。生态环境的空间通常由河、湖流域范围决定,而生态建设规划制定的主体往往又是行政区域的政府,以行政区域空间为基础来制定生态建设规划。

---

① 本文为2017年9月28日江苏省政协十一届十九次常委会大会发言材料,原标题为《对优化苏北生态建设的几点建议》。

由于河、湖流域与行政区域并不都是一致的,流域空间越大,与行政区划空间越不一致,如,淮河干流流域在江苏省覆盖6个市,洪泽湖水面覆盖淮安、宿迁两市,这就容易产生生态建设规划在空间上的融合问题。因此,在制定生态建设规划时,如果不能兼顾河、湖流域的范围,必然会影响生态建设规划的整体性、系统性,进而使生态建设成效下降。对此,需要在三个方面加强生态建设规划的融合。

一是河、湖流域之间的生态建设规划融合,包括湖泊流域与河道流域之间,也包括河道与河道之间的规划融合。

二是行政区划之间的生态建设规划融合,既包括纵向的省、市、县(区)之间的生态建设规划融合,也包括相邻市、县(区)之间的生态建设规划融合。

三是生态建设规划与产业发展规划的融合,包括与工业、现代农业、旅游产业以及特色小镇建设等规划的融合。

二、加强苏北生态建设规划支撑体系的构建

苏北作为经济欠发达地区,加强生态建设需要省级层面的政策扶持,首要的是省级规划和战略的支持。目前,苏北已有两个国家级和省级战略——江苏沿海开发战略和东陇海线经济带战略,有两个正在制定的国家级和省级战略——淮河生态经济带战略和江淮生态大走廊建设战略。对此,还需要进一步健全省级生态建设规划支撑体系。

一是构建多个省级发展战略规划。针对有的湖泊、河流流域覆盖两个以上省辖市的实际情况,需要从省级层面制定相应的生态建设规划。如,环洪泽湖生态经济圈发展规划,大运河生态经济带发展规划,淮河入海水道(或称为淮海运河)经济带发展规划。通过一批省级战略规划,指导和引领市级发展规划,构成较为完整的苏北生态建设规划体系。

二是打造淮海运河生态经济带战略。淮河入海水道进一步规划为淮

河入海航道(二级航道)，已成为淮河生态经济带战略的必要条件，相关规划工作已取得突破。但是，从淮河入海水道的功能转变为入海航道的功能，这一规划理念还有所不足。无论是入海水道还是入海航道，都只是简单功能的体现，而"运河功能"则是包括经济、社会、生态、文化、城镇建设等多方面要素在内的综合功能。正是因为京杭大运河的综合性运河功能，才有历史上淮安、扬州的发展和繁华。因此，有必要以"运河功能"的理念来规划淮河入海航道，形成苏北第二条大运河，将淮河入海航道定名为"淮海运河"(淮河入海之意)，并按照运河的综合功能规划建设。

三、加强生态建设项目与产业发展项目的有机结合

旧常态下的经济发展模式与生态环境保护是相对立的关系，社会财富的生产通常意味着对生态资源的消耗。而在绿色发展理念下，绿水青山就是金山银山，意味着社会财富与生态资源的涵养可以是统一的。因此，在苏北绿色发展规划中实施的众多生态建设项目，既能实现环境修复、生态涵养，又可以促进相关产业的发展。

如，在河湖水体的生态环境保护中，可以在河湖流域内发展有机农产品和绿色农产品的种植，减少对河湖的面源污染，实现生态环境保护与现代农业的共同发展；在森林、湿地的规划建设中，可以规划相应的果林经济项目，实现果树种植、林果产业与森林绿化、湿地保护的双赢；在湖泊清淤和内源污染治理中，可与航道建设、土地整理等项目有机结合，实现湖泊水质改善与通航条件改善、土地建设一举多得，促进水运服务的发展；在生态建设与环境修复工程中，可与历史文化遗产保护有机融合，能够推进苏北地区的漕运文化、河工历史文化保护，为文化产业发展培育更加丰富的资源。

四、加强生态建设与饮用水源地规划建设的融合

水环境和水体的保护是生态建设最主要的任务,而饮用水源地的水质安全又是水环境保护的第一重点。由于河、湖水质的普遍下降,即使是经济欠发达的苏北地区,农村居民也已经难从自然环境中直接获取饮用水,城乡普遍实行水厂集中供水,这就对饮用水源地水环境的保护提出了更高的要求。虽然相关法规对饮用水源地周边的水环境保护有明确、具体、严格的要求,但与周边生态环境保护规划的有效衔接还不够,带来两个方面的不足。一是有的饮用水源地保护区外没有规划生态环境保护项目,使得饮用水源地的水质安全隐患较大,甚至处于周边Ⅳ类水质的包围之中;二是有的饮用水源地已处于范围较大的生态环境保护项目范围内,生态环境保护效益对于单个饮用水源地水质安全的保障还有较大的溢出效应。

因此,从更有利于饮用水源地保护的视角,有必要加强生态建设规划与饮用水源地建设规划的融合。一是尽可能将饮用水源地纳入更大空间的生态环境保护项目,使得每个饮用水源地不仅有自己的水环境保护区,还有外围的生态建设项目在更大的区域范围内提供双重保障。二是在规划较大空间范围的流域性生态环境保护项目时,可以考虑同时规划多个水源地建设项目,使饮用水源地建设从零散分布向集约化布局,更加有效地利用流域性生态建设项目的水环境保障功能,减少流域性生态建设项目的溢出效应浪费。

淮安、盐城合作共建生态产业先行区[①]

明清时期,淮安、盐城本是一家,两地同属淮安府,经济发达、商贸繁荣、文教鼎盛,历史上处于江苏省领先地位,也是淮扬文化的核心地带。新时期,作为长江经济带、淮河生态经济带两大国家发展战略的交汇点,同时又是废黄河、苏北灌溉总渠、盐河航道等覆盖的重要区域,淮盐两地具有极其重要的生态区位价值与资源优势。在新的历史时期,淮盐地区既肩负着保护江海湖泊生态的重大使命,又承载着引领淮河生态经济带又好又快发展的重要功能。从国家战略全局和长远发展出发,积极探索淮盐两地经济与生态协调发展的新模式,贯彻落实"一带一路"、长三角一体化、沿海发展等重大战略,积极融入江淮生态经济区建设,构建起苏北地区生态产业先行区,可为我国区域绿色协同发展提供良好示范。

一、共建淮盐生态产业先行区的可行性探索

(一)淮盐生态产业先行区建设机遇难得

习总书记指出,"绿水青山就是金山银山"。探索淮盐两地生态经济的协同发展大有可为。(1)政策支撑。国家战略"淮河生态经济带"建设

[①] 本文系2019年与中共淮安市委办公室嵇友胜处长共同撰写,此研究得到淮安市发展和改革委员会的资助。

与江苏省重要战略规划"江淮生态经济区"建设同时覆盖淮安、盐城,有着顶层设计叠加集聚的强劲支撑。(2)交通便利。淮盐两地具有海陆空三维立体交通优势。既有大丰国家一类开放口岸,又有穿两地而过的新长、徐宿淮盐铁路与淮盐高速,更有正在建设的东部地区航运枢纽中心。(3)区域优势。盐城市域面积达1.7万 km^2,是江苏面积最大的地级市,有着全国最大的沿海滩涂,是"飞地模式"中飞入地的绝佳之选。(4)产业互补。淮安有着"433"优势特色产业集群,电子信息技术产业较为先进。盐城产业规模大,但高新技术产业占比低,二者正好互促互进。

(二)淮盐生态产业先行区建设有探索案例

淮安、盐城地理位置毗邻,经济交流繁盛,这为共建产业发展奠定了良好基础。目前,国内毗邻地区加强产业共建的有许多成功案例。比如:深莞惠区域协同发展试验区,就是在深圳、东莞与惠州三地毗邻地区进行产业共建的实验性探索。该试验区已从规划层面进入具体落实层面,一系列的产业项目开始落地,未来将有包括生态环保产业在内的46个重点合作事项落地。

(三)淮盐生态产业先行区建设趋势使然

淮安、盐城同处苏北地区,两地要在全省经济社会发展中进位升级,个体作战显得力量单薄,因此在产业互补领域可以积极探索合作机制,是抱团发展、合力进位的必然选择。同时,高水平全面建成小康社会也对两地发展提出了现实要求,在越来越强调开放与合作的发展趋势下,毗邻地区进入产业的互补性共建是实现区域高质量发展的利好选择。

二、从成功经验中获取先行区建设的启示

"飞地经济",即相互独立、经济发展存在落差的行政地区打破区划限制,通过跨空间开发实现资源互补、协调发展。"江苏江阴—靖江工业园

区"与"盐城(上海)工业园区"就是典型的"飞地经济",其中的先进经验值得借鉴。

1."江阴—靖江"模式。一是集中力量提升产业层次。集两地之力,不断优化产业结构,壮大产业集聚。充分利用板块品牌优势,助力企业上市。全力加快高精尖新兴产业的培育、提升。二是集聚优势提升开发效益。发挥资源优势,强化港口产业联动。发挥联动优势,强化城市配套功能规划。发挥区位优势,积极融入长三角辐射圈,探索推进平台经济。三是集成智慧提升服务效能。深化事权委托联动管理与区域联动开发利益分享机制,促进优秀人才与优势企业强强联合。推进科技创新体系建设,加强产学研一体化融合,有效集聚各类创新要素,加快科技成果转化。

2."上海—盐城"模式。一是聚力项目深化产业合作。以园区建设为载体,加强沪苏大丰产业联动集聚区建设。聚焦大型国企、民企、外企,深化产业对接合作,助力攻坚突破龙头型、基地型以及强链补链重大产业项目。二是融合发展助推农业转型。发挥上海农场这一接轨上海的独特优势,开发形成一批规模化、现代化畜禽养殖场,从单一种植业为主转向种植、养殖、林苗、加工等各产业共同发展。三是对接打造"苏北小上海"。盐城利用区域城市总体规划和国土空间规划调整契机,在各项规划中体现更多上海元素;加强与上海的干部挂职锻炼交流,推进与上海高校的"政产学研"项目合作,加强教育、医疗互联共享,多点开花打造"全域飞地"。

三、手拉手共建淮盐生态产业先行区的总体思路

(一)总体要求

淮盐生态产业先行区建设,总体上要依据《淮河生态经济带发展规划》《国家生态建设示范区管理规程》等系列政策文件,高标准、严要求地循序推进,形成产业融入生态建设、生态建设促进产业发展、生态与产业

互促共进的发展格局,从而在淮盐毗邻地区形成新的生态产业聚集区,促进两地产业互补发展。

(二)基本原则

1. **要突出功能定位**。依据生态产业先行区建设的总体要求,突出示范区周边城镇功能的超前性规划。

2. **要坚守底线思维**。生态产业先行区鼓励创新探索,鼓励突破陈规窠臼,但必须坚守法律底线、生态红线,在底线、红线内追寻制度机制的创新。

3. **重视共建共享**。共建共享是淮盐生态产业先行区建设的核心机制,在建设中必须做到经济、文化、社会等多元素的互补、互促、互进。

(三)战略定位

将淮盐生态产业先行区融入国家、江苏省重大战略规划,既衔接顶层规划政策,又突出地方发展需求,使淮盐成为淮河生态经济带战略和长三角区域一体化发展战略的绿色发展示范区。充分利用淮盐地区共同的历史文化、相近的自然地理环境和资源要素,共同打造乡村振兴的苏北新型农村示范区。力争在最短的时间内,打造苏北地区毗邻城市产业合作的先行示范区,为淮安与其他毗邻城市进行产业合作提供经验借鉴。

(四)建设目标

1. **打造交通枢纽**。依托淮河入海水道,利用淮安区苏嘴、建湖羊桥口以及大丰、滨海等地港口和滩涂优势,以现有的盐城港、淮安港为基础,形成港口产业群,打通淮安出海口,形成淮河生态经济带水上大动脉。

2. **聚焦生态绿色发展**。利用黄河故道、苏北灌溉总渠、淮河入海水道,建设长三角北部区域绿色生态廊道。以现有的九龙口风景区为基础,整合大运河、淮河、洪泽湖等水域资源,全力做强"建湖—淮安区—阜宁"板块生态经济,统筹打造苏北地区国家湿地公园,建设国际知名的生态旅游区和休闲度假区,形成江淮生态经济区协调发展的样板区。

3. 用好用活飞地模式。推进重特大项目深度融合,以淮安先进电子产业为基础,与盐城相关产业形成集聚效应,形成产业联盟;如淮安"433"特色产业群项目与盐城宝武、悦达起亚共建共享,构建多个产业联盟——电子信息产业联盟、机械制造加工产业联盟、生态旅游产业联盟、现代农业技术联盟、河海联运产业联盟。

4. 建立致富共同体。利用古黄河生态走廊周边的远离中心城市辐射的涟水黄营、石湖、南集与响水黄圩和阜宁羊寨、芦蒲等乡镇的丰富土地资源,开展产业合作,促进当地近 22 万名群众增收,为两地边远乡镇增添发展新动能。共同开展土地整理开发,加强国有农场土地流转合作、绿色生态农产品规模生产,以及教育、卫生资源共享。

四、共建淮盐生态产业先行区的对策建议

实现淮盐跨区域合作,有多个问号需要拉直。比如,如何争取省委省政府在政策、资金等方面的支持,如何建立强有力的省市县联动推进机制,如何做强合作机制和健全法治保障等,这需要从以下几个方面着手,有针对性地进行解决。

(一)加强统筹协调

跨区域的合作机制良性运作,通常需要更高层次的力量介入。积极争取江苏省委省政府在政策层面统筹指导协调。在对接全省宏观发展战略的前提下,积极创新合作方式、拓宽合作领域,在重点产业领域、关键环节改革创新方面开展先行先试。推动建立健全有利于促进区域合作的长效机制和跨地区、跨部门的重点项目、重大事项协调推进机制。一是明确一批工作紧密型的市级部门年度工作计划定期交流协商机制,做到工作信息互通有无。二是建立重大项目规划建设信息共享机制,寻求重大项目建设中的产业合作、资源利用;建立相邻县区之间的工作沟通机制,加

强经济合作,寻求区域共赢。三是加强环境治理合作,探索建立跨行政区域的生态环境补偿机制。

(二)做好前期合作规划

淮盐生态产业先行区,应当在充分论证、做实前期规划的基础上再循序推进。跨区域合作,通常涉及两个不同行政区域在不同利益中寻求共识。因此,前期的充分论证,与寻求合作共识的规划需要做实。需要淮安、盐城两地在合作先行区的选址、互补产业选择等方面进行充分调研。同时,在旅游产业、淮河出海航道岸线资源、规模生态农业等领域开展规划融合与对接。

(三)建设淮盐区域合作系统

发挥两地政府对区域合作的引导作用,结合本地实际,建立健全区域合作管理体制。区域合作主管部门要加强与同级政府部门、有关金融机构和社会组织的沟通衔接,共同推进各项重点任务贯彻实施。充分发挥两地定期商谈、民间交流等各层面沟通交流机制的作用,强化对合作的统筹协调和督促落实。加强淮盐区域合作系统能力建设,支持开展各类培训交流活动。

(四)建立四项机制

1. 建立区域合作资金保障机制。积极争取省政府专项引导资金与专项建设资金,用活用好财政杠杆与PPP(政府和社会资本合作)模式,撬动社会资本流入。鼓励和支持开发性金融机构发挥资金、智力、产品等优势,在促进区域合作的重大项目建设、合作规划编制、推进产业承接转移等方面发挥积极作用。

2. 建立利益分享与保护补偿机制。支持研究建立跨行政区产业合作的利益分享机制,探索"飞地经济"园区利益分配模式。完善重点生态功能区生态保护补偿机制,支持地区间建立横向生态保护补偿制度,探索碳排放权跨区域交易。支持探索完善区域合作利益分配模式。

3. 建立淮盐合作互助机制。 淮安与盐城合作双方应当充分发挥比较优势，创新平等的合作互助体制机制和工作方式方法，拓展在互补产业领域的合作，维护竞争领域的良性发展，着力提升双方在合作中的自我发展能力，促进淮盐跨区域经济社会高质量发展。

4. 建立高校教学科研合作机制。 淮盐两市高校建立教学科研合作联盟，轮流举办学术交流活动，打造在全省有影响的品牌学术论坛（或研讨会），形成一批能够代表省级一流水平的科研成果。

江淮生态经济区
推进生态保险的思考[①]
——以淮安市发展生态保险服务为例

保险是服务于地区(区域)经济社会发展的重要现代服务业。一个地区(区域)的战略功能定位和经济社会发展水平,决定了产业发展的结构和构成,也决定了保险服务业的发展构成。2016年,江苏省委省政府跳出地理上的划分,对全省发展格局进行重构,提出了"1+3"的功能区发展战略——扬子江城市群+沿海经济带、江淮生态经济区、淮海经济区。江淮生态经济区是4个功能区中唯一冠有"生态"名称的战略功能区,按照战略功能定位的要求,不仅要大力发展生态经济,而且也应当将生态保险作为保险服务业发展的重中之重。对此,就江淮生态经济区推进生态保险进行思考并提出相关建议。

一、江淮生态经济区与生态保险

(一)江淮生态经济区

根据江苏省委省政府的界定,江淮经济生态区具体包括淮安、宿迁两个设区市全域以及里下河地区的高邮、宝应、兴化、建湖、阜宁。这是江苏土地开发强度最低地区、农业最发达地区、水网最密集地区和生态资源最

---

① 本文获得2018年10月江苏省保险学会第四届"民生与保险苏南年会"论文评选优秀奖。

集中地区，区域内水面面积达到 5 585 km²，占区域面积的比重超过 1/5，占全省水面面积近 1/3；湿地面积达到 5 652 km²，占到全省长江以北湿地面积的一半。因此，江淮生态经济区也是生态经济资源最丰富和生态保险发展最具潜力的地区。

（二）生态保险的基本认识

生态保险可以从广义和狭义两个方面进行理解认识。从广义来讲，促使人们在生产生活中减少资源消耗和污染废弃物排放的保险服务，都属于生态保险范畴；从狭义来讲，生态保险是指以被保险人因为生态危机，在生产经营中造成生态环境破坏或环境污染，依法应承担生态系统修复或环境污染治理或第三者损失的责任为标的的责任保险。

（三）生态保险的服务领域

根据对生态保险的基本认识和江淮生态经济区的战略功能定位，生态保险服务的领域可以确定为以下几方面。一是服务于生态环境保护和生态环境治理，如环境责任保险。二是服务于生态经济产业，如农业保险、环境产业保险。三是服务于减少和控制资源节约、环境损害的产业，如安全（生产）责任险、食品安全责任险。就江淮生态经济区来讲，从减少资源消耗和污染排放、减少环境损害和有利环境修复的标准，目前的生态保险推进领域可主要定位于农业保险、环境责任险、安全责任险、食品安全险等几大类险种。

（四）生态保险市场的流域属性

水体流域是最重要的生态环境资源，又是江淮生态经济区最丰富的生态环境资源，还是生态经济发展的基本要素，自然也与生态保险密切相关。一般情况下，保险企业的市场范围主要以行政区划为基础，具有较强的行政区划属性。当水体流域与生态保险产生内在联系后，生态保险的市场范围就具有流域属性。以洪泽湖为例，洪泽湖面积约 2 069 km²，涉及淮安、宿迁两市多个县区，在同一个湖面范围内。因为自然条件相同，发生环境损害的要素也可能相同，环境责任保险、农业保险的服务也应当是统一的市场标准，而不应出现行政区划不同而带来服务标准的不同。这就是生态保险市场的流域属性。

二、江淮生态经济区生态保险发展存在的主要问题

从生态经济功能区视角来看，江淮生态经济区生态保险发展主要面临以下几方面问题。

（一）生态保险制度与生态环保政策的不对应

保险业务发展按照行政区划确定市场范围，在市一级设立相对独立考核的公司，县区一级有的设立经营机构，有的还没有经营机构，总体上属于行政区划体制下的保险业务发展机制。而江淮生态经济区的功能空间是淮安、宿迁两市全域和里下河地区5个县（市），打破了市域行政区划，与保险行业的业务管理体制不对应，自然也就与生态保险制度不对应，不利于针对江淮生态经济区的经济社会发展特别是生态环境建设的规划要求发展生态保险。

（二）环境责任保险与生态环境发展的不对应

就江淮生态经济区来讲，生态保险中的农业保险发展较好，有些险种业务的开展还处于起步阶段，如食品安全责任险。但是，与生态环境保护关系最紧密的环境责任保险开展得却较为艰难。以淮安市为例，环境责任险的保费2014年为144万元，2015年为112万元，而2016年只有97万元，2017年也才103万元，总体上呈现下降趋势，与江淮生态经济区的战略发展要求极不对应。（表1）

表1 淮安市2014—2017年生态保险主要险种保费一览表　　单位:万元

年度	环境责任险	安全责任险	食品安全责任险	农业保险
2014年	144	675	1	10 935
2015年	112	949	5	11 162
2016年	97	2 739	3	6 613
2017年	103	5 351	32	15 329

(三)生态保险发展与政府扶持政策的不对应

一是财政补贴不到位,在生态保险主要险种中,除了农业保险从上到下有财政补贴外,其他险种如环境责任险、安全生产险、食品安全责任险等都缺少财政补贴。二是缺乏与江淮生态经济区发展规划相对应的省、市、县三级生态保险发展规划,生态保险还处于自发状态。三是对生态保险缺少较为有效的推进措施、考核措施,与生态经济区的规划建设要求不相匹配和不相对应。

(四)保险企业思路与政府部门思路的不对应

一方面,政府部门希望保险企业多承担社会责任,从为生态环境多贡献的角度多创新保险产品、开拓生态保险业务;另一方面,保险企业则希望政府部门更加重视生态保险发展,从生态保险公共服务产品属性的视角,给予更多的财政扶持和行政推动。此外,在保险企业经营中,也还存在简单执行上级公司指令有余、深入基层调研和创新保险产品不足的现象,存在为政府部门提出思路创新、可操作性的对策建议不够的问题。

三、推进江淮生态经济区生态保险发展的路径建议

江淮生态经济区战略是促进生态保险发展的难得机遇。对此,提出以下生态保险发展的基本思路。

(一) 强化生态保险"两减"服务理念

生态经济的本质内涵是"两减"——减少资源消耗和减少污染排放,从而达到减轻生态环境破坏和加强生态环境保护的目的。生态保险服务也应当在提供优质服务的同时,进一步强化减少资源消耗和减少污染排放的"两减"理念,加强两个方面的意识。一是加强生态环境风险防范意识,通过专业的风险防范控制服务,努力使投保主体少发生环境损害、少发生安全事故、少发生资源财富损失,进而减少生态保险理赔。二是加强绿色消费意识,引导消费者培育绿色生活、绿色出行的习惯,勤俭节约,减少生活中的消费浪费,从而减少资源消耗和生活垃圾。

(二) 制定区域生态保险产业发展规划

一是在省"江淮生态经济区发展规划"中体现发展生态保险产业的精神和相关内容。二是由省级保险主管部门牵头,会同省发改委、金融办和农业、环保、安监、食药监等部门,以及江淮生态经济区2市5县(市)政府,在省"江淮生态经济区发展规划"的基础上,制定"江淮生态经济区生态保险发展规划(计划)",并成为省级发展规划的有机构成。三是指导2市5县(市)分别制定本行政区的生态保险发展规划,形成江淮生态经济区生态保险产业规划体系,明确政府部门推进生态保险的发展目标、责任措施,指导保险企业开展生态保险业务。通过规划的制定,将江淮生态经济区建设的财政扶持项目和资金与发展生态保险所需的扶持资金通盘考虑,统筹安排。

(三) 确立生态保险产业"2+N"体系

农业既是江淮生态经济区的主导产业,又是生态产业,完全符合江淮生态经济区功能定位的产业规划要求。对此,从生态环境保护和生态产业发展的视角,江淮生态经济区应以环境责任保险和农业保险为2个主导险种,同时发展与生态环境直接关联的安全生产责任险、食品安全责任险等 N 个重点险种,构建"2＋N"的生态保险产业体系。江淮生态经济区 2 市 5 县(市)可以根据自身的经济结构和产业特点,确定不同内容的 N 个重点险种。以淮安市为例,淮安是农业大市,同时产业体系中盐化工产业、食品产业是两个千亿元主导产业,盐化工又是对环境压力较大的产业。此外,淮安内河水运较为发达,内河集装箱运输占全省的 70%。对此,淮安的生态保险"2＋N"产业体系可以是:以农业保险和环境责任保险为主导,以食品安全责任险、安全生产责任险、船舶油污责任险为重点险种。

（四）探索区域生态保险市场一体化

江淮生态经济区具有相近的区域自然环境和经济社会发展条件,在统一的区域生态经济发展规划指导下,一定条件上具备了跨行政区划的市场一体化条件,这也是生态保险市场流域属性的内在要求。对此,可以在生态保险产品、理赔服务、现场勘查等方面建立统一的市场标准和体系,探索区域生态保险市场一体化。一是针对区域内大运河、洪泽湖、高邮湖以及相关水系流域覆盖跨行政区的特点,构建统一的环境责任市场。二是针对农业风灾、洪灾、雨灾的跨行政区发生,虫害、疫情的跨行政区传染爆发,可以构建统一的农业保险市场。三是针对内河水运发达和跨行政区运输的特点,可以构建统一的船舶油污责任保险。

四、构建协同推进的生态保险发展机制

作为一个跨市、县行政区划的生态经济区域,推进生态经济的发展,既要有政府部门之间的协调机制,也要有企业之间的协作机制,才能提高效能,避免工作开展事倍功半。

（一）构建区域协调推进机制

由省级保险主管部门会同省金融办和 2 市 5 县(市)政府,建立生态

保险发展协调机制,制定生态保险发展规划的执行方案,定期开展生态保险工作交流,协调完善扶持政策,必要时出台相关的指导性意见,为区域生态保险发展和生态环境保护提供有效的服务。

(二)加强市县部门工作协作

江淮生态经济区 2 市保险主管部门会同所辖县(区)政府和金融办,以及农业、环保、安监、食药监、水利、交通等部门,建立协调机制,就生态保险不同产品和业务的开展加强协调。省、市两级保险主管部门协调另外 5 县(市)金融办,与有关部门建立工作协调关系,为生态保险发展提供有效服务。

(三)强化保险企业联系协作

江淮生态经济区 2 市 5 县(市)保险企业加强联系协作,建立区域生态保险发展企业协作机制(如协会、学会等),共同开展调查研究,探讨行业发展面临的问题,向政府部门提出高质量对策建议;共同探索服务创新、产品创新,加强行业服务监管,推进生态保险高质量发展。

多年来,江淮区域除农业保险之外,其他保险业务发展与地方经济发展规划衔接不够紧密、融合不够深入,使得地方政府对保险服务业发展推动不够,一定程度上制约了保险服务业发展。通过生态保险发展与江淮生态经济区建设规划有机融合,将生态保险与生态经济发展、生态环境保护、生态文明建设融为一体,以期推动生态保险的发展并探索生态保险发展的新路径。

绿色发展呼唤生态GDP管理机制[①]

——推进江淮生态经济区绿色发展的思考

党的十八大以来,以习近平同志为核心的党中央高度重视社会主义生态文明建设,坚持节约资源和保护环境的基本国策,坚持绿色发展,实施了一系列生态经济发展战略。江苏省委省政府转变发展思路,2017年提出苏北生态优先、绿色发展的理念,通过"1+3"重点功能区战略开展江淮生态经济区建设,围绕生态价值、生态优势和生态竞争力,发展生态经济。随着国家级淮河生态经济带战略和大运河文化带战略与江苏省江淮生态经济区战略的叠加(又称"一区两带"战略),生态经济必将成为江淮经济区的主导经济形态。对此,从区域经济管理的视角,需要建立与生态经济相匹配和相适应的管理体制机制。改革开放以来,GDP在区域经济管理中的"第一指标"地位、"第一考核"手段、"第一激励"作用,或许可以给予我们积极的启示——江淮生态经济区的绿色发展需要构建生态GDP管理机制。

一、绿色GDP、生态服务价值和生态GDP

目前,关于生态经济的评价指标有不少,但社会易于理解和应用的主

[①] 本文建议内容被作为2017年9月28日江苏省政协十一届十九次常委会大会发言材料,原标题为《苏北绿色发展呼唤生态GDP管理机制》。

要指标有绿色 GDP、生态服务价值,在此作一说明。

（一）绿色 GDP 和生态服务价值的含义

1. **绿色 GDP**。绿色 GDP 指用以衡量一个国家或地区扣除自然资产损失后新创造的真实国民财富的总量核算指标。GDP 是反映经济发展的重要宏观经济指标,但是它没有反映经济发展对资源环境所产生的负面影响。而绿色 GDP 则是从现行统计的 GDP 中,扣除经济发展所引起的资源耗减成本和环境损失的代价。因此,绿色 GDP 在一定程度上反映了经济与环境之间的相互作用,是在新的发展理念下反映可持续发展的重要指标之一。如果人类在创造 GDP 过程中没有给生态环境造成损失,那么,GDP 就等于绿色 GDP。

2. **生态服务价值**。生态服务价值是指人类直接或间接从生态系统中得到的利益,主要包括向经济社会系统输入有用的物质和能量、接受和转化来自经济社会系统的废弃物,以及直接向人类社会成员提供服务等。简单地说,生态服务价值就是生态财富,既可以是自然界已经存在的价值,将来可以转化为 GDP；也可以是人类创造的价值,现行列入统计的 GDP。

（二）绿色 GDP 与生态服务价值的比较

对比绿色 GDP 与生态服务价值的概念可知,绿色 GDP 是现行 GDP 中的一部分,突出绿色 GDP 概念有利于在发展经济中减少生态财富的损失；而生态服务价值不仅可以是现行 GDP 的一部分,也可以是现行 GDP 以外的"GDP"。因此,生态服务价值更能体现一个地区的生态财富和包括生态财富在内的总财富。

（三）生态服务价值"转身"为"生态 GDP"

从 GDP 所体现的现实财富的概念视角,生态服务价值包含了生态财富,但是,生态服务价值的概念在经济社会管理中却还相对"陌生",无论是政府管理部门还是社会公众,对生态服务价值从概念到数据应用,都还没有进入"状态"。这固然有GDP概念深入人心的因素,但也有生态服务价值的指标应用"不顺手"的因素。对此,可以在推进江淮生态经济区建设的相关工作中,以"生态GDP"的概念替代生态服务价值,将"生态GDP"作为生态财富与现实财富的GDP相提并论。

二、从GDP管理机制到生态GDP管理机制

改革开放以来,GDP概念不仅深入人心,而且成为衡量经济发展的"第一指标"。GDP指标管理机制成为地区经济发展最主要的考核内容,对各地区经济发展起到了积极作用。作为新经济形态的生态经济,也需要有自己的"GDP型"管理机制。

(一) GDP管理机制的启示

在计划经济年代,由于物资短缺,衡量各地的经济发展往往以主要工农业产品为主,如钢铁产量、粮油产量,因此,一些主要工农业产品的量化指标也成为地区经济发展的衡量指标。改革开放以来,我国经济管理体制从计划经济向市场经济转变,从物资短缺经济向物资富余经济转变,以主要工农业产品指标作为区域经济管理的体制机制必须改革。对此,我国逐步建立起了一套较为完整的市场经济管理体制机制,特别是构建了以GDP为主的量化指标体系。当今,各地在比较经济发展水平、总结年度工作成就时,第一衡量指标就是GDP。如百强城市的评比、政府工作报告的总结、城市对外宣传的内容,首选的都是"晒晒"GDP。无论是全省的绿色发展还是江淮生态经济区建设,都包含了以创造生态财富为主体的社会经济工程,迫切需要建立相应的生态经济管理体制机制。而GDP管理机制的功能、激励作用,无疑对我们强化绿色发展导向、完善生态经济管理有积极的启示。

（二）生态经济管理需要生态 GDP 管理机制

生态经济发展涉及经济、社会、生态等多个方面，既有短期的市场效应，更是一项长期的系统工程，特别是相关环境整治、生态修复项目的实施，不仅改善生态环境，也带动生态产业的发展。而各项环境和生态项目，不仅建设周期长、投资较大，而且成效显现慢，具有隐性绩效等特点。无论是从社会总投入和总产出的视角，还是从生态经济管理的需要，以及绿色发展中绩效评价和考核体系的要求，都需要建立与 GDP 管理机制相对应的生态 GDP 管理机制。

（三）生态文明考核工作需要生态 GDP 管理机制

2017 年以来，江苏省委省政府及有关部门先后出台的《江苏省生态文明建设目标评价考核实施办法》《江苏省绿色发展指标体系》《江苏省生态文明建设考核目标体系》等一系列制度，必将有力地推进苏北生态优先、绿色发展。但是，从社会管理和公众参与的视角，相关的实施办法和指标体系较为复杂，不易被广大群众所解读，也不利于社会宣传。长期以来，以 GDP 为主要指标反映经济社会发展的管理机制简洁明了，既为官方广泛应用，也被社会普遍认可。因此，可以借鉴 GDP 的概念和管理机制，建立更加简洁明了的生态 GDP 管理机制，应用于全省生态优先、绿色发展的战略部署。

三、构建生态 GDP 管理机制的建议

生态环境建设涉及经济、社会、生态等多个方面，是一项长期的系统工程。环境整治和生态修复项目虽然能够带动生态产业的发展，但周期长、投资大、显效慢，需要建立与 GDP 管理机制相对应的生态 GDP 管理机制。针对生态经济的内涵，以及生态经济发展和管理的需要，在推进江淮生态经济区绿色发展过程中，有必要以生态 GDP 为主线，构建生态

GDP管理机制。

(一)构建生态GDP的指标体系

在GDP型经济发展的过程中,环境污染和生态破坏并不是有意追求的结果,而是一味追求GDP财富下市场经济规律作用的结果。因此,从利用市场经济规律作用的视角,也可以利用生态GDP的管理机制来推进苏北绿色发展和江淮生态经济区建设。对此,需要构建简明易懂、易于使用的生态GDP指标体系。一是科学制定生态GDP指标体系所应包含的各类量化数据,包括水体、空气、土壤等方面的生态环境指标,并依此核算出相应的生态GDP量化值。二是科学核定各地区的生态财富和生态资产,进而认定各地区的生态GDP总值。三是建立衡量生态环境的生态"基尼系数"——"GDP/生态GDP","GDP/生态GDP"的值越小,表明生态环境质量越好;"GDP/生态GDP"的值越大,表明生态环境质量越差。

(二)强化"生态GDP"的应用

"绿水青山就是金山银山",通过强化生态GDP的应用,实现生态财富向现实财富的转变,成为人们能够接受的金山银山。一是对江淮生态经济区市、县(市、区)的经济社会发展成就考核,既要考核GDP的数量,也要考核生态GDP的数量,以"两个GDP"的总量体现发展总成绩。二是江淮生态经济区市、县(市、区)在报告经济发展成就时,必须同时报告"两个GDP"的数字及其总量,从单纯"晒"GDP到也"晒""生态GDP",接受区域内人民群众的监督。三是在全省各市、县(市、区)经济发展成果横向比较时,既"晒"GDP、财政收入等传统指标,也"晒"生态GDP指标,增强各地创造生态经济的成就感。四是在宣传工作中,加大对生态GDP数字的宣传,让生态GDP和GDP一样深入人心。

(三)构建生态经济的管理机构和管理模式

从计划经济向市场经济的改革进程中,政府经济管理部门也在不断进行机构改革,职能不断调整和优化,逐渐形成了与旧常态下经济发展相适应的管理机制和机构模式。党的十八大以来,政府经济管理部门进一步深化行政体制改革,适应新常态下的经济发展要求。但是,生态经济与传统市场经济相比,是一个全新的经济形态,已有的传统市场经济管理机构和管理模式面对新形态的生态经济,还需要进一步优化和创新。对此,需要建立以生态 GDP 为主导的生态经济管理机构和管理模式,包括机构和职能的优化,加强对生态项目建设和生态经济发展的管理。基于现行政府部门机构设置的现状,可以由生态环境部门和统计部门共同负责生态 GDP 的统计、考核。

传统工业化的发展,催生了 GDP 的管理机制和对 GDP 的一味追求,同时也给生态环境带来了破坏,使得经济发展到一定程度与生态环境成为零和博弈的游戏。生态经济的发展,则是谋求经济发展与生态环境共赢的局面,也完全有必要构建生态 GDP 管理机制,从而助力江淮生态经济区建设。

淮安河湖流域生态建设

加强洪泽湖生态保护和建设[①]
——白马湖生态环境建设的启示

"淮扬名菜香天下,美丽清纯洪泽湖",是广大人民群众对洪泽湖的美好愿景。作为四大淡水湖之一的洪泽湖,应当是一个健康生态的洪泽湖,水域面积广阔,鱼虾自然生长,水质清纯,活水长流,整个洪泽湖流域是一个生态功能完备、可持续发展的湖泊水域。

一、洪泽湖面临的生态环境问题

然而,现实中本应生态健康的洪泽湖却离我们渐行渐远。洪泽湖水域面积由1970年的2 069 km²缩减为2015年的约1 500 km²,渔业资源总量下降,种类减少,鱼类呈低龄化、小型化特点,生态环境日益脆弱。

(一)生态资源遭受掠夺

周边县区和乡镇充分利用洪泽湖的自然资源,纷纷制定各种产业发展规划加大产业开发,如旅游产业、养殖业、水产加工业,甚至房地产业。相反,开发最积极的乡镇对生态环境保护规划却不太重视,有的地方只开发不保护,洪泽湖生态环境的"公地悲剧"正在上演。

[①] 本文获得淮安市政协2014年度优秀调研报告一等奖,发表于《江苏环境》2015年第4期。

（二）环境污染形势严峻

一是洪泽湖及周边河流企业污染堪忧，湖周6 000多家企业中70%污水直排，多个县经济开发区将洪泽湖作为"纳污池"。有的河流污水以"全无敌"的态势杀死河内的所有生物后，再"涌向"湖泊。二是围网和网箱养殖蔓延，规划25.5万亩却扩张到39万亩，这种"工厂化"的养殖使部分水域成为人工饲料的"溶解池"。三是面源污染突出，占水体富营养化的"贡献率"达50%。四是集中居住和城镇化的推进使集镇生活污染加剧，已建的污水处理厂能够正常运行的极少或几乎没有。

（三）非法采砂日益猖獗

洪泽湖采砂船众多，每艘采砂船一次采砂造成湖底200 m² 的巨坑，并将湖底几百年的生态平衡毁灭。2009年还是零采砂的局面，到2014年年底已发展到400多艘船，采砂船密密麻麻的钢铁支架形成水上"钢架森林"。采砂后不仅水草难以生存，湖底贝类灭绝，而且渔民也无法发展养殖业，洪泽湖湖底生态正面临大面积的毁灭性打击。

（四）执法管理遭遇阻力

周边乡镇政府对危害洪泽湖生态安全的生产经营性活动，因事关地方经济发展而监管不力或不监管，对上级部门执法消极配合。此外，执法力量薄弱，跨市、县域执法行动协调难度大，违法者船舶凭借其机动性与执法部门玩"猫抓老鼠"游戏，违规采砂和捕捞屡禁不止，非法沙石码头设置防不胜防，企业违法排污禁而未绝。

二、白马湖生态建设的成功经验

而与洪泽湖相邻的白马湖，近年来却取得了良好的生态环境建设成效。地处苏北的白马湖是典型的、极具代表性的内陆淡水中小型湖泊，江苏十大湖泊之一，湖区总面积113.4 km²，分属淮安市的淮安区、洪泽县、金湖县和扬州市的宝应县,具有防洪滞涝、养殖、航运、旅游等多种功能。在20世纪90年代初开始的"走水路、奔小康"风潮之下,白马湖周边逐年被围垦,湖面大幅被圈围养殖,致使湖区面积锐减,开发利用面积占湖区总面积的92%,加之上游河流污废水汇入,水质富营养化严重,生态环境遭到严重破坏,防洪调蓄库容明显减小。仅仅十多年时间,由于无序开发,就让白马湖变为脆弱的"病湖"、"白马大沟"和大型养殖场,水体自净能力下降,失去了应有的行洪蓄水、涵养生态和调节气候等功能。

2010年,淮安市委市政府明确将白马湖作为淮安市区第二饮用水源地,确立生态治湖理念,加强白马湖的生态环境建设。一是制定《淮安市白马湖生态环境保护总体方案》,相继出台了湿地保护、水利调整、生态景观、高效农业发展等专项规划,形成白马湖生态保护规划体系。二是成立白马湖规划建设管理办公室和综合行政执法办公室,垂直组建了3个县(区)综合行政执法大队,统一管理,强化生态环境保护执法。三是对白马湖生态环保工程计划总投资38.34亿元,分步实施39项工程,到2014年年底已投入9.7亿元。四是有序推进退渔还湖、湖面清杂、环湖公路建设、大堤生态绿化、尾水生态截流改道和专业渔民上岸社会保障等十多项生态修复工程,恢复了白马湖生态环境。

经过努力,白马湖生态环境明显改善。其正常蓄水面积由前几年的 42.1 km^2 增加到 87 km^2,近期排涝调蓄库容由 2 926 万 m^3 增加至 8 952 万 m^3,防洪调蓄库容由 8 994 万 m^3 增加到 14 430 万 m^3,分别比 2010 年增加 1 倍、3 倍和 1.6 倍;退养湖面水质总磷、总氮浓度呈明显下降趋势,其余指标均稳定保持在Ⅲ类水标准,水质改善,发挥其备用水源地功能。

三、保护"母亲湖"刻不容缓

白马湖生态环境建设的成就对洪泽湖的生态保护和环境治理有积极的启示。作为淮宿人民的"母亲湖"——洪泽湖,不仅应当具有生态涵养功能、防洪蓄洪功能，而且还应当是苏北地区重要的水源地，有着极其重要的战略地位。为进一步加强洪泽湖的生态环境保护和建设，提出以下建议。

（一）完善洪泽湖环境保护法规

2011年国务院通过的《太湖流域管理条例》，为太湖流域水资源保护和水污染防治、改善太湖流域生态环境提供了有力的法律保障。作为四大淡水湖之一的洪泽湖，也应当同太湖一样享受同等的"法律待遇"。建议根据国务院《淮河流域水污染防治暂行条例》和《江苏省湖泊保护条例》，制定并提请江苏省人大常委会通过"洪泽湖流域管理条例"，为洪泽湖流域水资源保护和水污染防治、生态环境保护提供更强有力的法律保障。

（二）制定洪泽湖生态环境规划

目前，与洪泽湖生态环境建设相关的规划有《淮河流域防洪规划》《江苏省洪泽湖流域水污染防治规划》，总体上内容全面但针对性有所欠缺。由于缺乏统一的规划主体，相关部门和地方各自制定自己的产业发展规划，在规划实施过程中难免重产业发展、轻生态保护。加强洪泽湖的生态保护和环境治理，需要有一个统一的规划制定主体和规划实施主体，改变从行政区划角度制定规划的方式，从洪泽湖流域的高起点制定"洪泽湖生态环境规划"和生态标准，在这个总规划的指导下，制定水资源保护、污染防治、生态建设等专项规划和相关的产业发展规划以及行政区划内的规划，提高排污标准。

（三）建立统一的管理执法机构

白马湖生态环境建设的成功经验之一就是，淮安市成立了统一的生态环境建设管理机构，代替原来各县区以开发为目的的管理机构，避免了"公地悲剧"的持续。洪泽湖流域覆盖淮安、宿迁两个市共6个县区，在目前的生态环境保护中,由于行政区划不同、管理执法部门较多,加上地方保护主义,使管理执法权威不足、效果不理想。对此,建议确立流域管理思路和理念,成立超越行政区的洪泽湖流域管理机构,统一管理权限,强化执法权威,有效协调周边市、县及有关部门力量,提升洪泽湖的生态环境管理水平。

(四)加强生态建设和污染治理

一是统一环湖生态工程建设,统一规划和建设环湖旅游工程、湿地公园等项目。二是强化污染源的控制管理,对洪泽湖流域内的点源污染、面源污染、线源污染、内源污染分别采取不同措施加强管理。三是建立统一执法机制,严厉打击非法采砂和其他违法行为。四是建立蓝线管理制度,在对洪泽湖流域内水体功能定位的基础上,对承担防洪、排涝、通航、灌溉等任务的水体进行蓝线规划,明确工程范围与工程保护范围,进行确权划界,依法管理。五是严格按照Ⅰ、Ⅱ级水源保护规定,无条件清理、整治一切危害饮用水源安全的工程和生产经营活动。六是加强环境监测、水体检测,由洪泽湖管理机构建立统一的数据收集、信息上报和情况通报制度。

(五)发展洪泽湖生态养殖产业

生态健康的洪泽湖养殖业需要从人工养殖向自然养殖转型。对此,一要持续坚持退渔还湖、退圩还湖工程,对围网养殖和网箱养殖回潮的情况及时整治。二要科学规划水产养殖业的发展,构建与生态涵养能力相适应的产业规模。三要坚持以自然生态的养殖产业为主,培育生态水产品品牌。四要优化生态补偿机制,加大财政扶持,构建湖区居民的社会保障体系,生产性补贴应与生态建设结合,避免对洪泽湖生态环境的掠夺性开发。

失去洪泽湖,将不再有生态苏北,也没有生态淮安。建设一个生态健康的洪泽湖,是我们大家共同的责任。要使太湖的严重污染不会再现洪泽湖,就必须从法规制定、规划完善、机构设置、执法管理等方面全方位强化措施,才有可能建设生态健康的洪泽湖。

淮安市白马湖生态环保工程建设的建议[①]

白马湖是江苏省十大湖泊之一,湖区总面积113 km²,承接近1 000 km²的地面汇水。2008年,白马湖被列为国家南水北调东线工程上游重要的过境湖泊。2009年,白马湖被市委市政府确定为市中心城区第二水源地。2013年12月,经市政府向省政府、国家环保部申报和竞争立项,白马湖生态环境保护项目进入国家重点支持的江河湖泊动态名录,今年已获得国家财政扶持资金2.289 8亿元,淮安市白马湖生态环境保护总体方案也得到了省政府批复。

一、白马湖生态环保工程的初步成效

为有序有效地推进总体方案的实施和相关项目的建设,市委市政府专门成立了市白马湖规划建设管理办公室,配备了相关人员,各项工作都在按计划推进和实施。

---

① 本文获得淮安市政协2014年度优秀调研报告一等奖,2014年10月获得淮安市委宣传部"全面深化改革与全面小康建设"大调研活动征文二等奖。

2014年8月28日,淮安市政府主要领导批示:此报告研究深入,所提建议价值高,请××、××同志阅研。适时召开专题会议,推进白马湖工程建设。

2014年9月1日,淮安市委主要领导批示:这份调研报告对我市抓住国家支持机遇保护开发好白马湖有重要参考价值,尤其是突出生态、完善规划、实施管理好财政部资金支持项目和利用好水生所、国检平台的建议,应体现在工作当中。

2010年至2013年,白马湖生态环保重点工程已投入13.39亿元。其中,投入2.4亿元实施退渔还湖工程,855户专业渔民全部上岸实行社会保障,白马湖养殖面积由13万亩缩减到0.57万亩。投入1.25亿元实施清水入湖工程,将上游洪泽县城生活污水处理尾水通过生态廊道降解,余水达标排入入海水道。投入3.61亿元实施水域整治工程,清除湖底淤泥1 472万方。投入2.7亿元实施白马湖岸线生态修复绿化工程,建成39 km环湖道路,建设配套建筑物34座,拓宽加固堤防25.3 km,栽植乔木灌木3.4万株,铺设草坪4万 m^2。目前,所有围网、圩田全部清除,所有湖岸湖口全部清淤一次。

通过生态环境的修复和整治,白马湖生态环境明显改善,正常蓄水面积由前几年的42.1 km^2 增加到87 km^2,近期排涝调蓄库容由2 926万 m^3 增加至8 952万 m^3,防洪调蓄库容由8 994万 m^3 增加到14 430万 m^3,水质从Ⅴ类水向Ⅲ类水转变。与此同时,还在湖区外积极招商,引资融资,实施森林公园、湿地公园等重大生态支撑项目,整个湖泊生态全面向好。

但是,要恢复白马湖自然生态功能,水质稳定达到Ⅲ类水功能区标准,实现规划目标,建成健康湖泊,白马湖生态环保工程建设还面临着一些问题和风险。

二、白马湖生态环保工程面临的主要问题

白马湖生态保护与开发是一个全新的生态类项目,有诸多的技术因素相互作用,也有多个生态子系统项目交融,表现更为复杂、更为长久。由于总体方案编制时间紧,又缺少过细的前期调研,方案的科学性有进一步完善的空间。因江河湖泊生态治理是国家刚启动的新的财政支持项目,配套政策尚未细化,有进一步摸清政策规定的必要。鉴于以上相关因素,白马湖生态环保工程面临的问题主要有两个方面。

（一）白马湖生态环保工程建设中的问题

1. 缺少白马湖生态建设总体规划。白马湖生态环保工程虽然编制了退圩还湖专项规划、水环境综合整治规划等方面的规划，但还没有包括土地利用在内的生态建设发展总体规划，没有白马湖（修复后）生态环境维护的规划方案。由于规划的内容不够全面，对后续开发建设有一定的影响。如，弃土区形成的土地由于无规划支撑，难以作为建设用地利用，也无法抵押融资。白马湖生态建设的总体规划，缺少后期的生态保护规划（方案），不够科学；后期的生态保护规划操作性不强，也不够科学。

2. 工程建设与资金管理衔接不畅。白马湖生态环保工程资金总体上可以分为三个层次，即国家财政补贴资金、市级资金、县乡资金。一是国家财政补贴并不承诺补贴数量，只是作为地方全额投资的额外补助。二是市级资金还存在一定的缺口，筹资还较为困难。三是在市级配套资金标准不明确或不到位的情况下，县乡不仅难以"垫"资，而且自身配套也不积极。以上三个方面的情况导致工程建设资金衔接不畅，直接影响工程建设进程。

3. 项目管理有待科学化和精细化。白马湖生态环保工程进入国家重点支持江河湖泊动态名录后（以下简称国家项目），对工程的规划建设和项目管理都有新的要求，而现有的项目管理机制还有差距。一是在项目的编制、论证、验收等环节还没有严格按照国家项目的要求进行。二是在资金管理上还没有紧扣国家资金的使用要求，有的项目不符合国家资金使用方向的要求，可能使国家资金使用认可受到影响。三是项目建设的后续资金安排与国家财政预算的申请工作准备不足。

（二）白马湖生态环境修复技术方面的问题

白马湖生态环保工程总体方案有多项截污治污清污的工程措施，但这些措施都没有对水质和水体有害物质消解影响做科学的定量分析。在听取中科院水生生物研究所淮安研究中心的专家意见后，调研组认为，近年来经过淮安市委市政府的大力整治,白马湖生态环境保护取得了显著成效,但水环境和生态系统仍然面临较为严重的问题,该总体方案还不能有效地解决污染物的消解,主要有:

1. 水体质量保持存在不可控因素。目前,白马湖水质总体上为Ⅲ类水质,但严格意义上未达到Ⅲ类水质,磷、氮等指标普遍超标,甚至部分区域水质为劣Ⅴ类,富营养化趋势未得到控制,存在边修复边污染的情况。这与白马湖作为淮安市第二水源地的目标定位存在较大的差距。

2. 湖泊水体面临三大风险。白马湖流域面积近 $1\,000\ km^2$,这个流域是一个工农业生产区和居民居住区,不是原生态的无人区,必然存在大量污染源,给白马湖生态环保系统带来三个方面的风险。一是湖水富营养化现象。目前,白马湖水质实际上为Ⅲ~Ⅴ类,部分区域为Ⅴ类,主要是富营养化趋势未得到有效遏制,超标的参数主要为氮、磷,污染源主要有农业面源、湖区内源、农村生活点源污染,其中,农业面源污染占污染总量的70%。二是湖泊沼泽化趋势。白马湖平均水深不足 $1.5\ m$,水体过浅,易于水生植物生长,面临植物过度扩张而导致沼泽化的风险。目前,白马湖的水花生、菱角及荇草已有过度扩展趋势,尤其是退渔(圩)还湖区及河口区,长此以往,有可能因沼泽化而导致湖泊生态功能弱化。三是农药残留危害水安全。常年的渔业养殖、水生植物种植及农田耕种,使用大量的农药及抗生素,随地表径流汇集湖内。有些药物长期存在,降解缓慢,残留在水体或湖底,造成水体污染,并对饮水公共卫生安全构成危害。

三、白马湖生态环保工程的工作建议

白马湖生态保护与开发的环保工程定位是市中心城区第二水源地和生态涵养、生态保护、生态旅游,同时,该工程又是国家湖泊生态保护的专项支持项目。因此,要进一步提高认识,深化治理理念,细化各项工程的规划、设计、建设、管理,要更加注重各个治理项目的科学性、针对性和有效性,确保湖泊生态健康,实现良性循环。

(一)强化永续生态健康湖泊理念

实现白马湖生态环境改善,并长期稳定保持,保障淮安第二饮用水源地的安全,必须强化白马湖环境治理的永续生态健康湖泊理念。一是在时间上,确立白马湖生态环境的长期改善意识,不仅仅在于目前生态环境工程修复的时间段,既要有生态环境修复"进行时"的水质改善,更要有生态环境修复"将来时"的环境保护。二是在空间上,确立改善白马湖流域生态环境的意识,既要有白马湖湖区生态环境的改善,也要有白马湖流域生态环境的改善。

(二)完善白马湖生态建设规划

为满足白马湖生态环境保护的长期需要,建议制定"白马湖生态环境保护总体规划"。相关内容既要涵盖退圩还湖、环境整治等专项规划,也要包括空间发展规划、土地利用规划,以及各种产业发展规划;既要有近期的生态环境修复规划,也要有今后长期的生态环境保护的工作方案,并且还要有较强的可操作性。使总体规划既为白马湖生态环保工程建设提供规划支撑和土地融资服务,也为白马湖生态环境修复后长期保持良好生态服务。

(三)围绕国家项目要求改进管理

为了确保国家财政资金的合理使用并通过验收,需要紧扣消除流域内现有及潜在污染源主题,改进项目管理的相关工作。

1. **重新梳理规划建设项目。**将规划建设项目分为两类,一是与争取国家资金相关的项目。二是与国家资金不相关的项目。将与争取国家资金相关的项目列入规划建设总目标的同时,按照工程量和施工周期,合理分解到不同的年度实施,为持续争取国家资金提供依据。

2. **建立国家项目管理体系。**按照国家资金对项目管理的要求,建立项目管理体系。一是项目前期管理制度,包括项目论证、初步设计、招投标等工作。二是项目报备管理制度,按照财政部对资金使用的要求,及时上报相关工作信息。三是项目预算管理制度,既包括项目建设过程中的成本控制,也包括下一年度国家资金的预算申请。通过以上管理工作,既为已获得的国家扶持资金有效(合规)使用服务,也为后续争取国家财政支持奠定基础。

(四)进一步修订生态环境保护总体方案

实现白马湖生态环境的永续改善,除了积极实施目前的生态环境修复工程外,还需要从污染控制截留、水体涵养自净、水生生物调控利用等多个方面,在生态工程技术支撑的前提下,制定符合淮安现状、更具有科技含量的白马湖生态环境保护方案,并切实实施。一是科学测算环境容量,全面调查湖底底泥污染、湖底地形等情况,开展生态风险评估。二是修订生态环境保护总体方案,包括外源和内源污染控制方案、沼泽化控制方案、渔业资源保护与开发、水生生物和水生蔬菜合理种植与收获的可持续利用方案,湖区所有的种植业和养殖业都不施肥、不投饵、不用药,完全为自然、生态、有机产品。三是积极实施内源和外源污染控制的措施,包括建立网格化管理机制,优化水生生物群落配置,遏制浮叶植物和挺水植物过度扩张,控制湖区的沼泽化。四是充分利用好渔民的劳动力资源,按照科学评估后的白马湖资源潜力和生态产品的生产布局及产出能力,以及环境保护管理的需要,合理配置和安置渔民的就业与专业,并在经济转型中逐步建立资源利用、良性循环、可持续发展的生态与经济共赢模式,让渔民分享转型发展的成果。

(五)建设生态环境保护监控和检测系统

白马湖湖域及其流域的生态环境保护,需要通过完善的监控和监测系统,把控白马湖的生态环境变化,为生态长效管理奠定数据基础。一是建设白马湖流域内的环境监控体系,及时监测湖泊和流域内的环境污染情况。二是建设现代化的生态环境检测系统,为生态环境治理和管理提供数据支撑。通过环境监控和检测系统,为污染控制、行政管理、执法管理提供依据。

（六）完善生态环境行政管理机制

目前,白马湖规划建设管理办公室正在逐步建立行政管理体制,还要从白马湖生态修复"后时代"的长效管理需要出发,健全行政管理机制。一是优化行政执法机制,设立综合执法机构,赋予环保、渔政、水利等执法权力。执法人员按"预备役"方式,由环保、渔政、水利等部门人员组成（编制和行政关系保留在原单位）,在执法需要时,可以协调人员进行综合执法。二是建立绿色 GDP 和黑色 GDP 绩效考核制度,对流域内的乡镇实行相应的绩效考核。根据环境监控和检测数据,污染指标低于标准的给予绿色 GDP（增加绩效）,污染指标高于标准的给予黑色 GDP（减少绩效）。三是有效处理宝应县行政区划范围内的湖区治理,积极向上级有关部门汇报,与宝应县政府沟通,通过环境经济政策的引导和法律追责,共同推进湖区的生态修复和环境保护。

四、白马湖生态环保工程的"引智"建议

白马湖生态环保工程是一项技术含量高、涉及专业多的综合性技术工程,有的技术门类在淮安市还是空白,有必要引入科研技术机构的力量,为生态环保工程建设服务。

（一）充分发挥中科院水生生物研究所淮安研究中心的作用

中科院水生生物研究所淮安研究中心是淮安近年来引进的国家科研机构。中科院水生生物研究所是中国专门从事内陆水体生命过程、生态环境保护与生物资源利用的综合性学术研究机构。中科院水生生物研究所淮安研究中心以徐旭东副所长为组长,组织藻类学、生态渔业、水生植

被修复、流域规划管理、湖泊生态修复等多学科专家,根据目前掌握的资料和现场勘查,围绕建设第二水源地的目标定位,编制了《关于白马湖生态环境保护的建议》,具有较高的建言价值。

(二)用好淮安出入境检验检疫局的检测平台

淮安出入境检验检疫局的综合技术服务中心实验室是经过国家商检局认定的检测机构,饲料安全检测实验室是经过国家质检总局认定的重点实验室,装备有先进高端的检测仪器,检测人员结构合理,机构认证资质较高,完全可以为白马湖生态环境保护工程服务。在白马湖环境检测和治理中,应控制重复投资,减少异化支出,发挥公共平台资源共享的作用。

淮安永济河生态环境治理建议[①]

永济河位于淮安市清浦区南部,西起三闸村,东至杨庙村。随着淮安工业园区的设立、淮安城区向南拓展空间,永济河已成为从东向西的"穿城"河流,使得淮安由"四水穿城"变为"五水穿城"。保护永济河生态环境,加强永济河环境治理,也就显得更加具有现实意义。

一、永济河基本情况

永济河,原名古盐河,开凿于明万历十年(1582年)。永济河西起清浦区武墩镇三闸村,途经清浦区工业园区、淮安工业园区,东止于清浦区盐河镇杨庙村,穿越淮河入海水道北堤排入南偏泓。河道全长18.66 km,河宽约30 m,常年水位7.8 m,水质达Ⅲ类水标准。

二、永济河水文地质情况

永济河流域位于淮安市渠北地区运西片,外围涉及主要水系有大运河、苏北灌溉总渠、淮河入海水道、二河等,其流域范围南侧为淮河入海水道,东侧为大运河,北侧为团结河,西侧为二河,相关水文地质情况如下。

[①] 本文为淮安市科技局2015年软科学课题"永济河生态带改善与工业园区新城品质提升"(HAR2014013)的子调研报告,完成于2015年年底。

(一)流域基本情况

永济河流域面积 278 km²,河道主要由永济河(古盐河)、柴米河、红旗河、团结河、草字河、大台河、沿河等支流河道组成,沿线支流于古盐河末端汇入,通过古盐河涵洞排水进入淮河入海水道。入海水道行洪期间,则通过泵站抽排。

永济河流域东西长约 13~17 km,南北宽 14~20 km,地势西北高、东南低,地面高程运西 11.83~5.83 m,黏土占 45%,沙土占 40%。

(二)气象水文情况

永济河区域属于中纬度北亚热带向暖温带过渡地区,兼有南北气候特征,温带季风气候尤为明显,加之濒临黄海,受海洋气候影响,气候条件比较优越。四季分明,雨量充沛,光照时间长,有霜期短。

1. 气象情况。多年平均气温 14.0 ℃,年最高平均气温 15.0 ℃(1961 年),最低气温 13.0 ℃(1969 年);七、八月份最高,平均气温 26.7~26.9 ℃,极端最高气温 39.5 ℃(1966 年 8 月 8 日);一、二月份最低,平均气温 0.1~1.9 ℃,最低气温 -21.5 ℃,头年 12 月至次年 2 月平均气温小于 3 ℃,其余月份平均气温均在 5 ℃以上。

2. 水文情况。由于受季风影响,淮安降水量季节性变化显著。据淮阴水文站统计,多年平均降水量约 941 mm,其中汛期 6—9 月 515 mm,占年降水量的 65%;春季 3—5 月 174 mm,占年降水量的 19%;头年 10 月至次年 2 月 152 mm,占年降水量的 16%。最大年雨量 1 361 mm(1956 年),其中 6—9 月 953 mm。最大日雨量 290 mm,最大三日雨量 291 mm(1976 年 6 月 29 日)。

(三)地质情况

1. 地质构造情况。永济河流域在大地构造上位于扬子准地台苏北拗陷区,长期以来处于沉降地区,全区无基岩出露,均为第四纪巨厚的中新生代地层覆盖,总体上地质稳定性较好。对本地区最有影响的主要构造线走向为NE的两条大断裂带——郯庐断裂带和淮阴—响水断裂带。

(1)郯庐断裂带的影响。郯庐断裂带为中新生代以来活动的深大断裂,该断裂北起山东郯城,经宿迁、泗洪至安徽庐江,长约450 km,宽约40 km。但由于其距淮安市区较远,对本区域的地震影响烈度一般不会超过Ⅶ度。

(2)淮阴—响水断裂带的影响。淮阴—响水断裂带从淮安市区西北部穿过。该断裂带主要活动于几百万年以前,晚期没有明显的活动迹象,非全新世活动断裂带。

2. **地质结构情况**。经过钻探,永济河流域深度15 m以内的土层共有5个工程地质层(表1)。

表1 永济河流域土层一览表

土层	厚度/m	底层标高/m	岩土性质	矿物构成、力学性质
第1层	0.1~0.22	5.22~8.78	素填土	以黏性土或粉土为主
第2层	0.3	3.92~7.23	黏土	暗黄色、灰黄色。多呈可塑状,局部软塑状。含铁锰粉末及结核
第3层	1.2~6.0	1.08~4.02	沙壤土	黄色,暗黄色、褐黄色。硬塑状。含锰铁粉末及结核。偶夹礓结石
第4层	1.0~4.6	−2.11~1.84	沙壤土	暗黄色。局部夹壤土薄层,多呈中密状,局部密实状
第5层	最大孔深15,未钻透该层		粉质黏土	黄色,暗黄色。可塑—硬塑状。含锰铁粉末及结核。偶夹礓结石

注:本表岩层厚度与表格行的宽度成正相关关系,岩土层越厚,表格行越宽。

三、永济河生态环境情况

长期以来,对永济河生态环境维护的缺失,加之城市建设的扩张和生产、生活污染总量的增加,使得永济河的生态环境面临着较为严峻的形势。

(一)防洪排涝情况

永济河流域总体上地势较低,排涝任务较为艰巨,涝水主要穿越入海水道北堤涵洞排入北泓。其排涝区域南至沿总排河,北至团结河,控制排涝面积为126 km^2,设计排涝流量为92 m^3/s。

目前,永济河流域内部排涝标准较低,虽然经过2009—2010年的疏浚整治,但设计排涝标准只有5年一遇。随着城市化进程加快、区域硬化面积增加,汇水速度加快,导致遇到中等以上雨量,河道下游水位就会迅速抬高。加之永济河河底本身淤积较为严重,在下游排水不及时的情况下,直接导致中上游地区的排水不畅、水位壅高,甚至发生高水倒灌,影响河道两岸居民的生产和生活。

(二)环境污染状况

目前,永济河生态环境总体上较差,自净能力较差。

1. 河流水体不活。 永济河总体为西向东的走向,西部未与二河、洪泽湖贯通,东部只是通过涵洞与入江水道相通,在排涝时发挥作用。在正常情况下,永济河水为静水,甚至可以说是死水一潭。在周边居民生产、生活的污染进入河道后,因为水体不活,难以有效自净,导致污染积淀,永济河部分河道水质已下降到Ⅳ类水质。

2. 环境污染加剧。 长期以来,河道两侧生产和生活垃圾分布较为普遍,生活污水排入河流,农业生产的面源污染排入河中。而河道两岸基本没有进行环境污染的整治(工业园区段河道除外),既没有截污措施,也没有垃圾清理,生态环境逐步恶化。

3. 河道淤积沼泽化。 278 km^2的流域已有硬化面积约82 km^2,河道淤积速度约为20 cm/a,淤积量月30 000 m^3/a。河道两侧有局部沼泽化趋势。

（三）环境整治成效

在永济河生态环境逐步恶化的情况下，全长 18.66 km 的永济河却有一段生态环境优美、蜿蜒曲折、碧波荡漾的河道，这就是永济河的淮安工业园区段。永济河的园区段长 4.5 km，水面宽 30~60 m，经过淮安工业园区的治理，生态环境明显改善。淮安工业园区的措施主要有以下三个方面。

1. 以生态立区科学规划。 一是空间布局有生态位置。在园区空间规划布局上，构建南部生产、北部生活、中部生态的城区格局，确立了园区以永济河（段）为依托的生态景观廊道。二是高起点规划生态公园。园区管委会委托知名专家领衔，规划设计永济河景观廊道，在廊道核心区建设永济河生态公园。公园以"时尚永济河、绿色新地标"为主题，以"自然、生态、简约"为风格，形成具有园区"绿肺"功能的生态景观带。

2. 以高标准精致建设。 园区管委会以高标准、大气魄，精致建设永济河生态公园。

（1）全力推进项目拆迁。将永济河景观规划区纳入拆迁范围，拆迁居民 600 多户、70 000 多 m² 房屋，拆除违章建筑 60 多处，征地 2 000 多亩。

（2）强力推进工程建设。对河道两侧原有的窑场及沟渠进行拓宽、清淤、塑型，在河道下游修建蓄水坝，保持常年蓄水水位 6.5 m，形成一条收放自然的景观河道。

（3）积极推进生态治理。生态化改造河道护坡，将河岸建设成为自然坡道，构建深潭、浅滩，种植水生植物和临水植物，同时配套建设 2 000 亩的生态公园。

（4）精心塑造河道景观。在永济河景观廊道建设的过程中，强化精品意识，一桥一亭精心施工，一草一木科学布置，一岛一湖用心塑造，力求每一处景观都新颖独特。

(5) 强化工程质量监管。建立工程质量监管体系,严格工序把关,确保建设质量。

3. 建立常态化的生态化管理。 一是坚持卫生环境和管理,通过"组保洁、村收集"集中处理垃圾,防止垃圾流入河道。二是以养护管理为重点,及时清除河道内垃圾、浮萍等漂浮物。三是加强岸上绿地养护,及时清扫落叶、垃圾。四是建立环境维护体制,加强生态环境养护考核。

四、永济河生态环境治理建议

目前,永济河的生态环境除部分河段有恶化趋势外,总体上还处于可控的阶段,还处于生态环境治理的有利时期。对此,需要抓住机遇,适时启动永济河生态环境治理。

(一)科学制定永济河生态环境建设规划

1. 科学分析永济河水文地质条件。 永济河流域的水文地质条件总体上有利于生态环境的治理和维护。

(1) 水文条件较好。一是在气温方面,多年平均气温 14.0 ℃,有利于动植物的生长;二是多年平均降水量 941 mm,能够满足动植物生长的水分需求。这些为生态环境的治理和生态涵养提供了极为有利的自然条件。

(2) 地质条件较好。一是永济河流域表层的素填土和黏土层,有利于植物生长和生态环境的治理。二是永济河流域地貌平缓,为工程建设提供了良好的施工条件。三是表层土以下依次为黏土、沙壤土、粉质黏土,有较好的承载能力,能够满足环保工程、水利工程设施的地质条件需求。四是永济河流域地质结构较为稳定,地质安全隐患较小,也有利于各项工程设施的安全。

2. 制定永济河生态和环境质量标准。 一是根据永济河流域的常年降雨量,确定河道水质标准、水位标准和水体总量。二是根据永济河水质、气候、土壤,确定流域内的水生动植物的物种和保有量,确定林木、花草的覆盖面积和植物总量。三是确定永济河流域的空气环境质量。

3. 制定永济河生态环境建设规划。 根据永济河流域的水文地质条件和自然地貌条件,尽快制定永济河全流域的生态环境建设规划。相关规划应当包括两个方面的体系。

(1) 多功能融合的规划体系。永济河生态流域建设规划应当是一个生态涵养功能、环境保护功能、行洪排涝功能、海绵功能、景观功能、文化功能等多功能融合的规划体系,其中,应当以生态文明建设为导向,水利建设规划、环境保护规划、生态涵养规划为主体,以景观建设、历史文化、旅游休闲等方面的规划为辅。

(2) 不同层次融合的规划体系。永济河流域涉及多个行政区划,从空间上讲,应当以行政区划为基础,建立不同层次相融合的规划体系。一是在市级层面制定涵盖清浦区、淮安工业园区的永济河生态环境建设规划。二是以清浦区和淮安工业园区为基础,分别制定永济河生态环境建设规划,并融合于市级规划。三是清浦区在永济河流域的园区、乡镇分别制定各自区域(河段)的生态环境建设规划,并融合于区级规划。

(二) 完善永济河流域河网系统和水利设施

完善的河网系统和水利设施是生态环境建设的物质基础。永济河的生态环境建设需要从三个方面完善河网系统和水利设施。

1. 完善水利建设规划。 一是针对流域地势偏低的地质条件,提高流域排洪标准,从 5 年一遇提高为 20~30 年一遇。二是制定流域水网规划,拓宽部分河段的河道。三是将水利工程建设规划与景观规划、交通规划、生态规划有机融合,建设生态护坡和生态河道。

2. 构建永济河活水系统。 活水系统是河流生态涵养的必要条件。针对永济河道水体不活的情况,需要从两个方面构建活水系统。一是将永济河上游(西北方向河段)河道进一步延伸至二河三闸洞(约 2 km² 河道),使永济河水与二河水相通,引入二河水进入永济河,形成补水体系。

二是在现有入海水道涵洞的基础上，在永济河下游（东南方向河段）建设与入海水道相通的自排涵洞和强排涵洞。通过上游引水、下游排水，控制河道适当的生态水位，促进永济河水流正常流动，形成自西向东的河流自循环系统，为河流生态涵养创造条件。

3. 完善流域水利设施。 一是在设施的分布上，既包括永济河河道的水利设施，也包括永济河流域内各支流、干渠、支渠的水利设施，形成流域内的水网体系。二是在设施的内容上，既包括桥、涵、闸设施，也包括水文监测系统、排涝系统的设备。

（三）推进永济河流域生态环境治理

1. 划定并建设生态保护区。 一是划定永济河河道两侧 30 m（或 50 m）为生态保护区，并适当向支流河道或干渠延伸、扩展生态保护区。二是划定生态红线，建立河道蓝线。三是借鉴淮安工业园区生态公园建设的经验，在永济河其他河段再建设 1~2 个生态公园，提升生态涵养功能。

2. 实施河道清淤疏浚。 一方面，对永济河河道全面清淤疏浚，拓宽瓶颈河段宽度，建设生态护坡、生态河岸；另一方面，对流域内的支流、干渠、支渠有序推进清淤疏浚，力争 3 年内对所有沟渠全面清淤一次。

3. 建立污染源控制机制。 一是全面调查流域内污染源情况，查明重点污染源和污染点，对生产经营性污染源进行监管控制。二是在支流和干渠修建截污工程，利用物理修复降低入河水的污染，利用水生植物化解污染，控制污水直排永济河。三是针对生产经营污染、居民生活污染、农业面源污染，采取不同控污措施，流域内布设截污干管，实现雨污分流。四是建立河道保洁机制，对永济河水面常态化保洁，对支流、干渠定期保洁。五是建立流域环境监测系统，合理设置监测点，开展水质监测，及时发现污染现象，找准污染源，控制环境污染事件。

4. 建立生态环境监测体系。 一是在全流域科学合理地设置环境监测点，形成环境监控网络。二是定期采集各监测点的环境数据，包括空气、水体、土壤、动物、植物等方面能够反映环境状况的数据。三是建立流域内的环境数据库,并根据监测数据形成永济河流域年度生态和环境质量指数,以量化指标的形式反映年度生态和环境质量的变化。

(四)建立永济河全流域生态环保体制

1. 确立生态涵养理念和全流域治理理念。永济河流域通过环境治理,完全可以实现生态环境改善。但要实现长期的生态环境改善,必须确立两个理念。

(1)在时间上确立生态涵养理念。如果永济河流域是一个无人区,那么,通过一次性的治理就可以保持生态环境良好状态的存在。但是,永济河流域是一个包含了居民生活和生产的城郊区域,必然会产生源源不断的污染,因此,永济河生态环境的建设,不能仅仅止步于环境治理,而是要着眼于生态涵养,实现永济河长期的生态环境改善。

(2)在空间上确立全流域治理理念。环境污染在空间上会发生转移,一是通过水流作用,从上游向下游转移,二是在浓度作用下从高浓度污染源向低浓度污染区或无污染区转移。如果只是对环境的局域治理,既难以彻底改善被污染的生态环境,又可能加大治理成本,事倍功半。

2. 建立全流域生态环境建设联动机制。一是在市级层面设立相应的领导机构,统一协调指挥全流域的生态环境建设。二是制定全流域的生态治理工作方案,统一建设要求和标准(包括拆迁标准),全流域统一推进生态环境治理工作的开展。

3. 建立全流域生态环境管理体制。在统一全流域生态环境建设规划的基础上,建立全流域生态环境管理体制,实现全流域统一的环境监测标准、环境保洁标准、植物养护标准、水生动物标准、执法标准、考核标准等,扩大河道管理范围,提高河道管理水平,避免因行政辖区不同而导致的管理"短板"现象。

从环境修复到生态修复[①]

——白马湖生态环保工程建设的风险启示

改革开放以来,众多的中小湖泊成为广大农民"走水路,奔小康"的重要路径,为苏北农村脱贫致富做出了巨大贡献。但是,在经济发展的过程中,中小湖泊的生态环境也受到了较为严重的破坏,一方面,由于过度开发,围网(圩)养殖,水域面积缩小,失去了原有的生态功能;另一方面,由于乡镇工业的发展和开发区的建设,不少中小湖泊成为污水汇聚池。淮安市的白马湖,就经历了生态环境严重破坏的过程。在建设生态江苏、绿色江苏的进程中,淮安市委市政府开展了白马湖生态环保工程建设,取得了环境修复的巨大成效,但也面临着生态修复的风险。中小湖泊的生态环境治理,是一个从环境修复到生态修复的长期过程,初期的环境修复成效不等于长期的生态修复结果。淮安白马湖生态环境治理所取得的经验和面临的风险,或许能够给我们在中小湖泊生态环境治理中提供有益的启示。

一、环境危机催生环境修复

位于苏北的白马湖古称马濑,湖区总面积 113.4 km²,为平原浅水型

[①] 本文获得江苏省哲学社会科学界第九届学术大会三等奖,淮安市政协 2015 年度优秀调研报告一等奖。

湖泊,水草覆盖率75%以上,水质清澈,生态环境优越,水生资源丰富,有鱼类50多种、水生物30多种。曾经生态良好、水质清澈的白马湖,在20世纪90年代初开始的"走水路,奔小康"风潮之下,湖区生态环境迅速恶化。一是水域面积缩小。湖区逐年被围垦,湖面大幅被圈围养殖,开发利用面积占湖区总面积的92%,致使防洪调蓄库容明显减小,湖区总面积由113.4 km²下降到42.1 km²。二是水体严重污染。一方面,水产养殖大量投饵和使用抗生素药物,水面种植使用农药,造成水体农药残留;另一方面,流域内工业生产污水、农民生活污水和农田化肥农药,通过地表水汇入湖内,不仅污染水体,而且使水质富营养化严重,水质仅为Ⅴ类,甚至为劣Ⅴ类。仅仅20年时间,白马湖生态环境遭到严重破坏,白马湖变为脆弱的"病湖"、"白马大沟"和大型养殖场,水体自净能力下降,失去了应有的行洪蓄水、涵养生态和调节气候等功能。

2009年,淮安市委市政府将白马湖确定为淮安市中心城区第二水源地,启动了白马湖生态环保建设工程。经过4年多的努力,白马湖生态环境明显改善,正常蓄水面积由前几年的42.1 km²增加到87 km²,近期排涝调蓄库容由2 926万 m³增加至8 952万 m³,防洪调蓄库容由8 994万 m³增加到14 430万 m³,分别比2010年增加1倍、3倍和1.6倍;退养湖面水质总磷、总氮浓度呈明显下降趋势,其余指标均稳定保持在Ⅲ类水质标准。白马湖水质改善,发挥其备用水源地功能。经淮安市政府向省政府、国家环保部申报和竞争立项,白马湖生态环境保护项目进入国家重点支持的江河湖泊动态名录。

二、环境修复尚存生态风险

淮安白马湖生态环境修复的初步成效,得益于以下主要环境修复工程的推进。一是退渔还湖工程,湖区855户专业渔民全部上岸实行社会保障,白马湖围网养殖面积由13万亩缩减到0.57万亩。二是清水入湖工程,实施流域河道整治,关停有关排污企业;将上游洪泽县城生活污水处理尾水通过生态廊道降解后,达标后排入入海水道。三是水域整治工程,对围网养殖区、河道入湖口等进行清淤,深度为 70 cm,清除湖底淤泥 1 472 万 m^3。四是岸线修复工程,建成 39 km 环湖道路,拓宽加固堤防 25.3 km,栽植乔木灌木 3.4 万株,铺设草坪 4 万 m^2。五是生态绿化工程,在湖区周边建设万亩生态涵养林,打造湖滨森林公园、湿地公园。

  湖泊生态环境的修复,是一项复杂的系统工程。从工程内容和时间跨度来讲,包括环境修复和生态修复。目前,白马湖生态环保工程所采取的措施主要是环境修复工程,所取得的成效也主要是环境修复成效。要保持长期的生态环境改善,必须要持续推进生态修复,否则,还有可能使环境修复功亏一篑。也就是说,白马湖生态环境治理还面临着一定的风险。一是流域内污染源的存在。白马湖流域面积约 1 000 km^2,周边有多个乡镇、几十万人口,是个工农业生产区和农村居民生活区,不是原生态的无人区,必然存在大量的点源污染和面源污染。这些污染通过地表水汇集进入白马湖,给白马湖水体带来持续不断的污染。二是湖区水质下降的趋势。目前,白马湖水质虽然得到改善,大部分湖区水质达到Ⅲ类水质标准,但还有部分区域水质为Ⅴ类,主要是富营养化诱因未得到有效遏制,存在边修复边污染的情况。水质超标的参数主要为氮、磷,污染源主要有流域内农业面源、湖区内源、农村生活分散点源污染,其中,农业面源污染占大部分。三是湖面存在沼泽化趋势。白马湖平均水深不足 1.5 m,水体过浅,易于水生植物生长,面临植物过度扩张而导致沼泽化的风险。水花生、菱角及茭草已有过度扩展趋势,长此以往,有可能因沼泽化而导致湖泊生态功能弱化。四是农药残留危害水安全。白马湖常年在湖区内开展农业生产,使用的某些农药短期内难以降解。湖区水产养殖业历史上曾经大量使用抗生素药物,特别是后期养殖密度加大、水质下降,鱼虾容易生病,用药量更大。流域内的农业生产,所使用的农药也会有部分通过地表水汇集进入湖区。有些药物长期存在,降解缓慢,残留在水体或湖底,造成水体污染,并对饮水公共卫生安全构成危害。五是湖区渔民生存保障问题。白马湖通过退围(圩)还湖工程,使 855 户专业渔民全部上岸,这些渔民的生存保障情况如何,直接关系到白马湖生态环境的维护效果。如果生存保障不到位,渔民们必然还会进入湖区,打鱼、养鱼或种植水生经济作物,使生态环境难以管控,甚至带来生态环境污染的回潮。

三、生态风险呼唤生态修复

白马湖流域面积近 1 000 km²,如果这 1 000 km² 是一个原生态的无人区,那么,修复后的白马湖将容易形成较强的自净能力和保持良好的生态环境。但是,1 000 km² 的流域却是一个工农业生产区和居民居住区,如果没有有效的流域控污机制,随着时间的推移,白马湖生态环保工程的投入将有可能付之东流。因此,白马湖生态环保工程还要从环境修复转型到生态修复,实行长期的生态修复和维护。

(一)建立环境污染控制机制

控制流域内和入湖的污染量,是实现白马湖生态目标的关键。对此,需要针对流域内污染源,对白马湖的污染量建立管控机制。一是科学测算湖泊环境容量。根据白马湖的生态指标和水质要求,测算白马湖的环境容量(即最大允许纳污量)。据专家估算,以Ⅲ类水为目标,初步估算白马湖总磷的环境容量为 34.5 t/a,实际总磷量达到 117.3 t/a,需要减排 82.8 t/a。二是建立污染减排管理制度。按照湖泊流域的行政区划、人口、工农业生产情况,制定不同单元(各行政空间)的排污量标准和减排标准,建立责任制。同时,通过对农业施肥、用药的有效管理,控制农业面源污染;通过对生活污水的处理,控制分散点源污染;通过对工业企业项目的准入和环保监管,控制工业污染。三是建立流域环境监控网。一方面,在全流域内选择不同地点建立环境污染检测点,如主要集镇、村庄生活污水排放点、主要入湖河流和河口等；另一方面，建立监控点定期检测制度，及时获取所有检测点的环境污染指标，为各行政区的减排控制提供数据服务。

（二）建立生态环境保护机制

在对环境污染控制的同时，还需要充分利用生物技术改善湖区生态环境。一是建立生态拦截系统。通过河道整治，结合一系列除磷脱氮技术提高河道污染拦截功能，结合生物技术提升河道自净能力。构建河口湿地，形成污染的最后屏障，同时创造水生动植物栖息地。二是优化水生植被配置。采用生态环境改善、植被结构优化和系统调控的技术路线，适度扩增挺水植物（10%～20%以内），严格控制浮叶植物，重点恢复沉水植物（60%～80%），大力种植可移除利用的经济植物（香蒲、茭白等），抑制沼泽化植被扩张，控制沼泽化趋势。三是逐步消解内源污染。全面调查底泥污染状况，确定内源污染综合控制方案。针对污染特别严重区、特别活跃区、污染严重且需恢复植被区和底层严重缺氧区，分别选用环保清淤技术、钝化技术、原位覆盖屏蔽技术和氧化技术，达到对症下药和整体治理的效果。

（三）建立生态行政管理机制

保持湖泊的生态健康，离不开长效的行政管理机制。针对目前湖区的行政管理组织，需要从白马湖环境修复"后时代"的长效管理视角，建立和完善相关政策和制度。一是建立与生态环保对应的经济政策。一方面，围绕白马湖的生态环保要求，制定产业结构转型的发展规划；另一方面，建立促进污染减排的价格政策、排污权有偿使用和交易制度、生态环境补偿机制等环境经济政策。二是建立集雨区网格化管理制度。结合白马湖流域的行政区划，明确集雨区网格和湖区责任主体，并赋予其充分的管理权限，为排污控制管理服务。三是建立生态环保政绩考核制度。白马湖流域的排污控制，必然会对乡镇的经济发展特别是GDP等相关经济指标增长方面有所影响。对此,可以建立绿色 GDP 和黑色 GDP 绩效考核制度,对流域内的乡镇实行相应的绩效考核:根据环境监控和检测数据,排污指标低于标准的给予绿色 GDP(增加绩效),排污指标高于标准的给予黑色 GDP(减少绩效)。

(四)建立生态产业发展机制

白马湖的生态涵养,还需要有相应的生态农业系统,否则,白马湖良好的生态资源会受到农业生产的掠夺而被破坏。一是建立流域生态农业。在流域内建立生态农业生产基地,减少对化肥、农药的使用量,培育有机农产品品牌,管控并减少面源污染。二是建立湖区生态渔业。一方面,根据湖区鱼群结构,评估白马湖渔产潜力,科学确定鱼群种类、放流量、捕捞量;另一方面,加强渔业生产管理,有组织地进行捕捞,建立有利于生态涵养的可持续渔业产业。三是健全渔民就业体制。通过生态旅游、生态管理以及服务产业的发展,解决部分渔民的就业和生存问题,建立与白马湖生态环保相应的就业体制,避免渔民生存保障与湖区生态环保的矛盾冲突。

淮河生态经济带

推进淮河生态经济带战略基本工作的思考[①]
——以江苏区域推进工作为视角

国家"十三五"规划第三十七章明确提出了"推进淮河生态经济带建设"的部署。近期,河南、安徽、江苏三省发改委共同确定了淮河生态经济带的规划范围为3省20个市1个县,并由江苏省发改委牵头上报国家发改委。这一系列的工作进程表明,构建淮河生态经济带战略的相关工作已经由课题研究阶段转入规划制定建设阶段。随着相关实质性工作的展开,为争取这一国家战略对江苏区域的最大效用,需要我们对相关基本问题做进一步的思考。

一、完善淮河生态经济带的规划体系

淮河生态经济带的规划范围,从东到西跨越3省20个市,在江苏覆盖苏中、苏北的6个市,涉及不同层次、不同领域的规划,需要建立和完善围绕淮河生态经济带建设的规划体系。

(一)江苏"十三五"规划中的淮河生态经济带内容

在江苏省"十三五"规划中,有多处涉及淮河生态经济带建设的内容,

[①] 本文完成于2016年。本文获得淮安市政协2016年度优秀调研报告三等奖,发表于《淮安发展与改革》2016年第8期。

分布于基础设施建设、城镇化和城乡发展、区域协调发展、生态空间源头管控、提升环境质量等相关章节，包含淮河治理、苏北中心城市建设、沿运河战略、航道整治、生态环境保护、水环境治理等方面内容。（表1）

表1 江苏省"十三五"规划关于淮河生态经济带内容一览表

规划章节	规划内容	备注
第十一章《完善现代基础设施支撑体系》 第三节《构建现代化水安全保障体系》	实施新一轮淮河治理工程； 到2020年，淮河下游防洪标准全面达到100年一遇； 继续完善南水北调工程	专栏9：淮河入海水道二期工程、淮河重点平原洼地治理、淮河行蓄洪区建设及行蓄洪区干流滩区居民迁建
第十五章《提升新型城镇化和城乡发展一体化水平》 第二节《促进城市群和大中小城市协调发展》	提高淮安苏北重要中心城市和淮河生态经济带区域中心城市建设水平	
第十六章《在更高层次上推进区域协调发展》 第一节《优化区域发展格局》	进一步突出沿江、沿海及沿运河地区战略地位； 统筹谋划沿运河地区发展	
第十六章《在更高层次上推进区域协调发展》 第二节《培育区域经济新增长点》	积极推进淮河生态经济带的规划建设，统筹实施淮河干线航道及重要支流航道整治工程，构建科技型、外向型的特色产业廊道，打造淮河生态经济带盐城出海门户	
第二十七章《加强生态空间源头管控》 第二节《保护修复自然生态系统》	推动建设洪泽湖等生态经济区和江淮生态大走廊； 强化自然保护区规划建设与管理，提升盐城珍禽、泗洪洪泽湖、大丰麋鹿等国家级和省级自然保护区建设水平	
第二十九章《切实提升环境质量》 第二节《着力解决突出环境问题》	加强淮河流域水污染防治； 加强洪泽湖、高邮湖、骆马湖等大中型湖泊的保护与治理，扭转富营养化加重趋势	

（二）淮河生态经济带视角的江苏规划融合

淮河生态经济带规划在江苏区域内，涉及三方面的规划融合。

1. 行政层面的横向规划融合。 既有未来的淮河生态经济带规划与国家级《江苏沿海地区发展规划》的融合，也有各市之间、相邻县（市、区）之间的规划融合。

2. 行政层面的纵向规划融合。 即围绕淮河生态经济带建设，国家规划、江苏省级规划、江苏6个市和相关县（市、区）的规划相互之间的融合。

3. 相关领域的规划融合。 在江苏6个市范围内，在省"十三五"规划的指导下，需要生态环境保护、水利水资源、航道建设、产业配套发展等多个方面规划相互间的融合。

（三）淮河生态经济带视角的苏北发展战略优化

国家级淮河生态经济带战略的确立，必然对苏北和苏中的发展带来重大的影响，因此，有必要优化苏北的发展战略。

1. 构建省级洪泽湖生态经济圈发展战略。 洪泽湖既是淮河流域的生态明珠，也是苏北地区的生态环境"富矿区"，但是，却面临着生态环境保护的严峻形势。根据国家"十三五"规划中建设淮河生态经济带的主要目的——加强水环境保护和治理的精神，制定省级洪泽湖生态经济圈发展规划，既符合国家"十三五"规划精神，也是洪泽湖生态环境保护所需，更是加快苏北发展、建设美丽苏北的需要。

2. 加快淮河入海航道的规划建设。 淮河入海水道二期工程是淮河生态经济带江苏区域的最重要的工程。淮河入海水道二期工程叠加入海航道工程，无疑是淮河生态经济带国家战略中江苏区域的"1号"工程。建议将淮河入海航道取名"淮海运河"（淮河入海之意），加快推进入海航道建设的各项工作。

3. 扩展沿运河发展战略的空间。 江苏"十三五"规划第十六章第一节《优化区域发展格局》中提出"突出沿运河地区战略地位；统筹谋划沿运河地区发展"。这里的运河特指京杭大运河。京杭大运河之所以有着千年不衰的生命力,并孕育了沿运河城市的发展,就在于其经济、政治、军事、文化、航运等运河综合功能的发挥。淮河生态经济带的建设,将给苏北地区带来第二条大运河——淮河入海(二级)航道。对此,有必要以"运河"的理念,将入海航道定名为"淮海运河",从运河综合功能的视角,规划沿"淮海运河"的发展战略。也就是说,应当规划两个省级"沿运河发展战略"——沿京杭大运河地区发展战略和沿"淮海运河"地区发展战略,在苏北形成南北轴向和东西轴向的"十字"运河发展战略。

二、打造生态环境利益主导下的生态环保产业

国家"十三五"规划第三十七章《深入实施区域发展总体战略》第三节《促进中部地区崛起》中,明确提出"加强水环境保护和治理,推进鄱阳湖、洞庭湖生态经济区和汉江、淮河生态经济带建设"。也就是说,加强水环境保护和治理,是淮河生态经济带建设的前提,凸显了这一战略的生态环保主题。未来的淮河生态经济带区域必将成为生态环境利益主导下的生态环保产业发展空间,也是江苏打造生态环保产业的机遇。

(一)生态环境利益与生态补偿机制

淮河生态经济带涉及3省20市的行政区域,从一开始就牵动着各地区在环境保护与经济发展、环境治理与生态补偿等方面的利益关系。如何建立各行政区易于认可的生态环境保护和补偿的体制机制,需要有更加深入的认识。

1. 上下游区域的生态环境"利益"关系。就淮河生态经济带来讲,由于存在水环境的上下游关系和环境污染的空间转移,生态环境的保护(或污染)会产生溢出效应,一方面是正效应,上游的生态环境保护使得下游受益;另一方面,如果发生生态环境污染,也会给下游区域带来负效应,并造成下游的经济损失。由此形成上下游区域之间的生态环境"利益"关

系。这种"利益"关系,既存在于省级之间,也存在于省内的市际之间,就江苏省来讲,则是存在于徐州、淮安、宿迁、盐城、扬州、泰州6个市之间。

2. 生态补偿机制的缺陷。生态补偿机制的创建,虽然会在一定程度上对平衡生态环境保护者和环境资源享用者之间的利益关系有利,但也存在一定程度的缺陷。一是生态补偿机制不是生态环境赔偿机制。赔偿一般是针对生态破坏和环境污染所造成的经济损失的数额给予赔付,有时还会带有惩罚性的高于经济损失的赔付。而生态补偿一般低于(小于)生态环境事件的赔偿。二是生态破坏和环境污染所造成的损失,既有直接经济损失,也有间接经济损失。不仅直接经济损失难以准确评估,间接经济损失更难以准确认定,而且生态破坏还具有滞后性和长期性,这些因素都使得区域之间的生态环境赔偿机制难以建立,只能以生态补偿机制给予有限的补偿。

(二)生态环境"红利"与生态环保产业

对于下游地区的江苏6市来讲,淮河生态经济带建设不只是生态环保的投入,更隐含着生态环境"红利"和巨大的生态环保产业价值。

1. 生态环境"红利"来自于"平安无事"。就淮河生态经济带区域来讲,一旦上游发生了严重的生态环境污染事件,波及下游地区,下游地区的政府要先行启动紧急预案,进行处置和救助,而不可能等到上游地区的补偿到位后再行处置和救助。由于是对环境事件的紧急处置,相关工作的开展往往要付出较大的成本,加上后期生态环境的修复,总成本远远大于补偿机制的收益。因此,对位于淮河生态经济带下游地区的江苏6市来讲,只要不发生生态环境污染事件,与对上游所给付的生态补偿相比,就是获得了生态环境"红利"。

2. 打造生态环保产业。"十二五"期间,江苏省先后开展了太湖、白马湖等一批区域性、流域性的生态环保工程,既有失败的教训,也有成功的欣慰;既开发了许多污染治理、生态修复的工程技术,也积累了丰富的生态环保工程管理经验。这些工程技术和管理经验，完全可以在未来的淮河生态经济带建设中应用到安徽、河南等中上游地区，形成以技术和管理输出的生态环保产业。

3. 构建"生态补偿＋产业发展"体系。在淮河生态经济带建设中，对于上游地区来讲，生态环境保护的投入，可以有三个方面的经费来源：国家财政的投入、本地财政的配套、下游地区的生态补偿。建议出台相关刚性政策，生态补偿经费必须用于生态环境保护的投入。当江苏地区的生态补偿资金支付到安徽、河南的淮河中上游地区后，以江苏的生态环保工程的技术和管理能力，承建安徽、河南的区域（或流域）生态环境保护工程。通过"江苏技术""生态补偿资金和国家环保投资""安徽、河南市场"，打造江苏生态环保产业，构建新型的"生态补偿＋产业发展"体系。

三、建立淮河生态经济带战略的协调领导机制

淮河生态经济带覆盖江苏、安徽、河南3省20个市1个县，目前已经进入规划制定阶段。为了加快规划工作的推进和未来建设工作的成效，有必要建立跨区域的协调领导机制。

（一）淮河生态经济带建设需要区域协调领导机制

改革开放以来，我国实施过许多区域发展战略，其中最为成功的是沿海开放战略，在没有跨区域的协调领导机制下，有效地促进了沿海地区的经济发展。但这并不等于淮河生态经济带战略也不需要协调领导机制，与沿海开放战略相比，淮河生态经济带战略的特殊性决定了其对协调领导机制的需求。

1. 公共产品属性。在沿海开放战略实施过程中，没有统一的公共产品生产的要求，各地区也不需要相互配合和协调，相反，却呈现市场化的竞争状态，各地区八仙过海各显神通地发展经济。而淮河生态经济带建设的主要任务是跨行政区域的生态环境保护，是一项具有公共产品属性

的长期的艰巨任务。公共产品的生产和提供是难以完全靠市场机制来实现的,必须要依靠适度的行政杠杆作用。如果没有区域协调领导机制,既不利于淮河生态经济带规划建设任务的持久性需要,也不利于生态环境保护的有效实现。

2. 跨区域重大工程建设。水利部淮河水利委员会几十年的治淮成就,充分证明了在跨区域重大工程建设中协调领导机构的必要性和不可或缺。在沿海开放战略中,各地区之间并没有统一的跨区域重大工程建设。而淮河生态经济带规划将涉及一批跨区域的重大工程建设和管理,如淮河水利工程(包括淮河入海水道二期工程)、淮河水资源管理、淮河水环境治理、淮河入海航道建设。这些跨区域重大工程的建设和长期的管理,都需要跨区域机构的协调和领导。

3. 跨区域经济补偿。在沿海开放战略中,地区之间不存在经济补偿的问题。而淮河生态经济带的建设离不开生态补偿机制的支撑,生态补偿涉及不同地区的经济利益,如果没有一个相对权威的协调领导机构的监督协调,生态补偿机制极有可能失效或难以有效发挥作用。

(二)构建江苏淮河生态经济带建设协调领导机制

在淮河生态经济带建设中,省部级之间有必要设立国家发改委和交通运输、水利、环保、农业等部门与江苏、安徽、河南3省共同组成的协调领导机构。从省级管理层面来讲,涉及苏中、苏北6个市的配合协调,特别是生态环境保护性质的工作,是地方投入较大、长期和隐性绩效的工程,更需要省级协调领导机构来强化各市的工作动力。对此,需要成立两个层次的协调领导机构。

1. 成立江苏省淮河生态经济带建设领导小组。由省委省政府领导牵头,省发改委和交通运输、水利、环保、农业等部门和徐州、淮安、宿迁、盐城、扬州、泰州6个市的领导组成,领导、协调全省淮河生态经济带建设的重大工作(工程)。

2. 成立省政府淮河生态经济带建设管理局（办公室）。淮河生态经济带覆盖苏北、苏中6市，范围大于国家级战略"江苏沿海地区发展规划"的范围，有必要设立专门的工作机构。成立省淮河生态经济带建设管理局（办公室），既作为江苏省淮河生态经济带建设领导小组的常设办事机构，也作为省政府的工作机构，负责全省淮河生态经济带建设的管理工作。

（三）强化淮安淮河生态经济带建设领导协调机制

淮安是淮河生态经济带战略研究的主要发起城市，是沿淮河干流的3个核心城市之一，不仅对淮河生态经济带建设上升为国家战略发挥了特殊的作用，而且在未来的规划建设中还将承担艰巨的任务。因此，需要强化淮安的淮河生态经济带建设领导协调机制。

1. 加强淮安的领导协调机制建设。淮安不仅也应当成立由市领导牵头的淮河生态经济带建设领导小组，还应当设立专门工作机构，配备相关工作人员，加强业务力量。

2. 将省淮河生态经济带建设管理局（办公室）落户淮安。淮安在淮河生态经济带区域中不仅位于淮河之滨、洪泽湖畔，而且是京杭大运河与淮河入海水道（入海航道）、苏北灌溉总渠的"十字要地"，有着特殊地理位置，加上淮安在淮河生态经济带建设中的特殊作用和艰巨任务，建议将省淮河生态经济带建设管理局（办公室）落户淮安。

随着淮河生态经济带规划建设工作的展开，将面临越来越多艰巨的任务。对以上三个基本问题的认识和所涉及工作的开展，对推进淮河生态经济带战略和未来江苏区域的工作有着积极的现实意义。

构建先导区还需
保持工作领先一步[①]
——淮安推进淮河生态经济带战略的基本问题思考

2012年,淮安市政府首先提出了"构建淮河生态经济带先导区"的战略构想,并委托中国国际经济交流中心开展课题研究。期间,随着沿淮河城市的相继加入,课题也转为"淮河生态经济带发展规划"研究。到2015年年底,淮安以"领跑者"的地位和作用,推动了课题研究,并取得了丰硕的成果。进入2016年,推进淮河生态经济带战略的工作由课题研究阶段转入规划制定阶段。淮安如何放大课题研究阶段的工作成效,在未来的规划建设中保持领先一步的优势,还需要对推进淮河生态经济带战略的相关基本问题做深入的思考。

一、城市定位:从"三核"之一到龙头城市

2011年8月,江苏省委省政府将淮安定位为苏北重要的中心城市。而在中国国际经济交流中心的课题报告《建设淮河生态经济带推动我国中东部地区协调发展》中,提出了"一带三核多节点"的空间布局,"三核"是指淮河干流淮安、蚌埠(后增加淮南市)、信阳三个中心城市,淮安被定

[①] 本文获得淮安市政协2016年度优秀调研报告三等奖,发表于《淮安发展与改革》2016年第8期。

位为淮河生态经济带的三个核心城市之一。也就是说,"苏北重要中心城市"和"淮河生态经济带核心城市"是时下的淮安城市定位。但是,要保持淮安在淮河生态经济带战略中的领先地位,还需突破"三个核心城市之一"的羁绊,确定更高层次的定位——淮河生态经济带龙头城市。

(一) 龙头城市的地理条件

在淮河生态经济带的规划范围内,只有淮安、蚌埠、淮南、信阳四个地级市位于淮河之滨,这是定位龙头城市的重要地理条件。而淮安具有更加特殊的地理位置,一是位于淮河水系中最重要的水体——洪泽湖之滨,具有沿淮城市和湖滨城市独一无二的地理条件;二是位于南北轴向的京杭大运河与东西轴向的淮河、淮河入海水道(航道)、苏北灌溉总渠相交汇的"十字"水陆要地。

(二) 龙头城市的经济基础

在沿淮河三个核心城市中,淮安不仅有独特地理位置,而且有着经济上的比较优势。淮安在沿淮河城市中,不仅经济总量最大,2015年GDP为2 745亿元,而且超过蚌埠和淮南两市的总和(2015年蚌埠和淮南的GDP分别是1 280亿元、770亿元)。2015年,淮安地方一般财政收入350亿元,是蚌埠、淮南、信阳三市总和的1.2倍。以沿淮河城市的区域经济视角来看,淮安具有一定的市场影响力和经济带动力。因此,就淮河生态经济带的空间布局来讲,淮安不仅仅可定位为核心城市,而且可以定位为龙头城市。

(三) 龙头城市的政治要素

确定淮河生态经济带龙头城市的定位,不仅需要地理位置的条件和经济实力的支撑,还需要相关政治要素的助力。

1. 力争淮河生态经济带全域协调领导机构落户淮安。就淮河生态经济带建设的政府管理体系来讲,至少需要四个方面的管理机制。一是防洪减灾和水资源管理的淮河水利委员会;二是生态环境建设和保护的淮河环境委员会;三是航道建设和管理的淮河航道委员会;四是淮河生态补偿协调委员会。除此之外,还需要非政府的协调服务体系——淮河生态经济带城市协调会(或城市联盟),以及其他非官方组织。确立并强化淮安的淮河生态经济带龙头城市的定位,需要积极争取相关机构在淮安落户。目前,淮河水利委员会早已"安家"蚌埠,淮安应积极争取未来的"三委一会"落户淮安——淮河环境委员会、淮河航道委员会、淮河生态补偿协调委员会和淮河生态经济带城市协调会。

2. 争取省生态经济带建设工作机构落户淮安。淮河生态经济带江苏区域覆盖徐州、淮安、宿迁、盐城、扬州、泰州6市,覆盖面积大于"江苏沿海地区发展规划"的范围。对此,应积极推动省政府成立淮河生态经济带建设管理局(办公室),并落户淮安办公。

二、规划理念:从入海水道功能到"淮海运河"功能

淮河入海水道二期工程已列入国务院重点推进的172项重大水利项目,将淮河入海水道进一步规划为淮河入海航道(二级航道),已成为淮河生态经济带战略的必要条件,相关规划工作已取得突破。但是,从淮河入海水道的功能转变为入海航道的功能,这一规划理念还有所不足,有必要以"运河功能"的理念来规划淮河入海航道,形成苏北第二条大运河。因此,建议将淮河入海航道定名为"淮海运河"(淮河入海之意)规划建设。

(一)淮河入海水道转身"淮海运河"的价值和意义

长江等河流水道因其与经济社会发展密不可分的关系,才会被誉为"黄金水道"。京杭大运河如果只是单一的水利功能,那么,今天可能早已成为一个仅具有历史文化价值的古迹,正是因为它对沿运河城乡经济社会发展的持续贡献,才会有千年不衰的生命力,并随着运河两岸经济社会的发展而不断注入活力。因此,入海水道只有变身为"淮海运河",才会更

具有生命力和活力。

入海水道好比简单劳动,运河功能好比复杂劳动,难以相提并论。入海水道从水利功能上升为运河功能,将进一步带动水道两岸城乡的经济社会发展,进而发挥出对两岸的生态保障、水资源利用、城镇化发展等多方面的作用,影响两岸的社会文化。因此,如果淮河入海水道华丽地转身为"淮海运河",必将像京杭大运河那样,"踏上"千年历史价值的历程。

(二)以"运河理念"谋划"淮海运河"经济带战略

淮河入海水道从转身为"淮海运河"后,需要从"淮海运河"经济带的视角,制定更加全面的"淮海运河"经济带发展战略。

一是以"淮海运河"二级航道的标准,规划西起洪泽湖、东至滨海港的淮河入海水道二期工程,与苏北沿海港口建设规划有效衔接。

二是制定"淮海运河"的生态环境保护规划,并与苏北灌溉总渠沿线生态环境保护规划融合,实现沿"淮海运河"旅游开发、现代农业、制造加工、水运交通等产业与生态环境保护的协调。

三是合理布局沿"淮海运河"区域的港口、城镇布局和建设,以港兴镇,培育"淮海运河"文化、产业聚集区、特色产业,促进区域城镇和城乡一体化的协调发展。

(三)完善沿运河地区发展规划

根据江苏省"十三五"规划中关于"突出沿运河地区战略地位;统筹谋划沿运河地区发展"的精神,拓展沿运河发展战略的外延和空间,统一规划"淮海运河"与京杭大运河的区域发展,形成东西轴向的"淮海运河"与南北轴向的京杭大运河的"十字运河"发展格局。

三、发展战略:从省级发展战略空白到省级发展战略突破

"十二五"期间,省委省政府通过国家级和省级发展战略的部署,不断

完善全省发展战略布局,而淮安却在这一过程中被边缘化,成为全省唯一没有国家级和省级发展战略的地级市。随着国家级淮河生态经济带战略的实施,必然对地方发展战略布局的优化有所要求,并通过地方发展战略的修改完善,形成对国家发展战略的支持。对此,应当借力淮河生态经济带战略,实现淮安市域省级发展战略"空白区"的突破。

(一)与宿迁市共同推动省级"洪泽湖生态经济圈"发展战略

充分利用淮河生态经济带战略的部署,针对洪泽湖生态环境较为严峻的形势,与宿迁市共同推动省级"洪泽湖生态经济圈"发展战略的制定,建立全流域的洪泽湖生态环境保护体制,改善洪泽湖的生态环境。

1. 提请省人大常委会出台洪泽湖生态环境保护法规。通过省级法规强化洪泽湖生态环境的法律保护。

2. 提请省政府成立洪泽湖管理局(办公室)。通过省级管理机构,协调淮安、宿迁两市的工作,加强洪泽湖生态环境保护工作的组织管理,制定更加全面的生态环境保护规划,强化生态环境保护执法。

(二)与盐城市共同推动省级"淮海运河"经济带发展战略

在淮河入海水道二期工程和淮河入海航道工程规划的基础上,以淮河入海航道转身为"淮海运河"为基础,结合苏北灌溉总渠的生态环保要求,与盐城市共同推动省级沿"淮海运河"经济带发展战略的制定,形成苏北第二条"大运河"经济带。

借力国家发展战略
打造生态环保产业[①]

——淮河生态经济带建设中的淮安生态环保产业发展思考

2016年以来,国家"十三五"规划明确提出"推进淮河生态经济带建设",使得淮河生态经济带战略进入了规划建设阶段。在淮河生态经济带战略研究阶段处于领跑地位的淮安,如何继续保持领先地位,仁者见仁,智者见智。强化组织领导、加强规划工作、坚持项目为王、建立协调机制……,这些都是当前淮安急需开展的基础性工作。但是,借力淮河生态经济带战略规划的实施,顺势打造淮安生态环保产业,则是淮安在淮河生态经济带建设中继续保持领先一步的战略举措。

一、强化淮河生态经济带战略的生态环保意识

国家"十三五"规划第三十七章第三节提出推进淮河生态经济带建设,是以"加强水环境保护和治理"为前提的。这就意味着未来淮河生态经济带区域内的众多政府项目都将是以生态环境保护和治理为主题的。

(一)国家级区域发展战略的生态环保总要求

习近平总书记在中共十八届五中全会上讲到全面推进"五大建设"

[①] 本文获得淮安市政协2016年度优秀调研报告二等奖,发表于《淮安发展与改革》2016年第8期。

时,强调"生态文明建设就是突出短板"。正是基于生态文明建设的战略部署,近几年来的一些国家级区域发展战略都突出强调生态环境保护的总要求。2016年1月18日,习近平总书记在省部级主要领导干部学习贯彻党的十八届五中全会精神专题研讨班上,反复强调生态环境的重要性,并说:"我强调长江经济带发展必须坚持生态优先、绿色发展,把修复长江生态环境摆在压倒性位置,共抓大保护,不搞大开发,就是这个考虑。"①因此,在淮河生态经济带战略中,已不是"经济带"发展战略,而是"生态经济带"发展战略,无疑将更加突出生态环保的总要求。

(二)淮河生态经济带项目的生态环保属性

1. 工程项目的生态环保属性。淮河生态经济带的建设,将不再是传统 GDP 项目的再造,而是一个绿色 GDP 的经济区域,相应的工程项目也将是生态环保项目、现代农业项目、防洪减灾项目、水资源利用管理项目等,以及不影响生态环境的其他基础设施项目。传统的工业项目建设将会受到进一步的限制。

2. 水环境区域的建设保护。国家"十三五"规划中突出"水环境保护和治理",对淮安、苏北以及淮河中上游区域,都是加强生态环境建设的良好机遇。一是从淮安区域来看,河湖交错、水网纵横,京杭运河、淮沭河、苏北灌溉总渠、淮河入江水道、淮河入海水道、古黄河、六塘河、盐河、淮河干流9条河流纵贯横穿,洪泽湖、白马湖、高邮湖、宝应湖等大中小型湖镶嵌境内,湖泊面积占11.39%。二是从苏北区域来看,"一湖两河"(洪泽湖和京杭大运河、淮河入海水道)成为苏北最主要的水域特征。三是从淮河干流区域来看,需要继续加强河道环境的整治、中小水库的建设、蓄洪区域的治理。以上三个方面都将成为淮河生态经济带中"水环境保护和治理"的项目指向因素。

---

① 习近平:《习近平谈治国理政:第二卷》,外文出版社2017年版,第210页。

(三)淮河生态经济带战略下的生态红利

对于淮河流域的地区来讲,淮河生态经济带建设的最大成果,将是给区域发展带来生态红利。以淮安市为例,对处于淮河下游的淮安,无论是上游带来的环境污染事件,还是本地产生的环境污染事件,都需要淮安地方政府启动应急方案,及时处置,所产生的处置成本和长期的环境修复费用,远远大于异地的生态补偿,也大于生态环境建设的投入。因此,通过生态环保工程所创造的良好生态环境,保持生态环境长期的"平安无事",就是给区域发展带来的生态红利。有鉴于此,无论是淮河中上游的生态环保项目,还是淮安市的生态环保项目,都是淮安所热切希望的。

二、生态环保项目催生生态环保产业发展

生态环保产业是指以生态环境保护工程为基础的项目建设和服务的集合,其具体业态是生态环境保护工程。习近平总书记指出,保护生态环境,要更加注重促进形成绿色生产方式和消费方式。[①] 绿色生产方式和消费方式都需要生态环保产业支撑。淮河生态经济带战略所带来的众多生态环境工程项目,将创造一个区域生态环保产业大发展的机遇。

(一)严格的监管促进生态环保项目产业化发展

不容置疑,淮河生态经济带战略的实施,必然会有一批国家财政扶持的生态环境保护和治理的项目,也会有交通水利方面的基础设施项目。但是,自党的十八大以来,国家对财政投资或扶持项目的管理也发生了重大变化。过去,地方对所争取的国家财政投资只要花掉就行,而今已经不再是简单的工程建设和资金"消耗",国家对所投资或扶持项目的资金实行严格的管理。不仅要审计资金的管理、使用情况和地方配套资金的到

---

① 习近平:《习近平谈治国理政:第二卷》,外文出版社2017年版,第243页。

位情况,还要审查项目建成后的效用发挥情况;对于资金管理使用不规范、项目建设不达标的,还将实行责任追究。也就是说,时下国家财政对生态环保项目的投资,已不再是简单的土木工程和造林工程,而是从规划设计、建设施工、资金管理到环境管理、生态涵养、技术服务的全产业服务过程。

"十二五"期间,淮安的白马湖生态环保项目得到了国家财政资金的大力扶持,但也受到了严格的审查和监管,也使白马湖规划建设办公室积累了一定的资金管理和使用的经验,并持续获得国家财政的投资,成为今后提供生态环保产业服务的宝贵财富。

(二)生态环保项目成效的特殊性需要产业化服务

对于生态环境保护和治理的项目,其生态效应有两个特点。一是项目达标达效把控难。近年来,有的生态环境治理项目没能完全达到预期目标;有的项目虽然达到了环境修复的目标,但生态修复和涵养的目标却难以实现。二是项目达标达效滞后性。生态环境治理、修复的成效需要时间的检验,有的项目实施后短时间内环境得到修复,但一段时间后环境破坏的现象又回到了以前。

可见,在未来的淮河生态经济带建设中,各地不只是要争取国家财政资金,而且还要会使用资金、用好资金。对于淮安来讲,不但要能够争取国家财政投资项目和用好资金,还要能够利用自己拥有的生态环境保护和治理的技术、资金管理使用的经验,形成生态环保产业的生产能力,为淮河中上游地区用好国家资金提供产业服务。

(三)地方政府项目为王的热情助力生态环保产业

对于淮河中上游的地区来讲,一方面,通过生态环保项目的建设,能够直接带动地方经济的发展;另一方面,争取国家财政投资本地项目,已经成为地方政府的工作习惯。因此,自淮河生态经济带战略谋划以来,争取国家财政对本地项目的投入,就已成为各市共同的目标,并暗涌着一股

"跑步进京、争取项目"的热潮。沿淮城市都已排列出一批建设项目,希望能够进入国家在淮河生态经济带项目的"盘子"。各地所"准备"的项目,既有生态环保治理的项目,也有交通水利的基础设施项目,甚至还有与生态环境低关联度的经济项目。毫无疑问,未来批量的生态环保项目,也将助力生态环保产业的发展。

三、借力淮河生态经济带战略打造淮安生态环保产业

在淮河生态经济带的建设中,财政对生态环保项目的投入以及项目的监管、生态成效的评估,都蕴含着生态环保产业发展的机遇,为淮安生态环保产业发展带来了巨大的市场空间,也带来了前所未有的发展机遇。对此,淮安应当做好充分的准备,迎接挑战。

(一)提升淮安生态环保产业生产能力

"十二五"期间,淮安成功实施了白马湖生态环境保护和治理、古黄河(古淮河)生态环境治理等一批工程,为生态环保产业培育了技术力量,积累了经验。淮安应当在工作实践的基础上,提炼成功经验、优化技术资源,提升淮安生态环保产业发展能力。

1. 提炼实践经验,形成生态环保产业软实力。认真总结白马湖、古黄河、里运河等一批生态环境保护和治理的实践经验,既从规划设计、施工技术、园林绿化、工程管理方面提炼,也从环境修复、湿地建设、生态涵养方面总结;既整理成功项目的经验,也反思不成功项目的问题。最终,形成淮安发展生态环保产业的软实力。

2. 整合技术资源,提升生态环保产业软实力。经过"十二五"淮安一批生态环境保护工程的实施,既培育了技术人员,也提升了技术能力。面对未来淮河生态经济带的生态环保产业需求,需要从全市层面整合技术资源。一是以白马湖规划建设办公室为主的工程建设和管理部门的技术力量;二是以淮阴师范学院、淮阴工学院、中科院水生生物研究所淮安研

究中心等高校和科研院所为主的科研技术力量；三是以淮安市水利勘察设计研究院为主的设计部门技术力量；四是相关工程施工企业的技术力量。通过整合以上多方面的技术资源，优化技术资源组成和构成，提升软实力，形成能够打入淮河中上游区域生态环保产业市场的力量。

（二）积极开拓生态环保产业市场

淮河生态经济带战略的实施，将形成一个横跨3省20个市1个县的生态环保产业大市场，淮安应充分发挥自己的生态环保技术优势，开拓市场，打造生态环保产业。

1. 保持苏北区域市场。 淮河生态经济带覆盖苏北、苏中6市，其中，洪泽湖流域、京杭大运河苏北段区域、淮河入海水道流域等区域都是生态环境保护工程的重点区域，淮安应当以自己的技术优势保持苏北区域的生态环境市场。

2. 拓展淮河中上游区域市场。 研究淮河中上游地区的生态环境特点，策划生态环保产业营销的方式方法，主动向目标市场宣传白马湖生态环保工程的成效，积极参与淮河中上游地区的生态环境保护和治理工程，将淮安生态环保产业拓展到淮河中上游区域。

积极探索淮河流域建立水环境生态补偿机制[①]

1995年,我国历史上第一部流域性法规《淮河流域水污染防治暂行条例》颁布。淮河治污已达24载,虽然水污染得到有效控制,但是与国家提出的治淮目标和生态文明建设要求相比,仍然存在较大差距,需要用制度从根本上加以治理,可供选用的制度就是流域水环境生态补偿。

一、淮河流域水污染情况的严重性

淮河干流由于人口密度大、流域重污染工业多、农业面源污染较重、水资源管理体制没有理顺,致使自20世纪80年代以来,水质呈逐年恶化趋势。干流80%以上的河流和水域已受到污染,水污染事故频繁发生。尤其是1994年和1995年汛初发生的水污染事故,使淮河中游300多km的河段受到污染水体的袭击,给淮安市盱眙县城乡居民的饮用水及身体健康造成极大危害,破坏了水生态系统。尽管国家开展了声势浩大的治理淮河水质行动,淮河流域的水质总体上有改善趋势,但水污染依然严重。2004年7月,淮河支流沙颍河、洪河、涡河上游局部地区降下暴雨,沿途各地藏污闸门被迫打开,不想5亿多t高指标污水,形成150多km长的污水带,"扫荡"淮河中下游,创下淮河污染"历史之最",水污染防治

---

① 本文完成于2019年年底。

的任务还相当艰巨。2018年8月,淮河再次爆发水污染,泗洪县洪泽湖养殖受到严重损失。

淮河流域多年治理污染的历史表明,淮河是一条水污染最难治理的河流,人们调侃淮河为"害河""坏河""五彩河",需要通过水环境生态补偿机制,用制度使淮河重现碧水清风。

二、安徽、河南、江苏三省水环境生态补偿概况

针对我国流域水环境污染不断严重的情况,党中央、国务院将这一问题上升至生态文明的高度加以重视,提出建立流域生态补偿制度,陆续出台相关政策并在各地进行试点。2007年,原国家环保总局发布《关于开展生态补偿试点工作的指导意见》。2008年,修改后的《中华人民共和国水污染防治法》首次列入水环境生态保护补偿机制。

(一)安徽省的试点

安徽省为全国最早开展跨省流域生态补偿的两个省份之一,取得了宝贵经验和实实在在的效果。

2012年起,皖浙两省开展了新安江流域上下游横向生态补偿两轮试点,每轮试点为期3年,涉及上游的黄山市、宣城市绩溪县和下游的杭州市淳安县。这是国内首次探索跨省流域生态补偿机制。中央财政每年拿出3亿元,安徽、浙江各拿1亿元,两省以水质"约法",考核依据则是安徽、浙江两省跨界断面水质的监测数据。若年度水质达到考核标准($P \leq 1$),则浙江拨付给安徽1亿元;若年度水质达不到考核标准($P > 1$),则安徽拨付给浙江1亿元,专项用于新安江流域产业结构调整和产业布局优化、流域综合治理、水环境保护和水污染治理等方面。

安徽省委省政府高位推动新安江流域生态补偿试点工作,取得了丰硕成果,积累了宝贵经验,形成了"新安江模式"。

新安江生态补偿机制试点取得了重要的阶段性成果,新安江成为全

国水质最好的河流之一，试点工作入选全国十大改革案例，写入中共中央、国务院印发的《生态文明体制改革总体方案》。黄山市生态颜值成为全国标杆，黄山市以新安江干流为主轴，打造了新安江滨水旅游区、新安江山水画廊等4个国家级风景名胜区，并与沿岸的齐云山、花山谜窟、古徽州文化旅游区形成呼应，绘就了一幅山水相济、人文共美的精彩画卷。黄山市以旅游业为主导，战略性新兴产业和现代服务业为支撑，精致农业为基础的绿色产业体系基本形成。

2018年1月10日，安徽省人民政府办公厅印发了《安徽省地表水断面生态补偿暂行办法》，标志着安徽全省建立了以市级横向补偿为主、省级纵向补偿为辅的地表水断面生态补偿机制，促进全省河流、湖泊水质的进一步改善。

受新安江成功模式的启发，2018年6月29日，安徽省印发《关于全面推广新安江流域生态补偿机制试点经验的意见》的通知。全面推广新安江流域生态补偿机制试点经验。

新安江生态补偿的经验被推广到安徽省长江经济带。2018年9月6日，安徽省委、省政府印发了《关于全面打造水清岸绿产业优美丽长江（安徽）经济带的实施意见》，将建立覆盖沿江5市的水环境生态补偿机制，2019年年底前全面建立沿江市内县（市、区）域水环境生态补偿机制。安徽省财政厅、省环保厅组织长江干流池州、安庆、铜陵、芜湖、马鞍山市，在上下游两市之间分别签订了"安徽省长江流域地表水断面生态补偿协议"，共同保护长江水质。

（二）河南省的试点

河南省于2008年发布《河南省沙颍河流域水环境生态补偿暂行办法》，2010年发布《河南省水环境生态补偿暂行办法》，2014年出台《关于进一步完善河南省水环境生态补偿暂行办法的通知》等文件，较为明确地规范了流域污染物若超过相应标准应缴纳扣除的资金数量，将缴纳扣除的资金用于污染治理、污染防治、流域监管和流域管理。2010年,河南省按照"谁污染、谁补偿"和"谁保护、谁受益"的原则,制定《河南省水环境生态补偿暂行办法》,在淮河支流沙颍河流域实行水环境生态补偿。

(三)江苏省的试点

江苏省财政厅和环保厅于2007年发布《江苏省环境资源区域补偿办法(试行)》,江苏省环保厅、财政厅和水利厅于2011年发布《江苏省太湖流域环境资源区域补偿资金使用管理办法(试行)》,清晰界定了补偿资金的来源、标准及分配办法。

江苏的区域补偿工作还向纵深发展,无锡、徐州、常州、苏州、南通、淮安等多地也参照省级补偿工作做法,在辖区范围内开展跨县(市、区)河流区域补偿。江苏省建立了覆盖全省的流域水环境质量双向补偿机制,全省共有补偿断面112个,其中沿江8市共有76个。按照"谁超标、谁补偿,谁达标、谁受益"的原则实行双向补偿:当断面水质超标时,由上游地区对下游地区予以补偿;当水质达标时,由下游地区对上游地区予以补偿;滞流时上下游地区之间不补偿。截至目前,江苏全省水环境区域补偿资金累计已近20亿元。补偿资金连同省级奖励资金全部返还地方,专项用于水污染防治工作,有效推动了区域水环境质量的改善。

江苏、浙江、重庆的部分市县,就长江流域签署了横向生态保护补偿协议。

江苏省淮安市在苏嘴断面开展入海水道水环境区域补偿工作。

三、对策建议

目前,我国流域生态补偿在全国各省市开始推行,江苏省、安徽省、河南省水环境生态补偿工作走在全国的前面,取得了经验,获得了效果,三省开展淮河流域水环境生态补偿,完全可行。特别重要的是,党的十九届四中全会通过了《中共中央关于坚持和完善中国特色社会主义制度、推进国家治理体系和治理能力现代化若干重大问题的决定》,把"制度"写入了决定,为今后淮河流域开展生态补偿与生态环境损害赔偿工作提供更加坚实的政治制度保障。

(一)确定牵头城市

淮安位于淮河中下游,既受到淮水之"利",又受到淮水污水之害。特别是近几十年来,淮河水污染给淮安带来不可估量的水生态及其次生灾害,需要从机制上予以解决。由于淮河水环境生态补偿涉及江苏、安徽、河南三省的10多个地级市,需要有一个牵头城市或者部门。淮安作为淮河生态经济带首提首推城市,具有丰富的经验。2019年4月29日,淮安市成功举办淮河生态经济带首次省际联席会议和城市合作第1次市长会商会,达成并签署了《淮河生态经济带城市合作协议》《淮河生态经济带城市合作(淮安)宣言》。2019年8月30日,淮河生态经济带城市合作办公室第1次工作会议在淮安市洪泽区圆满召开,通过了《2019年淮河生态经济带城市合作工作要点》《淮河生态经济带城市合作事项推进工作机制》《淮河生态经济带城市合作办公室年度工作计划》和各成员城市牵头组建相关专委会和行业联盟等事项。因此,淮安可担当牵头重任,就淮河水环境生态补偿工作,与其他城市协商、沟通、研究方案。建议在省分管领导下,环境保护厅、财政厅、水利厅协助淮安,联合淮河干流地级市,成立省际合作小组,研究制定实施方案。

(二)淮河水生态环境补偿方案构想

1. **指导思想**。以习近平"两山"理论与生态文明思想为指导,参照国家发改委印发的《生态综合补偿试点方案》,借鉴新安江流域上下游横向生态补偿经验,按照"受益者补偿、损害者赔偿、保护者受偿"的原则,推动淮河流域上下游形成水环境保护共同体、绿色发展共同体,推动上下游形成有效的利益补偿机制,打通绿水青山向金山银山转化的路径。

2. **考核主要指标**。力争在2020年年底,实施淮河流域水生态横向补偿机制,早日消灭淮河干流劣 V 类水,推动淮河生态环境质量不断改善,实现淮河水清天蓝。具体指标包括考核断面、考核指标(一般是化学需氧量、总磷、氨氮、高锰酸盐)及标准。

3. 明确补偿基金及其他。 由于我国目前未对生态补偿专门立法,大都是探索试点。根据水质变化情况,确定补偿基金来源、补偿标准、补偿对象和补偿范围。补偿标准,是实施水生态补偿最为棘手的一个内容。如果补偿标准低了,政策激励效果就较差;如果补偿标准高了,则实施难度大。因此,对于补偿标准,需要政府、专家学者共同研究,确定一个合理的标准,提高保护者和受益者的积极性,以起到保护水环境的作用。

目前,补偿以财政转移支付为主,上下游地区按照双方签订的具体协议条款支付补偿资金。待全国生态补偿取得丰富经验后,按照市场机制,主要以市场化补偿为主,财政转移支付为辅。

4. 绩效评价。 对纳入水环境生态保护补偿机制的流域,通过引入第三方评价等方式,对生态补偿工作开展情况进行绩效评估,其结果作为补偿资金分配的重要依据。

5. 分段负责。 淮河水环境生态补偿机制实行"江苏—安徽"段和"安徽—河南"段两个责任段。安徽负责淮河水进入江苏境内的水体质量,江苏负责对安徽进行生态补偿;河南负责进入安徽境内的水体质量,安徽负责对河南进行生态补偿。

6. 方案报批与实施。 方案经干流各个城市协商一致后,交与三省环境保护局修改。三省协商一致后,共同报国家环境保护局批准。力争在 2020 年年底确定方案,2021 年开始实施淮河流域水生态横向补偿机制,早日消灭淮河干流劣 V 类水,推动淮河生态环境质量不断改善,实现淮河水清天蓝。

(三)建议江苏省对洪泽湖生态环境进行立法保护

洪泽湖位于江苏省西北部、淮河中下游,是我国第四大淡水湖,具有蓄洪、灌溉、航运、水产养殖、饮用、生态等综合功能,是淮安、宿迁两市的母亲湖,需要对其给予特别的保护。目前,在全国四大湖泊的保护方面,其中国务院于2011年11月1日起施行了《太湖流域管理条例》(国务院令第604号);江西省于2003年3月出台《江西省鄱阳湖湿地保护条例》;湖南省正在拟立法保护洞庭湖,对保护范围、管理体制、污染防治等进行规范。江苏省虽然于2017年出台了《江苏省河道管理条例》,但是,考虑到淮河生态经济带国家战略以及洪泽湖福泽周边1 000多万人口的巨大影响,建议江苏省人大常委会对洪泽湖进行立法保护,制定专项的"洪泽湖生态环境保护条例",将水生态保护补偿机制纳入立法内容。通过立法,对水环境生态补偿的目的、原则、程序、途径、标准以及生态补偿的主体、对象、范围、方式、法律责任等方面做出详细规定,把生态产品外部性问题内部化处理,把水环境生态补偿作为推进生态文明制度建设的重要抓手。

(四)建议国务院修改《淮河流域水污染防治暂行条例》,出台《淮河生态环境保护条例》

纵观淮河的治污,有努力,有困难,有收获,有遗憾,亦有希望。20多年来,淮河流域各方面的情况变化较大,国家关于环境保护的法律法规和政策规章均发生重大变化,特别是生态文明建设纳入"五位一体"总体布局,"两山"理论写入党章,"生态文明"、"美丽中国"写入宪法,新时代人民对淮河流域污染防治提出更高的要求,在《淮河生态经济带发展规划》国家战略出台的背景下,建议国务院组织政府官员、专家学者在《淮河流域水污染防治暂行条例》的基础上,根据淮河流域经济社会发展情况,吸收国家生态文明示范区建设、生态补偿等成功经验,出台《淮河生态环境保护条例》,将仰望星空与脚踏实地有效结合,将绿色发展理念落在实处,为建设高质量淮河生态经济带提供制度支撑。

推进淮河生态经济带国家战略形成的调研建议[①]
——基于淮安市推进淮河生态经济带国家战略的视角

淮河流域总面积27万 km^2，分为淮河水系和沂沭泗水系，以废黄河为界。其中，淮河水系面积19万 km^2，沂沭泗水系面积8万 km^2。国家发改委对"淮河生态经济带"的定义是，以淮河干流沿线河南、安徽、江苏省及淮河水系一级支流的20个城市为主，打造"一带三核多节点"的淮河流域空间开发格局。"一带"是指以千里淮河及沿淮水陆交通设施为基础的沿淮生态经济带；"三核"是指淮河干流的淮安、蚌埠（包括淮南）、信阳三个中心城市；"多节点"是指以沿淮河两岸各县（市）以及可建内河港的区域为重要节点。从打造淮河流域经济增长极的视角，推进淮河生态经济带建设上升为国家战略，成为近几年来沿淮省、市共同的战略发展思路和努力目标。在"十三五"开局之年，如何更有成效地推进这一工作，为淮安赢得更加有利的发展环境和更好的项目支持，还需要进一步深化认识、

---

① 本调研报告通过淮安市政协七届十七次常委会建议案上报市委市政府后，2016年7月14日，淮安市委主要领导批示："请××、××同志阅。淮河生态经济带建设已列入国家'十三五'规划纲要，推动其正式成为国家规划，对淮安发展具有重大战略意义。市政协建议案所列各项工作，市委市政府应予认真研究采纳，拟于近期召开专门会议讨论工作机制和重点工作安排。请市发改委做好准备工作。"

2016年7月14日，淮安市政府主要领导对此报告作批示："请发改委汇总目前的工作进展，提出下步工作意见。"

本文获得淮安市政府第十七届自然科学优秀学术论文三等奖。

持续发力。

一、推进淮河生态经济带战略的工作情况

淮河生态经济带战略是在淮河区域发展战略研究过程中逐步形成的,并从课题研究向规划制定、实施逐步推进。

（一）课题研究的提出和进行

2012年5月,由淮安市发改委具体承办,淮安市政府委托中国国际经济交流中心承担的课题"构建淮河生态经济带先导区"启动。随着研究的开展,沿淮城市蚌埠、信阳、盐城、淮南等地相继加入委托,课题研究范围由淮河先导区扩大到淮河水系地域,课题也更名为"淮河生态经济带发展规划"。课题由国务院原副总理曾培炎任总顾问,中国国际交流研究中心常务副理事长郑新力任组长,通过调研形成了《淮河生态经济带发展战略规划研究报告(2013—2030)》。

2013年8月8日,中国国际经济交流中心在安徽省淮南市组织召开了研究报告课题成果研讨会,国家发改委、水利部、农业部、交通部和江苏省、安徽省、河南省三省的发改委,以及沿淮主要城市负责人和有关专家参加,对研究报告提出了具体的意见和建议。2013年年底形成最终课题成果。研究报告提出四大构想:一是建设国家第三条出海黄金水道;二是打造我国第四个经济增长极;三是促进我国东中部协调发展;四是建设全国生态文明示范区。

（二）相关规划工作的推进情况

1. 淮河生态经济带战略进入"十三五"规划。在各方的积极推动下,研究课题以报告《关于促进淮河生态经济带建设的建议》上报国务院。2015年3月29日,李克强总理批示要求国家发改委会同有关部门研究落实。国家发改委主任徐绍史批示要求认真落实这一项重大工程。国家

发改委副主任何立峰圈阅支持,发改委副秘书长范恒山批示请地区司和规划司拿出具体方案和路线图。目前,国家"十三五"规划第三十七章《深入实施区域发展总体战略》第三节《促进中部地区崛起》中,明确提出"加强水环境保护和治理,推进鄱阳湖、洞庭湖生态经济区和汉江、淮河生态经济带建设"。

2. 规划制定前期准备工作。 2016年1月、3月,淮安常务副市长戚寿余、市长惠建林分别带队赴国家发改委和中国国际经济交流中心,就淮河生态经济带、淮河出海航道等重要事项纳入国家"十三五"规划,进行争取协调。2016年3月28日,由江苏省发改委牵头,河南和安徽两省发改委,淮安、蚌埠、淮南、信阳四市发改委,中国国际经济交流中心和淮河水利委员会参加,在南京召开了淮河生态经济带规划编制第一次磋商会,确定了规划范围为:淮河干流及淮河水系全部一级支流的重要城市,包括河南、安徽、江苏3省的20个市和1个县。目前,江苏省发改委正牵头河南、安徽的省发改委,向国家发改委上报这一规划范围。

3. 推进淮河入海航道规划。 2015年7月,时任市长曲福田、副市长赵洪全带队赴国家发改委,汇报争取淮河入海水道二期工程同步规划实施为二级航道,以及淮河生态经济带上升为国家战略事项。淮河入海二级航道工程与淮河入海水道二期工程同步实施,已成为淮河生态经济带国家战略的前置条件。目前,经过发改、水利、交通等部门的积极努力,入海二级航道项目已经交通部批准,水利部环评初审通过。

(三)沿淮城市推进工作情况

在淮河生态经济带所涉及的城市中,较为积极的除淮安外,还有河南省信阳市、安徽省蚌埠市和淮南市,并做了相关的推进工作。此外,工作关系较为紧密的还有淮河水利委员会。

1. 信阳市的推进工作。 一是围绕淮河生态经济带战略,以加强生态保护为重点,谋划一批重大项目,包括水利项目、交通项目和相关产业项目。二是积极推进淮河生态经济带上升为国家战略,2015年3月接待了九三学社中央调研组(九三学社中央副主席赖明为组长),4月接待了致公党中央调研组(致公党中央副主席杨邦杰为组长),就淮河流域综合治理和构建淮河生态经济带进行调研,恳请调研组帮助呼吁。三是积极对接国家老区开发建设战略,利用覆盖信阳市的国家《大别山革命老区振兴发展规划》与淮河生态经济带战略,谋划信阳市"十三五"规划项目。

2. 蚌埠市的推进工作。 蚌埠市是淮河生态经济带战略的积极推进者,不仅积极会同淮安市开展课题研究,还配合安徽省发改委编制《安徽省淮河流域综合治理与绿色发展规划》,将淮河生态经济带战略作为本市"十三五"规划的重要内容。在相关推进工作中,一是将淮河生态经济带战略与覆盖蚌埠的国家中原经济区规划对接。二是促进蚌埠市与淮南市的同城化发展,并签订《共同推进蚌埠淮南全面合作发展框架协议》。三是规划和实施一批与淮河生态经济带相关的基础设施项目和产业发展项目。

3. 淮南市的推进工作。 淮南市紧邻蚌埠市,是传统的煤矿资源城市,2015年GDP仅为770.6亿元,财政收入131亿元。在淮河生态经济带课题研究开展后,淮南市积极参与相关工作,一是在2013年8月,《淮河生态经济带发展战略规划研究报告(2013—2030)》初稿完成后,主动承办了课题研讨会。二是在2014年10月,经积极争取,使淮南市成为淮河生态经济带的"三核"之一(与蚌埠市组成淮蚌核)。三是积极规划实施一批农业、水利、交通、生态项目。

4. 淮河水利委员会的推进工作。 淮河水利委员会积极在治淮相关工作中配合淮河生态经济带战略的推进。一是积极推进治淮38项重大水利工程建设,特别是引江济淮、南水北调东线等重大工程。二是完善水资源保障体系,构建水生态保护体系,健全防洪减灾体系,建立流域综合管理体系。三是积极支持淮河干流航道建设、入海水道二期工程与入海航道工程建设。

二、推进淮河生态经济带战略所面临的问题

淮河生态经济带战略是一项跨行政区域的发展战略,规划的制定和实施不仅涉及面广,而且是一个长期的过程。当前,在推进淮河生态经济带上升为国家战略过程中,还面临着一些问题。

(一) 推进合力不足

在前一阶段的淮河生态经济带战略的推进工作中,虽然沿淮主要城市政府都很热情,淮安市政府也做了最大的努力,但是,也还存在合力不足的问题,表现在三个层次上。

1. 沿淮城市之间合力不足。沿淮城市在推进淮河生态经济带战略中,虽然也会共同呼吁,但更为关注的是能够带动本行政区的项目、投资,更期望的是将本地区的项目进入区域战略的"盘子",城市之间的合力显然不如推动本地项目的动力。

2. 政府部门之间合力不足。在推进淮河生态经济带战略中,不仅各沿淮城市政府部门之间缺少沟通、联系和协作,而且本市政府各部门之间也缺少沟通、联系,协作也很少,主要是发改委在做工作。

3. 社会智库力量合力不足。近年来,淮河生态经济带的课题也受到各方面的关注,省有关民主党派和高校也在关心、研究和呼吁。就淮安来讲,民主党派、地方高校和相关研究会(院)等智库组织也在开展淮河生态经济带研究,但都是各自为阵,没有共同开展学术研讨和交流活动,没有形成合力。

(二) 推进机制缺位

1. 缺少权威机构的领导。跨区域的发展战略制定和实施,涉及资源在不同行政区的配置,需要权威机构的组织领导,才能形成推进的合力。

而目前,在没有权威领导机构的情况下,将会直接影响后续工作的效率。

2. 区域合作机制不健全。在市场经济条件下,区域经济的合作,往往是建立相应的合作机制,在合作机制的运作过程中(如加入机制的谈判过程),建立并认可游戏规则,由此形成不同主体间的共同意愿和合力。也就是说,先有合作机制,后有工作推进。而淮河生态经济带战略的推进,是先有相关工作的推进,还没有合作机制,不利于沿淮城市之间对相关问题形成共识。

3. 缺乏专门工作机构。目前,淮安该项工作主要由市发改委经济合作处承担,人员少(全处仅3人),工作量大,还要承担多项对外交流与合作的工作任务,可以说还没有一个负责该项工作的专职人员,有可能影响后续大量规划工作的推进。

(三)统一认识不够

虽然市政府高度重视淮河生态经济带战略,并在"十三五"规划中明确了"东融西拓、南联北接"的总体开发格局,但在实际工作中还存在两个方面的认识不到位。一是多数相关部门对淮河生态经济带战略的意义认识不到位,对淮河生态经济带关注不够、研究不透。二是对淮安开放发展的方向认识不到位,对"南联北接"工作积极主动,而对"东融西拓"工作相对被动,特别是加强与淮河中上游城市的经济合作、产业对接缺少计划和措施。

相关部门对淮河生态经济带战略认识的不到位,究其原因,与长期以来改革开放的工作思路和习惯相关。一是多年的改革开放,使各部门形成了关注开放前沿地区的习惯,对淮安来讲,就是向南看长三角和广东福建、向北看山东和北京天津的思路和习惯。二是多年的招商引资,使各部门形成了着眼经济发达地区的习惯,对经济欠发达的淮河中上游地区不关心、不走动。

三、推进淮河生态经济带战略的工作建议

2016年以来,淮河生态经济带战略已从课题研究阶段转向规划制定阶段,这也对沿淮城市的工作提出了新的要求。淮安在课题研究阶段已经发挥了牵头作用,在规划制定阶段如何赢得更加有利的条件,巩固和扩大研究阶段的工作成效,还需要加强和改进相关的推进工作。对此,提出以下工作建议。

（一）构建沿淮城市政府协调机制

目前,国家发改委支持淮安市牵头成立淮河生态经济带城市协调会,中国国际经济交流中心也已同意牵头在淮安召开淮河生态经济带城市协调会成立大会。对此,淮安应当积极推进构建沿淮城市协调合作机制。

1. 加强对淮河生态经济带推进工作的领导。面对即将来到的第一个国家级发展战略和未来艰巨的工作任务,健全的组织领导体制和工作机构是扎实推进淮河生态经济带建设的保障。一是成立淮安市淮河生态经济带工作委员会（或领导小组）,由市委市政府主要领导任主任（或组长）,相关部门为成员,委员会办公室设在发改委,负责日常工作和事务协调。二是充实专职工作人员,明确一批兼职人员,形成更加有利于工作开展的人员队伍构成。三是召开全市淮河生态经济带推进工作会议,明确工作目标、任务和各有关部门的工作职责。

2. 推动成立沿淮城市淮河生态经济带协调会。利用国家发改委和中国国际经济交流中心的资源,邀请信阳市、蚌埠市、淮南市、淮河水利委员会以及相关县（市）领导莅临淮安,成立沿淮城市淮河生态经济带协调会,建立沿淮城市党政领导定期会晤机制、淮河经济发展定期交流制度,举办淮河生态经济带发展论坛,共同发布推进淮河生态经济带战略的"淮河宣言"。通过协调会机制,增强淮安在淮河生态经济带的话语权和中心地位。

3. 促进沿淮城市政府部门协作。 随着推进淮河生态经济带战略的工作从课题研究阶段转向规划制定阶段，相关工作的开展也需要从发改委的"独唱"阶段转向各部门的"合唱"阶段，市政府各有关部门应当提前介入、合力推进。一是明确政府有关部门在协助制定规划、推进沿淮城市合作等方面的工作责任和任务。二是围绕淮河生态经济带发展战略，主动研究沿淮城市经济社会发展状况，制定各部门实施淮河生态经济带战略的工作计划和措施，为贯彻未来的国家级发展战略做好前期准备工作。三是主动加强与沿淮城市对口部门的联系，利用各市资源禀赋的优势，推动农业、工业、服务业等方面的产业合作，加强教育、卫生、文化等方面的交流。

（二）深化沿淮城市间的经济合作

构建淮河生态经济带，关键在于加强沿淮城市之间的经济合作，采取积极有效的措施，构建活跃的区域市场，促进区域经济发展一体化。

1. 推进信息共享合作。 信息互通和共享，是促进经济合作的基础。通过建立信息共享平台，逐步实现沿淮城市在流域综合治理、生态保护、经济发展等方面的合作，促进政策相互衔接、管理协调高效、资源合理配置。

2. 推进经济深度合作。 从淮河生态经济带的区域市场和区域经济视角，推进经济的深度合作。一是全面梳理沿淮城市产业结构，按照相同产业、优势产业、互补产业等不同类型，制定可能的合作计划、方案。二是全面调查沿淮城市的市场要素、资源构成，积极利用其他城市的要素和资源为淮安经济发展服务，同时发挥淮安在淮河生态经济带中的禀赋优势，拓展发展空间。三是深入研究（淮河）区域发展投资体制，在淮河银行筹建、发展基金设立、开发公司组建等方面未雨绸缪。

3. 推进产业深度合作。 推进与沿淮城市的产业合作，寻求与淮安农业"4＋1"、工业"4＋2"、服务业"4＋3"相匹配、互补的产业合作点（面），签订产业合作协议,共同举办各类经济和技术推介活动、产品博览会,促进人流、物流、信息流、资金流的合理配置,深化文化、旅游、交通的协作。

（三）加强沿淮城市的社会合作

在强化沿淮城市政府及部门合作的同时,还可以加强沿淮城市间非政府的社会合作,助力淮河生态经济带发展。

1. 建立沿淮城市政协组织的联系交流机制。充分发挥政协组织参政议政和联系党派的作用,建立沿淮城市之间政协组织联系交流机制。一是定期组织淮河生态经济带建设的信息沟通、专题协商等活动,实现城市之间工作动态的交流。二是互相开展调查研究、研讨交流,举办政协建言论坛或相关的学术研讨活动,推动城市之间的相互往来和了解。三是就淮河生态经济带建设有关的问题,经交流达成共识后,共同向政府建言献策,推动政府之间的良好合作。

2. 成立淮河城市工商理事会。建议市工商联牵头,推动沿淮城市具有共同业务或具有业务联系的企业,成立淮河城市工商理事会。一方面,为企业之间的业务交往、技术合作、信息共享、投资发展等提供常态化的服务;另一方面,通过年会制度、专项业务交流、行业发展研讨等活动,增加城市之间的企业交往,建立友好合作的平台。

3. 鼓励沿淮城市高校和社团的交流合作。淮河生态经济带战略的制定和实施是一个长期的过程,涉及各行各业、方方面面的内容,需要广集民智,鼓励社会各界为政府部门和市场主体出谋献智。高校和社团组织是研究经济社会发展的重要智库组织,其中不少组织有热心于淮河生态经济带的专家。淮河生态经济带又是沿淮城市高校和社团组织的共同课题,完全可以、也有必要加强相互之间的交流合作,建立学术研讨机制,为淮河生态经济带战略规划的不断完善、为战略规划的顺利实施建言献策。

（四）保持推进工作的领先一步

2012年以来，淮安市政府首先提出了"构建淮河生态经济带先导区"的战略构想，在沿淮河城市中以"领跑者"的地位和作用，推动了课题研究，并取得了丰硕的成果。进入2016年，推进淮河生态经济带战略的工作由课题研究阶段转入规划制定阶段。淮安如何放大课题研究阶段的工作成效，在未来的规划建设中保持领先一步的优势，还需要对推进淮河生态经济带战略的相关基本问题做深入的思考。

1. 城市定位：从"三核"之一到龙头城市。 在中国国际经济交流中心的课题报告（《建设淮河生态经济带推动我国中东部地区协调发展》）中，提出了"一带三核多节点"的空间布局，淮安被定位为淮河生态经济带的三个核心城市之一。也就是说，"苏北重要中心城市"和"淮河生态经济带核心城市"是时下的淮安城市定位。但是，要保持淮安在淮河生态经济带战略中的领先地位，需要突破"三个核心城市之一"的羁绊，确定更高层次的定位——淮河生态经济带（沿淮河）龙头城市。

2. 规划理念：从入海水道功能到"淮海运河"功能。 淮河入海水道进一步规划为淮河入海航道（二级航道），已成为淮河生态经济带战略的必要条件，相关规划工作已取得突破。但是，从淮河入海水道的功能转变为入海航道的功能，这一规划理念还有所不足。无论是入海水道还是入海航道，都只是简单功能的体现，而"运河功能"则是包括经济、社会、文化、军事、城镇建设等多方面要素在内的综合功能。正是因为京杭大运河的综合性运河功能，才有历史上淮安、扬州的发展和繁华。因此，有必要以"运河功能"的理念来规划淮河入海航道，形成苏北第二条大运河，将淮河入海航道定名为"淮海运河"（淮河入海之意），并按照运河的综合功能规划建设。

3. 发展战略：从省级发展战略空白到省级发展战略突破。 "十二五"期间，淮安在国家级和省级发展战略的布局中被边缘化，成为全省唯一没有国家级和省级发展战略的地级市。国家级淮河生态经济带战略的实施,必然对地方发展战略布局的优化有所要求,并通过地方发展战略的完善,形成对国家发展战略的支持。对此,应当借力淮河生态经济带战略,实现洪泽湖生态经济圈省级发展战略的突破。

4. 发展手段:从项目工程建设到打造生态环保产业。淮安如何在淮河生态经济带规划建设中保持领先一步的优势,不仅要有重大项目的支撑,也要有发展体制机制的创新。淮河入海水道二期工程和入海航道工程项目的规划,为淮安暂时赢得了项目发展的先机。淮安应当借力淮河生态经济带战略规划的实施,从项目工程建设的手段转型为生态环保产业的发展,并通过产业发展机制,向淮河中上游地区拓展,打造淮安生态环保产业。

在推进淮河生态经济带战略的工作中,淮安既要在规划制定工作的初期加强协调、合力推进,也要从规划建设的战略视角,谋划基本工作的开展,保持工作的领先优势,实现淮安发展战略的新突破。

淮河生态经济带与江淮生态大走廊融合的思考[①]
——江淮生态大走廊建设融入国家级淮河生态经济带战略

淮河生态经济带战略覆盖苏中、苏北6个城市——徐州、宿迁、淮安、盐城、扬州、泰州,江淮生态大走廊建设覆盖扬州、泰州、淮安、宿迁、徐州,两大战略有着共同的空间和紧密的关系。因此,国家级淮河生态经济带战略与江淮生态大走廊建设(以下简称"两大战略")的融合也就成为必然的问题。

一、淮河生态经济带战略与江淮生态大走廊建设

(一)国家级淮河生态经济带战略

国家级淮河生态经济带战略,于2015年5月由淮安市首先提出"构建淮河生态经济带先导区",委托中国国际经济交流中心开展课题研究,形成《淮河生态经济带发展战略规划研究报告(2013—2030)》,并以《促进淮河生态经济带建设的建议》上报国务院,经李克强总理批示、国家发改委研究,列入国家"十三五"发展规划纲要。

淮河生态经济带战略确定规划范围为:淮河干流及淮河水系全部一级支流的重要城市,包括河南、安徽、江苏3省20个城市1个县。其中,

---

[①] 本文获得淮安市政协2017年度优秀调研报告二等奖,发表于《淮安政协》2017年第4期;主要内容发表于《江苏经济报》2017年10月12日A版。

江苏覆盖范围为6个市,分别是徐州、宿迁、淮安、盐城、泰州、扬州。

（二）江淮生态大走廊建设

2013年,扬州市委、市政府首次提出了建设江淮生态大走廊的构想,并于2015年启动编制江淮生态大走廊规划。2016年,在扬州市第七次党代会上,江淮生态大走廊建设被列为今后5年重点抓好的10件大事之一。

2016年11月江苏省第十三次党代表大会报告和2017年江苏省政府工作报告,都明确提出"高起点规划建设江淮生态大走廊"。2017年2月,时任省委书记李强在扬州调研江淮生态大走廊规划建设时强调,要通过江淮生态大走廊规划建设,加强环境治理保护,着力推进绿色发展,让生态优势成为发展优势,为子孙后代留下重要的生态资源。2017年上半年,省发改委组织编制江淮生态大走廊建设规划,覆盖扬州、泰州、淮安、宿迁和徐州5个城市。

二、"两大战略"融合的必要性

从以上内容分析可知,"两大战略"在构想提出、规划制定、覆盖空间等方面都呈现出高度的吻合。2017年全国两会期间,江苏代表就联名提出将江淮生态大走廊建设纳入国家规划的议案,这也从一个侧面反映出"两大战略"融合的必要性。

（一）"两大战略"精神实质的高度一致

首先,"两大战略"在促进苏北发展、转变发展思路上是一致的。淮河流域处于京津冀都市圈和长江经济带之间的经济欠发达地区,由于其经济发展潜力而被称为第四增长极区域。淮河干流流域所覆盖的河南大别山地区、安徽淮北地区、江苏苏北地区,都是苏豫皖三省的经济欠发达地区。加快这一区域的经济发展,是苏豫皖三省特别是淮河干流流域人民群众的急切愿望。但是，为了避免传统的先开发后治理的发展模式，实现生态绿色发展的转型升级，需要未雨绸缪，规划国家级淮河生态经济带战略，推动绿色发展、可持续发展在淮河流域的实践，以国家级战略引领苏北绿色发展。改革开放以来，苏北地区一直以苏南为目标，在经济发展方面努力追赶，虽然取得了显著的成效，但结果却是经济发展水平差距不是在缩小而是在扩大。对此，需要反思苏北的发展思路和路径，江淮生态大走廊建设正是发展思路上的创新和转变。

其次，"两大战略"在保障南水北调送水安全上是一致的。确保南水北调工程的送水安全，是"两大战略"的主要目的。淮河生态经济带战略通过保障淮河水质安全，进而保障南水北调对苏中苏北的补水安全；江淮生态大走廊建设不仅从长江源头保障送水安全，还进一步保障输水廊道的环境安全。

（二）"两大战略"在生态环保建设上的要求是一致的

流域生态环境是一个关联性的总体空间，对河流水体来讲，上游的污染会向下游转移；在湖泊水体中，高污染区域会向低污染区域扩散。因此，在同一流域空间，环境治理和生态修复的过程，就如同企业的流水生产线一样，整个流域是一个巨型的生态环境产品的"生产企业"。这就要求同一流域中各行政区之间共同协作开展生态环境建设，在战略规划方面体现为相互融合。一是各流域之间的规划融合，包括湖泊与河流、河流与河流之间的流域规划融合。二是同一流域内各行政区之间的规划融合，包括省、市、县、乡镇之间的纵向规划融合，同级行政区之间的横向规划融合。三是产业规划与生态环境建设规划的融合，包括农业产业、旅游产业、水利建设等方面与水资源管理、环境治理和生态修复建设规划的融合。

（三）"两大战略"融合具有积极的意义

对江苏来讲，江淮生态大走廊建设战略融入国家级淮河生态经济带战略,一是有利于江淮生态大走廊建设从省级层面上升为国家级战略层面,借力国家战略推进生态环境保护各项工作的实施。二是有利于推进淮河干流东西联动的水域安全保护,实现南水北调东线输水安全保障,构建东部安全生态屏障。三是有利于提高淮河干流江苏流域生态建设成效,带动苏中、苏北绿色发展,推动苏中、苏北所覆盖城市的可持续发展。

三、"两大战略"融合的工作建议

江淮生态大走廊建设融入国家级淮安生态经济带战略,除了在规划内容、实施时间等方面对接,还需要加强以下三个方面的工作。

(一)统筹资源禀赋,以城市群理念指导各地精准发展

当前,省内外的一些城市群如长三角城市群、沿江城市群,都是经济较为发达的GDP型城市群,而"两大战略"所覆盖的苏北城市群是贡献生态绿色价值的"生态型"城市群,呈现为三个特点。一是具有丰富的水体、湿地、森林、农地以及历史文化、休闲旅游等生态资源。二是城市规模是由省辖大城市、县级市、县城和特大镇构成的多层次城市群,这种由大、中、小城市构成的"生态型"城市群,区别于苏南大城市连片的城市群,是苏北城市群发展的新模式。三是具有提供生态产品的优势,市场、资金、技术、设备、企业等要素是GDP型城市群,特别是大城市、特大市创造物质财富的优势,而苏北中小城市的水体、湿地、森林、农地等要素是"生态型"城市群创造生态价值的优势。

基于以上三个特点,各城市在绿色发展过程中,一方面,要推动城市群基础设施、产业发展、生态建设方面的联动;另一方面,要以生态资源禀赋为基础,进一步细化发展规划,或发挥自然资源的水源、森林、湿地的不同优势,或发挥农业产业中稻麦、花木、果蔬、生态渔业等产业类型的优势,或发挥历史文化、生态休闲等旅游资源优势,结合特色小镇的培育,促进各城市功能定位的精准化和发展目标的精准化,采取有差异又有联系

的发展战略。同时,通过宿迁"江苏生态大公园"、环洪泽湖生态经济圈、大运河生态经济带、淮河入海水道(淮河入海航道)生态经济带等一批省级战略或市级联合战略的支撑,既丰富苏北"生态型"城市群的发展战略框架,又充实"两大战略"的规划内涵,推动各城市差异化和精准化发展,提升苏北"生态型"城市群的可持续发展能力。

(二)以五大发展理念统领发展规划的编制

"两大战略"是苏北绿色发展的战略支柱,不仅覆盖区域广泛、涉及利益众多,而且周期长,面临的新情况、新问题多。对此,要以五大发展理念统领发展规划的编制,坚持绿色发展方向,构建协调发展机制,探索创新发展路径,实现共享发展成果。在"两大战略"的深度融合上,实现多个方面的规划融合。一是各行政区生态建设和绿色发展的规划融合,既要有市与市、县与县层面的横向融合,也要有国家、省、市、县多个层次之间的纵向融合,而纵向融合不只是上下级行政关系上的"服从式"融合。二是各类流域的生态建设和绿色发展的规划相融合。由于不少湖泊流域、河道流域的生态空间是相邻关系,甚至是重叠关系,因此,在生态建设和绿色发展的规划编制过程中,也要有湖泊流域之间、河道流域之间、湖泊流域与河道流域之间的规划融合。三是行政区空间与河湖流域空间的各产业发展规划、生态建设规划之间的融合。四是生态建设和绿色发展规划与现有法规和政策体系的融合,特别是与有关考核政策、补偿政策等方面的衔接和融合,使生态建设规划更接地气、更易执行。

(三)完善国家战略和省级战略实施的领导体系

"两大战略"不仅要在规划内容上实现融合,还要在实施和执行体制上实现融合。对此,建议将淮河生态经济带战略和江淮生态大走廊建设共同纳入省苏北发展领导小组,形成发展合力,强化工作力度。一是建立省级协调会议制度,加强对跨行政区生态建设的工作协调、监督和考核。二是领导小组下设的办事机构,可以挂靠相关部门开展工作,但随着工作开展的需要,也可以设立专门工作机构。三是推动各市、县积极主动作为,不等不靠,敢于探索和创新。四是强化工作责任制,"两大战略"的实施是一项创新性工作,相关项目、工程的全面开展涉及面广,事关地方政府和广大群众的切身利益,需要高度的责任心、事业心来推进。对此,一方面,要加强对项目、资金、工程的监管,防止浪费和腐败问题,强化对不作为的问责;另一方面,要建立健全容错机制,鼓励工作创新和敢于担当,以只争朝夕、时不我待的精神面貌推进"两大战略"的实施。

淮安生态文明建设

加强生态文明建设
推进淮安高质量发展[①]

生态兴则文明兴,生态衰则文明衰,保护生态环境就是保护生产力,改善生态环境就是发展生产力;建设生态文明是实现中华民族伟大复兴中国梦的重要内容。近些年来,淮安与全国各地一样,高度重视生态文明建设,强化组织领导力度,创新工作机制,以创建国家生态市、国家生态文明先行示范区等为抓手,统筹推进生态文明建设,取得了显著的成效。本文通过对贵阳、遵义、成都、镇江、泰州等地推进生态文明建设情况进行调查研究、总结归纳,并结合淮安实际,对如何推动淮安市生态文明建设、实现生态环境高质量发展,提出有关建议。

一、生态文明试点地区的成功做法

2016年10月,我国将福建、贵州、江西、海南列为国家生态文明试验区;而在更早的2014年6月,镇江、成都等地就被列为首批国家生态文明先行示范区;2018年10月,泰州市海陵区、高港区被列为第一批江苏省级生态文明建设示范县(市、区)。经过几年的探索,这些试验区、示范区、试点县取得了阶段性进展,绿色"颜值"节节攀高,为中国生态文明建

[①] 本研究报告于2019年11月25日得到江苏省人大常委会分管资源环境工作的领导肯定性批示。

设和生态文明体制改革探索实践路径,形成了一批可复制、可推广的成果。

(一) 转变观念,创新思路,坚持生态战略

贵阳市自2000年起就开始探寻生态发展之路,经过近20年的不断探索和快速发展,成为全国生态文明建设中的一颗明珠,形成了闻名全国的生态文明建设"贵阳模式"。生态文明贵阳国际论坛成为国家级论坛,也是全国唯一以生态文明为主题的国际论坛。生态优势是贵阳最为独特的优势,也是最大的比较优势,是用多少GDP都换不来的金字招牌。贵阳市委、市政府从规划引导、设施建设、生态产业、环境治理、宣传教育、生态文化、机制创新和考核奖惩等八个方面开展生态文明城市建设,取得了丰硕成果。

遵义市在2015年通过国家环保模范城市考核验收后,积极响应国家及省委要求,以绿色发展为引领,以改革之力深入推进生态环境保护,以赤水河为纽带由点及面地铺开了生态文明的探索和实践。

镇江市作为全国首批生态文明先行示范区,致力探索绿色低碳发展"镇江模式",充分发挥"青山林立、丘陵延绵、水脉纵横、洲屿错落"的独特禀赋,深入实施"生态领先、特色发展"战略,有效打造了生态低碳的城市样本。

(二) 统筹谋划,扎实推进,坚持项目为重

搞好生态文明建设,最首要的是抓好规划这个龙头,为生态文明建设建立良好的制度基础。《贵阳市生态文明城市总体规划》2012年即获国家发改委批复。"十三五"期间,贵阳以构建"一河、百山、千园"自然生态体系为统揽,加强全流域治理、全区域保护,不断优化生态环境。① 做足"水"文章。计划投资100.94亿元,实施53个项目,到2020年完成南明河干流及8条支流综合治理。② 念好"山"字经。计划投资6.19亿元,以城市中心区、机场周边、高速公路沿线等为重点,实施山体保护、湿地修复、植被提升,到2020年完成山体治理100个以上。③打好"千园"牌。计划投资308.29亿元,新建森林公园、湿地公园、山体公园、城市公园、社区公园660个,到2020年全市公园总数达到1000个以上。

泰州市以生态名城战略为统领,充分发挥水的优势,重点实施"双水绕城"三年行动计划,投资3.9亿元开展山河新城水生态环境示范工程建设,同步加快实施凤凰河、南官河、北城河西段、西城河等"双水绕城"景观提升工程。在沿江地区,累计投资1.2亿元建成春江花月夜水生态湿地公园,并对永安洲永正水源地保护区5.7 km岸线和4 000亩芦苇荡进行永久保护。在里下河地区湿地综合整治中,恢复溱湖湿地近万亩,全面实行得胜湖、平旺湖退渔退圩还湖工程,加快实施徐马荒湿地一期工程。

(三)制度创新,强化保障,坚持长效管理

完善体制机制是生态文明建设的重要保障。2012年11月,贵阳市整合市环保局、林业绿化局(园林管理局),并划入经信委、工信委、建设局、城管局、农委等部门涉及生态文明建设的有关职能,组建了全国第一家生态文明建设委员会,作为市政府组成部门,排序仅次于市发改委,负责全市生态文明建设的统筹规划、组织协调和督促检查等工作,率先创新生态文明体制机制。为保障和促进生态文明城市建设,该市还制定了《贵阳市促进生态文明建设条例》《贵阳市建设生态文明城市条例》《贵阳市生态公益林补助办法》等一系列"绿色"法规,成立了市检察院生态保护"两局"、市公安局生态保护分局,以确保相关法规得以贯彻执行。

成都市按照生态文明先行示范区建设要求,颁布实施了《成都市环城生态区保护条例》,创造性地在城市近郊设立生态隔离区,率先建立了饮用水水源地保护生态补偿机制,设立了集体公益林地保护资金、耕地保护基金等。

镇江市探索绿色考核机制建设,并在考核指标体系中增加战略性新型产业收入占比、落后产能淘汰率、空气质量、城镇绿化覆盖率等生态指标,同时加大了单位 GDP 能耗、污染排放等指标的权重,引导各地更加注重生态文明建设。

二、推进生态文明建设是淮安高质量发展的必然选择

外地推进生态文明建设的先进经验给我们以很好的学习借鉴和启示,要抓住机遇,结合实际,加快推进生态文明建设,全面实现淮安生态环境的高质量发展。

(一) 生态文明建设淮安有担当

从中央来看,作为中国梦的一个重要组成部分,生态文明建设被写进了党章和宪法。党的十九大报告明确提出了"坚持人与自然和谐共生"的理念,在具体论述生态文明建设重要性时,报告前所未有地提出了"像对待生命一样对待生态环境""实行最严格的生态环境保护制度"等论断。"要创造更多物质财富和精神财富以满足人民日益增长的美好生活需要,也要提供更多优质生态产品以满足人民日益增长的优美生态环境需要",把生态文明建设明确地列入党"不忘初心、牢记使命"的宏伟蓝图中,将污染防治列为三大攻坚战之一。从江苏来看,省委、省政府在全国率先颁布《江苏省生态文明建设规划》,率先划定生态红线,开展绿色发展评估,持续推进"263"专项行动,取得实实在在的效果。从淮安市来看,广大市民的生态建设、环境保护意识不断提升,对良好生态环境的诉求不断增强,知晓、支持、参与生态文明建设的热情持续高涨;各板块合力共治,协同作战,系统开展生态环境治理,形成合力攻坚的良好局面,共同利用污染防治综合监管平台进行共治,系统解决环境问题。

(二) 生态文明建设淮安有短板

突出表现为:环境质量改善攻坚任务较大。臭氧超标问题多发,输入型污染加剧了空气污染程度,$PM_{2.5}$ 平均浓度虽然持续下降,但管控不好

极易出现"反弹";少数国省考断面水质未能稳定达标;环境安全隐患没有完全消除。大运河沿线10户重点企业的搬迁进展较慢,饮用水源地集中整治、备用水源地建设有待强化。环境基础设施建设相对滞后。部分园区集中供热设施不到位,部分乡镇污水处理厂配套管网覆盖率较低等。部分居民存在程度不同的不文明行为,主要表现为:破坏绿化、制造噪音、浪费资源、食用珍稀野生动植物等。

（三）生态文明建设淮安有机遇

2018年11月以来,淮安市先后入围三个国家级战略——淮河生态经济带战略、大运河文化带战略、长三角区域一体化发展战略,明确了淮安加强生态文明建设、生态环境治理的要求,进一步强化了淮安的区域生态环境功能定位。

国务院《淮河生态经济带发展规划》将"节约资源,保护环境"作为基本原则,明确了"流域生态文明建设示范带"的战略定位和构建"淮河干流绿色发展空间带"的空间布局。江淮生态大走廊建设与淮河干流、洪泽湖等河湖生态保护、湿地保护与明清黄河故道综合治理、水资源保护与南水北调东线输水干线,以及淮河出海二级航道工程、防护林体系建设、水污染和大气污染防治、农村面源污染防治等一系列工作部署,都是淮安生态文明建设的顶层设计。

国务院《大运河文化保护传承利用规划纲要》将生态环境修复作为基本原则和重要内容,明确了"山水秀丽的绿色生态带"的功能定位,在历史文化遗产保护、河道水系治理管护、大运河绿色航运、绿色生态廊道建设、水环境污染防治等方面都有明确的部署。淮安作为"运河之都"和大运河文化带的重要节点城市,面临着十分艰巨的生态文明建设任务。

国务院《长江三角洲区域一体化发展规划纲要》将"建设长三角生态绿色一体化发展示范区"作为指导思想和重要内容,将"坚持绿色共保"作为基本原则,提出了"生态环境共保联治能力显著提升"的发展目标,在区域市场分工方面提出了苏北重点发展现代农业、文化旅游、大健康、医药产业、农产品加工等特色产业的布局，在重大水利工程建设方面启动实施淮河入海水道二期工程，在生态环境共保联治方面部署淮河—洪泽湖生态廊道建设、黄河故道造林绿化、淮河行洪区安全建设等工程（工作），这些都是淮安生态文明建设的重要任务。淮安是三个国家级战略的汇聚区，国家级战略对生态文明建设的战略部署既是对淮安生态文明建设提出的总体要求，也是淮安推进生态文明建设的战略机遇。

（四）生态文明建设淮安有信心

近年来，淮安市委、市政府深入贯彻党中央、国务院和省委、省政府的决策部署，以"牢记总书记嘱托，建好周总理家乡"为引领，牢固树立"环境是发展战略资源、生态是最宝贵财富"的理念，把生态环境保护摆在全市工作的突出位置。2020年7月召开的淮安市委七届十一次全会，提出把良好生态环境作为转型跨越发展的宝贵资本，谋划确立"绿色高地、枢纽新城"发展定位，大力推动生态经济化、经济生态化，以建设国家生态市为抓手，发展绿色经济，营造宜居环境，弘扬生态文化，创新体制机制，生态文明建设取得阶段性成果，初步走上了一条环境与经济相互促进、人与自然和谐相处的具有淮安特色的生态文明建设之路。

1. 生态市建设苏北领先。 淮安市已达到国家生态市标准（苏北唯一），金湖县建成首批国家生态文明建设示范县，全市建成省级生态文明建设示范乡镇60个、示范村27个。市委、市政府成立了生态文明建设领导小组，颁布实施《淮安市生态文明建设规划》，全市生态环境满意率达到88%，持续保持在全省前列。制定新的水环境区域补偿工作方案，国考断面水质和县级以上集中式饮用水源地水质100%达标。2019年1月1日—8月15日，对照2019年各设区市环境空气质量改善约束性目标，淮安市$PM_{2.5}$现状浓度为42.4 $\mu g/m^3$，同比下降16.9%，优良天数比率达70.9%，同比上升2.6%，是全省唯一的双达标地级市。

淮安市的生态环境质量逐年改善，人民群众对生态环境满意率连续多年位居全省前列，先后获得国家卫生城市、国家园林城市、国家环保模范城市、国家低碳试点城市等称号，"淮安蓝"逐渐成为淮安市"热词"，优良的生态环境质量成为"绿色高地、枢纽新城"最靓丽的底色，一幅共建共享的美丽画卷正在淮安大地徐徐铺展开来，绵延天际。

2. 调整优化产业结构。一是严格控制能源和煤炭消费总量，提高电煤使用比重，削减非电工业行业用煤总量，减少直接燃烧、炼焦用煤及化工原料用煤；加强落后产能的淘汰，以更高的环境标准倒逼产业转型；深入开展化工产业安全环保整治提升工作，开展"散乱污"企业及集群综合整治工作。二是坚持高端化、特色化、规模化、集群化、绿色化发展，电子信息、食品等"含绿值"较高的产业产值均突破千亿元大关，三次产业结构实现由"二三一"到"三二一"的历史性转变。三是积极创建国际湿地城市和国家森林城市，着力打造华东旅游目的地，到淮安市"看河看湖看湿地，品虾品蟹品美食"已成为风尚。

3. 生态底色持续彰显。建成生态红线区域监管平台，划定自然保护区、饮用水水源保护区、重要湿地等11类共56个生态空间管控区域，面积达 2 139.62 km²，占全市域总面积的 21.34%。持续开展"绿盾"专项行动，深入实施生物多样性保护工程，进一步增加优质生态产品供给能力，公众生态环境满意率为 93.2%，同比提升 3.5 个百分点，位居全省第二。推动林地、绿地、湿地共建，绿化、美化、文化融合，形成了"环湖生态圈、沿河生态带、湿地生态核"相得益彰的良好格局。"水懂我心　自然淮安"生态品牌入选全国河长制湖长制典型案例。

4. 生态工业发展初见成效。全市富誉电子等 4 家获批国家"绿色工厂"称号。江苏井神盐化股份有限公司着力推进节能减排技改、环境治理改造，资源综合利用效率不断提升，高效、安全、环保的绿色制造模式初步形成；先后获评国家第一批"绿色制造工厂"和"江苏省能效领跑者标杆企业",2019年荣获第十八届全国质量奖;2020年7月,入选"2019江苏百强创新企业榜单"。新能源产业快速发展。截至2019年4月,全市新能源装机容量达到1 439.39 MW,占全市总装机容量的28.1%。响应"263"专项行动,全市完成38个关闭化工企业遗留地块土壤污染状况排查,新增危废焚烧处置能力1.65万t/a,建成一批垃圾发电厂和垃圾资源化利用厂,建成城市污水处理厂12座(不含乡镇),总处理规模达67.5万t/d。生态园区创建取得成效,全市10个省级以上开发区有7个建成省级生态工业园区。

5. 发展循环经济。 工业方面,淮安经济技术开发区跻身国家生态工业示范园区和国家循环化改造示范试点园区,支持引导企业加快创新转型、绿色发展,累计获批国家高新技术企业407家、国家"绿色工厂"4家,创成省级园区循环化改造示范园区两个,获批新能源示范市和可再生能源建筑应用示范市。

农业方面,深入推进重点行业企业土壤污染状况调查,形成582家重点行业企业用地土壤污染状况"全市一张图"和"一企一档"成果集成,完成83家高度关注企业土壤初步采样调查,污染地块安全利用率达100%。淮安虾稻共生种养模式获得农业农村部点赞。盱眙县充分发挥盱眙龙虾的品牌优势、120万亩水稻面积的资源优势和国家级生态县的山水生态优势,大力推广虾稻共生综合种养模式。全县共有4 463户开展虾稻共生种养模式,推广面积达65万亩,涌现出了盱马沿线、洪泽湖环湖大道等一大批万亩、千亩、百亩以上的虾稻共生种养基地。共生种养的虾与稻,市场抢手,每亩地比单纯种植水稻净增收1 000元以上。盱眙县成功探索出一条生态富民、振兴乡村的新路径。

三、推进淮安生态环境高质量发展的路径

当前,国家对生态文明建设的重视程度日益提升,人民群众对美好生

活的诉求也在不断增强;特别是我国向国际社会宣布碳排放力争要在2030年前实现碳达峰、2060年前实现碳中和。淮安作为江淮生态经济区核心城市、淮河生态经济带核心城市,要以高度的政治自觉肩负起生态文明建设和生态环境保护的政治责任,不断增强责任感、使命感和紧迫感,充分利用得天独厚的区位条件、历史悠久的旅游资源以及良好的交通条件,做足生态文章,突出水韵特色,彰显生态优势,始终保持加强生态文明建设的战略定力,不动摇、不松劲、不开口子,不断推动生态文明建设迈上新台阶,积极探索具有淮安特色的生态优先、绿色发展实现路径。

(一)创建国家绿色金融改革试验区

在建设美丽淮安、推进生态文明工作中,要积极创建绿色金融改革创新试验区,让金融"绿"起来。学习浙江湖州、广东广州、江西赣江新区、贵州贵安新区等地的试点做法,探索建立碳金融、排污权、水权、用能权等环境权益交易市场,建立绿色产业。鼓励小额贷款、金融租赁公司等参与绿色金融业务。积极发展绿色信贷、绿色担保、绿色债券、绿色保险,更好地厚植绿水青山、铸就金山银山,让高颜值的生态环境、高水平的经济发展、高品质的美好生活相辅相成、相得益彰。

(二)补齐短板,打好污染防控三大攻坚战

瞄准改善生态环境质量这个"靶心",深入实施水、气、土三大污染防治行动计划,着力提升全市环境治理的科学化、系统性和精准度。

1. 打好碧水攻坚战。开展全市地表水(环境)功能区划管理,完成白马湖南闸水源地保护区划分,推进市区、涟水、金湖备用水源地建设。强化督查、通报、约谈等机制,加大苏嘴断面、维桥河口断面等重点断面达标整治力度。推进水环境第三方治理。

2. 打好蓝天攻坚战。实施重点区域微环境整治攻坚行动,对全市5个国控、8个省控及5个市控点位周边3 km范围内大气污染源开展专项整治。实施秋冬季大气污染治理攻坚行动,提前制定重点工业企业错峰

生产、错峰运输方案,清单再核实,措施再细化。

3. 打好净土攻坚战。开展农用地污染分析,全面加快重点行业企业土壤调查进度。强化土壤污染源头防控,加快推进土壤污染综合防治先行区建设。

(三) 大力发展生态循环农业

秉持"绿水青山就是金山银山"的新发展理念,创新种养结合,推进农业绿色发展模式,为"绿色高地"提供源头支撑。一是加快发展"五大百亿级、三大三十亿级"农业产业。按照"有标贯标、无标制标"的原则,梳理制订各产业绿色发展模式,通过行业协会、龙头企业、家庭农场等加大宣传推广应用力度,与品牌创建、农产品质量安全追溯和信用等级评定、食用农产品合格证制度"三挂钩",力求省级以上家庭农场、合作社等新型农业经营主体全覆盖。二是在搭建绿色发展平台上下功夫。密切关注国家农业可持续发展试验示范区创建要求,用3~5年时间,创成2到3个整县域国家农业可持续发展试验示范区,或以市为单位创成国家农业可持续发展试验示范区,推进绿色发展方式集成示范推广应用。三是在落实绿色发展重点上下功夫。持续推进农药化肥减量增效行动,保持农药化肥"零增长"或"负增长"。畜禽粪污就地就近转化还田,病死畜禽无害化处理,试点探索农药包装物和农膜回收利用,有序开展受污染土地修复和安全利用,实施果蔬有机肥替代化肥,有计划休耕轮作,建设一批省级以上绿色防控示范区、粮食高产高效绿色示范片。四是在创新绿色发展政策上下功夫。加大财政支持力度,大力推动一、二、三产业融合发展,做响做强"淮味千年"品牌,解决农产品精深加工、物联网、冷链物流、"互联网+"等新产业新业态所必需的用地、资金等问题,提升绿色发展全产业链、价值链和销售链水平,将绿色生态优势切实转变为农民增收致富的"真金白银"。

（四）推进农村生态文明建设

农村生态文明建设关系全局，建设好农村生态文明意义重大。

1. 开展新一轮生态创建。全面推进生态文明建设示范县区、乡镇、村居创建，制定实施农村生态环保规划，从决策源头防范环境污染和生态破坏，强化部门协调合作，强化环保机构建设，统筹城乡发展，推进生态修复，不断提高广大农村地区生态创建水平和成效。

2. 扎实推进农村环境污染防治。严格环评审批和"三同时"制度，严防污染项目向农村转移。加强农村环境执法检查。扎实推进畜禽污染防治、秸秆禁烧禁抛和综合利用等工作，着力解决好事关群众身体健康和生命安全的污染问题。

3. 健全农村多元化投入机制。加强农村生态文明建设资金投入，加大政府财政转移支付，优化开源机制。提高农村生态文明建设资金使用效率，健全节流机制，用政策引导社会资金投入农村生态文明建设。完善生态补偿机制，健全生态补偿市场化机制，对生态优化区域实施以生态保护修复为基本导向的激励型财政机制。

（五）提升全市绿色发展水平

坚持把生态文明体制改革作为重中之重，积极探索，勇于创新，通过做好三大重点，努力为生态文明建设增添内生动力。

1. 强力推进"三线一单"制度。开展"绿盾"专项行动，实施生态红线管控，保障生态安全。推进企业环保信用等级评价，实行绿蓝黄红黑"五色管理"，对绿色企业优先安排生态环境专项资金补助，减少随机抽查频次；对红色和黑色企业暂停各类生态环境专项资金补助，加大抽查频次，同时实行差别化水电价。推进"智慧环保"建设，积极运用大数据、互联网＋等信息技术手段，实施智能、精准、高效的环评事中事后服务。推进市级项目帮办及"101服务"，不断注入绿色动力，推进经济绿色转型。

2. 强化环境执法监管。坚持标准严、检查严、督查严、惩处严，对各类环境违法行为"零容忍",始终保持严厉打击环境违法的高压态势。强化环境监管,创新环境执法监管方式,实施网格化环境管理和"阳光执法",实行执法过程全记录,在"双随机"执法基础上,开展异地执法、交叉执法、驻点执法和节假日夜间无人机飞行督查。强化协同联动,深化公安、检察院、法院、环保等多部门联合执法机制,健全联动执法联席会议、重大案件会商督办等制度,推进"环保执法"与"刑事司法"有效衔接,协调解决突出环境问题。强化环境监测,根据《江苏省生态环境监测监控系统三年建设规划(2018—2020年)》要求,大力推进全市省级重要断面水质自动站、乡镇空气自动站建设,全面完善环境监测网,实现环境质量自动预警。

3. 强化环境监测监察执法。 严格落实党政同责、一岗双责要求,利用省以下环保机构监测监察执法垂直管理制度改革契机,强化环保队伍建设,建设和利用好江苏省环境污染防治综合监督平台,建立健全条块结合、各司其职、权责明确、保障有力、权威高效的环境保护管理体制。

(六)健全生态价值实现机制,把绿水青山作为第四产业来经营

2017年10月,《中共中央 国务院关于完善主体功能区战略和制度的若干意见》提出,在浙江、江西、贵州、青海四省开展生态产品价值实现机制试点。这是我国第一次提出"生态产品价值实现机制"。2019年4月,中办、国办印发《关于统筹推进自然资源资产产权制度改革的指导意见》,提出以完善自然资源资产产权体系为重点,以落实产权主体为关键,着力促进自然资源集约开发利用和生态保护修复。这个政策的出台,对于加快健全自然资源资产产权制度、探索生态产品价值实现、完善生态文明制度体系、推动形成人与自然和谐发展的现代化建设新格局提供了有力支撑。目前,全国已有一些地方在积极探索建立能够体现市场价值的自然资源和生态价值实现路径,建立生态产品"评估—定价—交易(补偿)"的

价值实现机制。浙江省丽水市打造的"丽水山耕""丽水山居""古堰画乡"等模式,为绿水青山转化为金山银山提供了"丽水样板"。淮安可学习试点地区的经验做法,依托良好的生态环境,围绕"生态产业化、产业生态化"这个理念,充分发挥生态系统的产品供给、调节服务和文化服务功能,发展生态农业、文化旅游、休闲康养等生态型产业,实现生态产品的价值转化,力争探索出生态产品价值实现的"淮安模式",在江淮生态经济区、淮河生态经济带打造生态文明建设标杆。

(七)筑牢制度屏障,守住绿水青山

目前,淮安生态环境质量虽然持续好转,出现了稳中向好的趋势,但成效并不稳固,需要锐意进取、改革创新,用最严格制度、最严密法治保护生态环境,加快建立健全以治理体系和治理能力现代化为保障的生态文明制度体系。国家已就生态文明建设出台了许多法律法规,关键是要狠抓落实,形成在"生态环境保护问题上不可越雷池一步"的刚性约束。通过久久为功、驰而不息的制度建设,真正构建覆盖生态环境保护全方位、全地域、全过程的生态文明制度体系,让广泛的生态共识在生产生活各个领域落地生根。市县(区)乡镇各级党委政府主要领导要切实增强"四个意识",落实好《淮安市领导干部自然资源资产离任审计办法(试行)》,建设和利用好环境污染防治综合监督平台,建立科学合理的高质量发展考核评价体系,加快形成节约资源和保护环境的空间格局、产业结构、生产方式、生活方式,让淮安生态环境越来越美,发展质量越来越高,人民生活越来越好。

淮安"绿水青山"转化为"金山银山"的践行路径①

习近平总书记的"两山"理论,既是生态文明建设的总要求,更是发展生态经济的指导思想。对于处于江淮生态经济区地理中心位置的淮安来讲,写好绿水青山就是金山银山这篇大文章,具有重大的实践意义。

一、淮安生态经济发展现状

(一)拥有较为丰富的生态环境资源

江苏生态环境资源总体上相对贫乏,相比之下,淮安的生态环境资源较为丰富,特别是有大量的河湖。

1. 自然资源条件优越。 全市域范围内水资源丰富,人均生态足迹 0.18 hm² ,为江苏全省人均生态足迹 0.13 hm² 的 1.3 倍,形成"一山二水七分地"的平原水网自然地理特征。境内湖泊、河流较多,沟通江、淮、沂三大水系,各类湿地 20.14 万 hm² ,占全市国土面积的 20.25%,每年约创造 28.2 亿美元(约 193 亿元人民币)的生态价值。

2. 环境质量相对较好。 淮安经济发展水平在全省较为滞后,人均 GDP 只有全省的 64%,人均二产 GDP 只有全省的 52%,但体现生态产业

---

① 本文为 2018 年淮安市发展和改革委员会的委托课题部分成果。
本研究报告得到 2018 年江苏省社会科学联合会的项目资助。

的农业发展水平较高,农业现代化工程发展指数苏北领先,人均一产GDP为全省的1.2倍,为环境质量做出较大贡献。经过几年来的环境整治,淮安2017年空气质量达标率80.8%,高于全省11个百分点;国家和省级地表水体断面水质考核(Ⅲ类)达81.5%,高于全省10个百分点。

(二)生态经济建设取得一定的成效

1. **盱眙力推虾稻共生模式**。盱眙以绿色富民产业为抓手,按照"种草养虾,养虾有稻,稻法自然,生态循环"的模式,大力推广虾稻共生综合种养模式。多年试验总结表明:虾稻共生有利于改善农业生态环境。一是通过稻田工程改造、水草栽植以及农药化肥使用量大幅减少,对生态环境起到了很好的保护作用。二是普遍采用太阳能生物诱虫技术,在为小龙虾提供了部分饵料来源的同时,有效防治了稻飞虱等病虫害的发生。三是通过完善稻田工程,便于晒田和蓄水,使抗旱排涝有了保障。四是秸秆还田,使大量有机质转换为小龙虾饵料,增加了小龙虾产量,改良了土壤,减少了秸秆焚烧,保护了环境。五是化肥农药减量,优质稻米受市场欢迎度优于传统稻米,小龙虾和虾稻米供不应求。虾稻共生亩均降本100元以上,亩均增收1 000元以上。目前,盱眙推出的"虾稻共生"综合种养模式已突破35万亩。

2. **淮阴区发展食用菌产业链模式**。淮阴区通过延长食用菌产业链条,已形成了"秸秆、畜禽粪便—食用菌基料—食用菌—食用菌废弃物—饲料、基质、有机肥—种养殖业生产、土壤改良"的"绿色产业链",实现了生态与产业的互促共赢,解决了秸秆和畜禽粪便污染难题,有效带动了农业废弃物循环利用,实现了农业的可持续发展。这种模式在涟水等县也得到了推广。

3. **金湖县加速生态旅游全域化**。金湖县利用优美的自然风光,首先建成万亩连片荷花荡。荷花荡位于美丽的高邮湖畔,坐落在金湖县闵桥镇联圩内,总面积22.4 km²,三面环湖相拥,生态环境优美,形成了独有的生态自然风光和旅游资源优势。通过十几年的打造,荷花荡已建成集旅游观光、休闲、度假为一体的生态农业区,为国家AA景区。从2001年至今,金湖县已连续举办了15届中国金湖荷花节,成为金湖旅游的金字招牌。全县通过复制、推广荷花荡生态旅游,加速生态旅游全域化,全力打造水上森林公园景区、白马湖生态休闲湿地保护区等一批生态旅游景区。

4. **推广林下经济**。林下经济是国家农业部大力倡导的一种农业循环经济模式。它是以林地资源为依托,以科技为支撑,充分利用林下自然条件,选择适合林下生长的微生物(菌类)和动植物种类,进行合理种植、养殖,以构建稳定的生态系统,达到林地生物多样性,从而成为农村经济新的增长点,为农民增收致富开辟的一条新路子。位于金湖县闵桥镇的绿泽源生态养殖有限公司于2003年投资承包荒地栽植3 500多株杨树,先后在林下建设标准化鸡舍5栋,年饲养绿壳蛋鸡5万余只;同时,采取"公司+农户"的形式,创建了金湖县绿泽源绿壳蛋鸡专业合作社,带动了周边220多户农户从事绿壳蛋鸡养殖,产品全部销售到上海、苏州等地。目前,金湖县林下经济带动农民就业创业达2.5万人,每年增收2.2亿元。

5. **具备较好的发展基础**。近5年来,淮安市在取得国家级环保模范城、国家级园林城市的基础上,不断加强生态文明建设,取得了积极的成效。淮安开展的一系列生态文明创建活动,既是生态经济发展的社会性思想准备过程,又形成了较好的生态经济发展的氛围。(表1)

表1 淮安市生态文明建设成效一览表

序号	生态文明建设成效内容
1	苏北唯一国家生态市、全国第二批低碳示范试点城市
2	全国第二批低碳交通运输体系城市
3	全国可再生能源建筑应用示范区
4	国家绿色建筑示范创建区

表1(续)

序号	生态文明建设成效内容
5	国家生态文明先行示范区
6	国家级水生态文明城市试点市
7	金湖县建成首批国家生态文明建设示范县
8	盱眙县、洪泽区建成省级生态文明建设示范县(区)
9	淮安经济技术开发区建成国家生态工业园区
10	累计建成国家生态乡镇85个、省级生态文明建设示范乡镇15个

二、淮安生态经济发展面临的主要问题

尽管淮安在生态经济发展方面具备了一定的经济社会条件和有利因素,但也面临一些突出的问题。

(一)发展生态经济规划体系不完备

尽管淮安市、县区、乡镇政府近年来都比较重视生态环境整治,但对生态经济的本质认识不深、内涵理解不透,全市范围缺乏完整的生态经济规划体系,使得生态经济的地位未确立、目标未明确、部署未展开。

(二)生态经济体系建设不健全

一是生态产业体系还未建立。虽已形成了一些绿色产业、低碳产业和循环产业,但没有明确的生态主导产业,非主导的生态产业呈现碎片化发展,生态产业体系有待进一步明确和构建。二是生态市场体系不完善。虽然制定了一些环境准入、环境治理等方面的制度,但生态环境补偿制度、生态资源交易机制、环境成本内化机制的创新与实施还有很大差距,不少方面还只是处于起步阶段。三是生态消费理念不够深入。浪费性消费、过度消费、病态消费现象还比较多,垃圾分类任重道远,勤俭节约、绿色消费习惯还有较大差距。

（三）生态环境质量较为脆弱

中低端和高能耗、高排放产业占比还较大，主导产业中千亿元盐化工产业和特钢产业给生态环境改善带来较大压力，不少企业的环境责任意识不强，甚至违法偷排；有的化工企业离居民区较近；存在大的安全隐患。近5年来，环境质量总体上呈现平稳稍有下降的状态，市区空气质量优良率由2013年的74.8%下降到2017年的68.1%，地表水体国家和省级断面水质（Ⅲ类）考核优良率由2013年的86.8%下降到2017年的81.5%。

三、重点发展的四类生态产业

（一）大力发展生态农业

农业产业总体上属于生态产业范畴，要强化农业产品的生态化，在大力发展"稻米+"产业的基础上，发展特色生态农业。

1. 强化畜禽规模循环养殖。 对适养区的规模畜禽养殖，坚持循环生产处理畜禽粪便。一是对大规模的畜禽养殖，实行标准化建设，配套畜禽粪便处理的工厂化生产，实现有机肥的干湿分离、固液分离和产品化。二是对小规模畜禽养殖，或配套沼气工程，或按一定标准（如1头猪/50亩）配套规模农田种植，以消纳畜禽粪便。

2. 加强绿色水产业发展。 进一步加强洪泽湖网围养殖整治，在洪泽湖、白马湖、古淮河等水体，按照中度干扰理论，开展适度的增值放流活动，推动水产从人工养殖回归自然生长，促进水产业的可持续发展。

3. 积极发展生态农林经济。 一是积极发展休闲农业、高效农业和花卉园艺产业，提高农业综合效益。二是科学发展设施农业，通过工厂化菌菇生产，有效利用秸秆，同时配套废旧物资回收机制。三是构建"意杨+本土树种、名贵树种"的林产业"配方"，以雄性意杨为主体继续发展经济林，以本土树种和名贵树种为辅助林发展观赏林、景观林。

（二）大力发展生态价值型工业

1. 加速化工园区循环化改造。 按照《省政府关于深入推进全省化工行业转型发展的实施意见》（苏政发〔2016〕128号）要求，完成分年度淘汰落后产能方案，加速现有化工园区整合提升力度，重点发展技术含量高、附加值高、资源能源消耗低、环境污染排放少的化工新材料、高端专用和功能性化学品、生物质能源新技术和新能源技术、新型化工节能环保产业。全市所有工业园区（开发区）都必须按照《淮安市生态文明建设规划（2016—2020）》的要求，进行生态化改造；化工园区建立循环产业体系，发展循环经济。其中，苏淮高新区必须尽快完成低碳循环化改造，为盐岩资源的有效利用和盐化工产业的发展奠定可持续发展的基础，最好建成生态工业示范园区。各县区都要试点生态工业园区建设。在循环化改造的同时，要十分注意安全生产这个大问题；要按照省里的要求，安全生产要动真格，坚决不留隐患。

2. 加快发展新能源发电产业。 淮安新能源产业主要有太阳能、风能、生物质能（含垃圾发电）发电，近年来发展较快。需要针对发展中的新问题，优化能源发展规划，制定与能源需求、能源设施相匹配的新能源发展规划。完善光伏发电项目的审批管理，特别是针对城市分布式光伏项目所带来的城市相关问题完善管理制度。加强新能源发电市场研究，加强新能源发电企业技术队伍建设，保障检测检验和维护维修等生产性服务的需求。

3. 大力发展静脉产业。 一是扩大废旧物资回收利用产业规模，创新废旧物资利用途径，如废旧公交车可作为景区房车、服务厅使用等。二是加强危化固体废弃物处置中心建设，扩大工业废弃物的处置能力，与盐化工产能相匹配，提高废渣废矿利用率。三是充分发掘"城市矿山"的价值潜能，优化城市建筑垃圾的处理利用，并与城市景区建设有机结合。四是完善城乡污水处理的配套建设和运营管理机制，特别是经费保障，确保乡镇污水处理厂的正常运营。

（三）大力发展生态服务业

1. 加强绿色物流产业发展。 以快递服务、公路运输和航道水运为主体，推进物流产业的绿色发展。增加物流产业和园区发展规划的绿色发展内涵，推动快递服务包装材料的减量化，促进快递企业与农产品销售的深度融合，引导公路运输企业加快车辆使用新能源、清洁能源的更新换代，加强区域性水运协作，大力发展水运业务。

2. 加强绿色金融产业发展。 一是加强面向生态环保建设项目、生态产业发展的信贷服务。二是促进农业保险、环境责任保险、安全生产责任保险等生态保险的进一步发展，特别是要不断创新农业保险服务内容，为日新月异的生态农业发展提供更加丰富的保障，为自然灾害防治提供更加有力的保障。同时，积极筹备成立淮安市地方保险公司，为农业保险提供更加优质的服务。

3. 提高休闲健康产业层次。 倡导健康绿色消费理念的休闲健康产业，有利于减少或降低实物产品消费，客观上减少废弃物和环境污染，既是环境成本内部化的一部分，也是休闲健康产业的升级发展。一是引导社会公众减少浪费性消费，培育节俭消费的良好习惯，从追求物质名牌转向崇尚绿色品牌，减少生活垃圾的产生。二是引导养老保健从热衷保健品消费转向崇尚健康运动和文化生活消费，营造绿色社会生活环境。

（四）大力发展生态环保产业

作为江淮生态经济区的主导城市和淮河生态经济带的核心城市，淮安理应成为生态环保产业的领军城市。

1. 积极实施环保建设和环境修复项目。 持续推动和实施生态环境建设和环境修复项目，不断创造生态环境价值。一是通过公共财政投入创造生态环境价值。二是通过宣传引导社会公众热心生态环境保护，植树"捐绿"。三是通过环境违法企业承担环境修复责任，投资环境修复项目。

2. 积极发展环保科技服务产业。认真总结近几年来重大生态环境建设项目的技术创新、工程施工和管理经验,从水利工程、水体管理、环境修复、项目规划设计、水生物多样性维护、生态产业发展等方面形成技术服务能力,面向江淮生态经济区和淮河生态经济带上游区域提供生态环保科技服务。

四、加快淮安"两山"转化的政策建议

(一)加强专业人才队伍建设

发展生态经济是一个持续创业的过程,更需要人才队伍的支撑,既要有经营管理人才和科技研发人才,也需要建立起一支高素质的产业职工队伍。特别是作为主导产业的生态农业、生态旅游行业,缺少人才的积累,更需要加强人才队伍建设。浙江省安吉县的农家乐产业有3 000多家的经营者队伍和30万的从业人员;白茶产业不仅有经营者和科技人才队伍,还有30多万的现代农业职工队伍。对此,淮安生态经济发展要突出加强三方面人才队伍建设。一是要加强现代农业和生态农业的人才队伍建设,充分利用农村扶贫政策、惠农政策,加强农业经营者、农技人员和农业职工的培养,改变农业生产中"3860"型人员的状况。二是加强生态旅游行业的导游队伍和服务人员的培养,通过高职院校、职业学校加强面对乡村旅游领域的学生培养,改变目前乡村旅游行业人才短缺的现状。三是加强环境保护和环境工程的人才队伍建设,满足持续增长的生态经济发展对人才的大量需求。

(二)加强科技创新及转化

减少能源和资源消耗,减少废弃物和污染排放,既是生态产业发展面对的经济效益问题,更是技术创新问题。因此,不能仅仅靠压缩产能来减

少消耗和排放,根本的出路在于技术创新。通过科技创新,既服务于传统产业、高消耗和高排放产业的升级发展,也服务于环境治理和生态修复的技术需求。在推进生态经济发展中,要重点加强三个领域的科技创新。一是要持续加强农业科技研发,加大财政扶持力度,使淮安成为全省农业科技的领头羊,为淮安生态农业的发展提供强有力的科技支撑。二是加强盐化工产业的科技创新,强化与大院名校和本地高校的科技协同创新,加快盐化工产业的升级发展,减轻对生态环境的压力,以保持盐化工的主导产业地位。三是加强生态修复和环境治理的科技创新,创建江淮生态环境研究院,为江淮生态经济区主体功能发挥提供科技支撑。

（三）强化经营者环保意识

当前,尽管环境监管和执法力度不断加强,但企业经营者的环保意识总体上还较弱,多数对生态环境保护处于被动应付状态,甚至有不少企业为了效益还不断违法偷排、敢于违法偷排。因此,不能仅仅满足于加强生态文明宣传来提高全社会的环保意识,还要通过三方面措施进一步强化企业经营者的环保意识。一是严格查处企业违法偷排,并严格依法处罚,不放过一个违法偷排者,使企业经营者意识到所有违法偷排都会被处罚,彻底放弃侥幸心理。二是加大环境污染者治理环境的责任,对环境污染者既要有经济处罚,也要有环境治理和生态修复的工作责任和任务。三是将企业环保违法行为与诚信建设挂钩,不仅要让企业法人承担环保违法的诚信缺失后果,还要让违法企业中有责任的高层管理人员也承担个人诚信缺失后果,让企业经营者在严格的执法监管和违法处罚中强化环保意识。

（四）强化生态环境保护的督查考核

要坚持节约资源和保护环境的基本国策,像保护眼睛一样保护生态环境,像对待生命一样对待生态环境,筑牢制度屏障,守住绿水青山。一是建立生态文明考核评价指标体系。科学统计和评价生态经济,对不同地区实行分类生态环境保护督查考核,对责任人实行问责制度,特别是压实第一责任人的政治责任。二是启动生态环境损害赔偿制度。积极推行《江苏省生态环境损害赔偿制度改革试点工作实施方案》《江苏省生态环境损害赔偿监督管理办法》和《江苏省生态环境损害赔偿信息公开办法》,扭转"企业污染、群众受害、政府买单"的局面,达到"谁污染、谁付费、谁担责"。三是认真做好"263"专项行动,打好"天蓝""水清""土净"三大攻坚战,推动高质量发展。

(五)强化绿色健康生态消费观念的培育

人与生态的和谐发展,关键在于培育良好的生态消费理念和习惯。就淮安的生态消费培育来讲,需要突出培育生态住房消费、生态社会消费和节俭公务消费。

(六)积极争取"无废城市"试点

2019年1月,国务院办公厅印发《"无废城市"建设试点工作方案》,要求在全国选择10个左右条件较好、有基础、规模适当的城市先期试点。"无废城市"是以创新、协调、绿色、开放、共享的新发展理念为引领,通过推动形成绿色发展方式和生活方式,持续推进固体废物源头减量和资源化利用,最大限度减少填埋量,将固体废物环境影响降至最低的城市发展模式,是一种先进的城市管理理念;还将催生出数万亿元的废物处置市场前景,全国已经有59个城市积极申报。淮安位于"一区两带",建议积极争取"无废城市"试点,以加快经济转型发展、增强民生福祉、提升生态文明建设步伐。

淮安市创建国家森林城市的优势和对策[①]

"国家森林城市"是目前国家对一个城市在生态建设方面的最高评价,也是提升城市品位、体现人与自然和谐发展水平的重要标志。国家森林城市评选从2004年启动,每年评选一次。目前,全国有387个城市开展国家森林城市创建,194个城市获得"国家森林城市"荣誉称号。国家把"森林城市工程"列入"十三五"165项重大工程之一。《全国森林城市发展规划(2018—2025年)》提出,到2025年,我国将建成300个国家森林城市。创建国家森林城市,淮安大有可为。

一、创建国家森林城市的评价标准、申报程序与获得全国森林城市称号的江苏省城市名单

从2004年起,全国绿化委员会、国家林业局(现国家林业和草原局)启动了"国家森林城市"评定程序,并制定了《国家森林城市评价指标》和《国家森林城市申报与考核办法》。同时,每年举办一届中国城市森林论坛。

[①] 本文完成于2019年11月,2019年12月底成为淮安市政协的提案。2020年4月14日,淮安市政府向省林业局提交创建国家森林城市申请,国家林草局7月14日批准淮安创建国家森林城市的申请。

（一）国家森林城市评定指标

2007年3月15日，国家林业局（现国家林业和草原局）公布国家森林城市评价指标，共有综合指标、覆盖率、森林生态网络、森林健康、公共休闲、生态文化、乡村绿化7个方面的指标。

（二）申报国家森林城市工作程序

（1）申报城市向所在省、自治区林业厅（局）提出创建申请。

（2）申报城市所在省、自治区林业厅（局）对申报城市进行初审，根据初审结果，向国家林业局提出推荐申请报告。

（3）申办中国城市森林论坛的城市需向所在省、自治区人民政府提出申请，并由所在省、自治区人民政府向国家林业局申报。

（4）直辖市直接向国家林业局申报。

（三）考核评定

国家林草局"创森"办负责国家森林城市的考核和复查工作。

（1）确定考察城市。对提出考核申请的创建城市进行综合评定，确定国家森林城市候选城市。

（2）组织综合考察。抽调有关工作人员和专家组成考察组，对国家森林城市候选城市进行实地考察，形成考察意见，上报国家林草局，同时通报候选城市。

（3）公示考核结果。对通过考核的城市，在国家林草局政府网站、关注森林网站、中国绿色时报、《生态文化》杂志公示15天。

（4）命名授牌。公示后，国家林草局对候选城市进行审定，对审定通过的城市由全国绿化委员会、国家林草局命名为"国家森林城市"，原则上每年授予一次，并在当年举办的中国城市森林论坛上授牌。

（四）获得全国森林城市称号的江苏省城市名单

从2004年开始，每年由全国绿化委员会、国家林业局（现国家林业和草原局)组织评定的"国家森林城市",都会在中国城市森林论坛上揭晓。到2019年11月,全国共有195个城市获得"国家森林城市"荣誉称号。其中,江苏省8个,分别是:无锡市,2010年获得批准;扬州市,2011年获得批准;徐州市,2012年获得批准;南京市,2013年获得批准;镇江市,2014年获得批准;常州市,2016年获得批准;南通市,2018年获得批准;盐城市,2019年获得批准。

二、淮安具备创建国家森林城市的基础

(一)国家重大战略在淮安交汇

目前,长江三角洲区域一体化发展、淮河生态经济带、大运河文化带三大国家战略在淮安交汇,三大战略都对生态文明建设提出很高要求,同时也给予政策支持。这对淮安走"两山"之路,实现高质量发展是重大历史机遇。

(二)生态市建设苏北领先

淮安已达到国家生态市标准(苏北唯一),金湖县建成首批国家生态文明建设示范县,全市建成省级生态文明建设示范乡镇60个、示范村27个。全市生态环境满意率达到88%,持续位于全省前列。

(三)全市绿化工作走在全国前列

淮安森林旅游资源丰富,目前森林覆盖面积321万亩,林木覆盖率达23.92%。现有国家级森林公园2个(盱眙县铁山寺国家森林公园和盱眙县第一山国家森林公园);省级森林公园1个(洪泽湖古堰省级森林公园);省级自然保护区2个(洪泽湖东部湿地省级自然保护区和涟漪湖黄嘴白鹭省级自然保护区);国家湿地公园(试点)2个(江苏古淮河国家湿地公园和白马湖国家湿地公园)、省级湿地公园1个(盱眙天泉湖省级湿地公园)。自然湿地保护率达51.6%,位居全省前列。2008年9月,淮安

获得"国家园林城市"称号。20世纪90年代,淮安市各县区就获得国家平原绿化先进县称号,绿化工作走在全国的前列。全市森林面积总量、活立木蓄积总量和森林覆盖率均位居全省前列。

(四)全市林业制度建设取得成效

通过制度改革,优化林业工作环境,推进林业生态和国土绿化,促进人与自然和谐共生。

一是林权抵押贷款工作开全省先河。2010年,市政府办下发了《关于转发市林业局人行淮安市中心支行淮安市林权抵押贷款实施办法(试行)的通知》,在全省地级市率先构建了以林权证抵押贷款为主的林业投融资平台。省林业局主要负责同志对淮安市的林权抵押贷款做法给予高度肯定,建议在全省推广。

二是淮安市园林部门编制了《淮安城市绿地系统规划(2011—2030)》。该规划明确了"绿廊环绕,两环六带绿相连;城水相依,一脉百园城融绿"的城市风貌特色规划思路,重点打造大运河、里运河、古黄河、盐河"四河八岸"景观,彰显淮安特有的绿水城市风貌,形成以城市公园为主体,道路滨河绿地为骨架,路景相连、水景相连、林网相连的点线面相结合的生态绿地系统。

三是淮安在全省首家立法颁布了《淮安市永久性绿地保护条例》(2016年7月1日)。该条例规定建设项目占用绿地须履行人大报批程序,严格落实绿化补偿制度。凡涉及占用绿地、迁移苗木数量较大的事项,须组织"绿评"论证;涉及占用永久性绿地的,按照保护条例办理相关手续,并落实绿化补偿制度。

淮安创建国家森林城市的主要条件已经达到或者基本达到,只要再加把劲,就能获得国家森林城市称号(表1)。目前,存在的主要问题是:城区特别是有的小区绿化水平偏低,平原地区树种比较单一,盱眙部分山区森林系统结构不优。这些问题可在创建过程中得到逐步解决,建议淮安积极申请创建国家森林城市。在统计数据的搜集和整理过程中,遇到一些困难,主要是我市还没有积极动员相关职能单位和部门对数据的细化处理和口径与国家要求进行扎口归纳。

表1 淮安创建国家森林城市基础数据与国家标准对比表

序号	指标名称	国家标准	淮安
1	城市森林覆盖率	南方≥35%,北方≥25%	23.92%
2	城市建成区绿化覆盖率	≥35%	42.18%
3	城市建成区绿地率	≥33%	38.98%
4	人均公共绿地面积	≥9 m²	
5	城市中心区人均公共绿地	≥5 m²	14.24 m²
6	城市郊区山区森林覆盖率	≥60%	
7	城市郊区丘陵区森林覆盖率	≥40%	
8	城市郊区平原区森林覆盖率	≥20%(南方≥15%)	
9	积极开展建筑物、屋顶、墙面、立交桥等立体绿化	无硬性指标	
10	江、河、湖、海等水体沿岸水岸绿化率	≥80%	
11	公路、铁路等道路绿化注重与周边绿化率	≥80%	
12	乡土树种数量占城市绿化树种使用数量	≥80%	
13	城市森林自然度	≥0.5	
14	全民义务植树尽责率	≥80%	86%
15	国家森林城市创建市民知晓率	≥90%	
16	市民对创建国家森林城市的支持率	≥80%	

三、淮安创建国家森林城市的对策

开展森林城市建设是党中央、国务院做出的一项重大决策部署,是建设生态文明和美丽中国的必然要求。2019年4月8日,习近平总书记参加首都义务植树活动时,再次强调要"持续推进森林城市、森林乡村建设,着力改善人居环境"。2019年9月,联合国粮农组织宣布了"城市绿色长城"倡议,以增加城市森林,改善城市生态环境。其实,早在2007年,淮安就启动创建国家森林城市的工作,但是,后续工作没有跟上。淮安作为淮河经济带核心城市、江淮生态经济区中心区域、大运河文化带建设示范城市,要踊跃参与,精心组织,大力推进,以促进全市绿色发展,增进民生福祉,为全市可持续发展提供生态支撑。

（一）明确创建牵头部门

建议市委、市政府成立"创森"领导小组,由市领导及有关职能部门人员组成,对全市"创森"工作给予部署、指导、检查、协调和服务。市自然资源和规划局为牵头部门,办公室设立在市林业局,农业农村局、市住建局等部门参加。自2020年起,市委、市政府把"创森"工作摆上重要议事日程,列入年度重点工作,与各县（市、区）签订责任状,纳入年度生态文明建设、高质量发展等综合考核。建议将"森林覆盖率"和"自然湿地保护率"列入地方党政主要领导任期资源环境责任审计。

（二）制订创建国家森林城市工作方案

职能部门根据创建国家森林城市工作考核验收程序,明确责任人和有关处室,制定时间表、任务书,调研学习省内外城市"创森"经验,结合全市实际情况,制定建设森林城市方案。方案一要体现"绿化为民、绿化惠民、共建共享"的理念,即建设森林城市是全民的"大合唱",不是政府的"独角戏",让建设森林城市成为全市人民的自觉行动。二要体现遵循自然规律和经济规律,坚持经济节俭、科学绿化,杜绝铺张浪费、劳民伤财的做法,不搞高耗水绿化,不搞奇花异草,不追求一天成景、一天成绿。三要树立系统工程思路,统筹做好城市增绿与乡村绿化的关系。同时,推进森林城市群城市,加强城市之间的生态联系。

（三）实施五大绿化美化工程

1. 实施城市绿化工程。 提高市、县城区、乡镇建成区现有公园、游园、道路的绿化水平，以乔灌木增绿为主，做到乔、灌、花、草多品种合理搭配，高、中、低层次错落有序，营造高品位的城区绿化、公园和景观走廊，着力打造一批景观亮点。开展园林式绿化单位（小区）创建活动，大力推进绿化进机关、进企业、进学校、进小区活动。采取拆墙透绿、拆违建绿、见缝插绿等方式进行绿化、美化。在中心城区及近郊新建一批大型公园、植物园，为居民提供更多的游憩空间，全面提升城区生态环境质量。

2. **实施绿色通道工程。**着力开展国道、省道和县、乡道路沿线绿化，有效开展乡村道路绿化建设。按照贴近自然的模式注重与周边自然相结合、与人文景观相结合，依托乡土树种在公路两侧全面开展以乔木为主的绿化工作，尤其是针对新建设的公路及铁路交通沿线，应当将其与绿化工作高效衔接在一起，促使生态建设与城市发展更加协调、密切配合。实行工程竣工一段绿化一段，公路验收一条绿化一条，确保绿化工作与公路工程同步验收、同步交付管理。实行乔、灌、草相结合的绿化方式，已完成主要绿化树种种植的，通过见缝插绿、配套添绿方式提升绿化效果。按照属地管理原则，实行分级负责，结合特色产业建设打造"路从林中过，车在树下行"的绿色通道景观。将绿色发展与农业、旅游业建设等结合在一起，创建一体化的生态景观体系，促使形式不同产业之间相互关联、贯穿的城市与乡村发展新形式，道路沿线宜林宜绿地实现"全绿化、不露荒、不断线"，将侧重点放在自然景观的科学塑造上，促使城乡的生态绿色通道不断美化。

3. **实施村庄社区绿化美化工程。**围绕美丽乡村、美好社区建设，以村镇森林化、道路林荫化、庭院花果化为目标，在村庄、社区外围营造围村片林，在公共场所、内部道路和房前屋后等部位进行立体式、组团式绿化和美化，提高常绿树和花卉配置比例，实现内部园林化、外部森林化，切实改善村民的生活环境。城市新建小区开发，严格按照城市建设容积率、绿化率等指标进行建设，并加强监督验收，坚决杜绝擅自调整绿地指标的行为。建议该工程要注重乡土树种的选用,杜绝奇花异草、贪大求洋做法。乡土树种是指本乡本土的原生树种,是在当地环境条件下经过无数年优胜劣汰、自然考验竞争后才留下来的,从外貌到结构均适应了当地环境,对当地灾害性气候有较强的抵御能力。乡土树种能适应当地自然生长条件、达到适地适树的要求,还能代表一定的植被文化和地域风情,为村庄社区多样化的植物配置提供了极为有利的条件。不要盲目地从外地引进树种,这样做不仅成本高,而且有时成活率也不高。

4. 实施市场化造林工程。 推进土地流转规模化造林,从用地源头上确保"栽得活、留得下"。一是引入市场机制发展苗圃式造林,从经营模式上实现"长得好、保得住"。二是发展林下经济落实责任制造林。从抚育管护上实现"树成材、地增效",有效破解用地、资金等制约瓶颈,确保栽得下、保得住、长得好,实现"政府得绿、企业得利、群众得益"的多赢局面。三是深化林地经营权流转改革,引导林地使用权与经营权适当分离,推进林地向规模经营集中、向产业化经营集中;鼓励林农以林地、林木入股经营,享受利润分配,提高林农进入市场的组织化程度,实现传统林业向现代林业转型。四是突出技术创新。委托国内科研院所开展生物多样性保护、湿地保护、公园绿地建设等专项规划。制定造林绿化技术标准、技术手册、设计导则、管理办法、评价指标、管理规范、验收规范等系列规范性和导向性文件,让"创森"建设有标准、技术有指导、工作有规范。

5. 实施生态文化工程。 创新生态文化传播形式、拓宽生态文化传播载体,积极开展形式多样的宣传活动,引导群众参与生态建设与保护活动。各县(市、区)完成不少于1个以城市森林公园为核心公园的省级生态文明教育基地创建,推动城市生态建设的水平上升至国家级别,组织开展县花、县树的评审,广泛开展城市绿地或树木认建、认养、认管等多种形式的社会参与绿化活动。尤其是针对城市中历史较为久远的古树名木,对其进行重点保护。鼓励创作将生态文明建设作为核心的快板、小品、歌剧和微电影、微小说等文艺作品,组织开展"水懂我心、大美淮安"摄影、征文和知识竞赛活动,全面丰富森林文化的内涵;以开展义务植树活动为载体,不断提高广大市民植绿、兴绿、爱绿、护绿的生态文明意识,提高市民对创建活动的知晓率、参与率和支持率。

(四) 加大执法力度,保护林木资源安全

牢固树立尊重自然、顺应自然、保护自然的理念,认真贯彻执行林业相关政策法规,切实加大森林资源保护力度。严格控制森林资源采伐限额,原则上只允许抚育性质的采伐。加快全市森林监测体系建设步伐,加强对森林资源的监控与管理。严厉打击乱砍滥伐林木、乱垦滥占林地和湿地、滥捕乱猎野生动物等违法犯罪行为,严禁发生重大破坏资源违法案件。严禁从农村和山上移植古树、大树进城。采取多种措施,为野生动物营造良好的生活、栖息自然生境。切实做好森林防火和林业有害生物防治工作,防止出现大的森林灾害。

(本调研报告部分数据由淮安市自然资源与规划局孙永军工程师提供,在此表示感谢!)

建议淮安通过生态环境一体化融入长三角城市群[①]

2016年国务院批准实施的《长江三角洲城市群发展规划》，启动了新一轮的长三角区域一体化发展。2018年以来，长三角三省一市主要领导人多次举行协调会，成立长三角区域合作办公室，制订长三角一体化发展三年行动计划，长三角区域生态环境一体化也成为重要的内容。就江苏来讲，推进长三角区域生态环境一体化发展，不仅要加强长江和太湖的生态环境联防联控，还要构建长三角北部生态园，打造长三角北部生态环境屏障。

一、生态环境内涵是城市群高质量发展的要求

生态文明是人类社会发展中比工业文明更高层次的社会发展阶段。目前，世界级城市群都是在工业经济发展基础上形成的，仍然处于工业文明发展的阶段。长三角城市群也不例外，其相关的制造业及其科技创新，都是在工业经济模式下的发展成果，如果不能跳出工业经济发展模式，就难以超越其他世界五大城市群。

（一）生态环境——世界级城市群的内在要求

在工业经济模式下，制造业的转型升级和科技创新都还离不开对石

[①] 本文2018年8月6日刊发于中共淮安市委办公室的《信息专报》第72期，2018年8月20日获得淮安市委主要领导的批示。

化能源和矿产资源的依赖,尽管能够进一步节能、减排、降耗,但随着经济规模的扩大,还会对生态环境的承载力带来巨大的压力。可见,长三角区域的发展,不仅要在经济规模、科技创新上追赶和超越其他世界级城市群,而且要在社会发展阶段上,实现由工业文明向生态文明的飞跃。生态环境承载力和空间范围的匹配,是长三角区域一体化发展的内在需求。这就要求长三角城市群不仅要推进区域经济发展一体化,而且要实现区域生态环境一体化;不仅要有工业文明视角的覆盖范围,而且要有生态文明视角的辐射范围。

(二)生态环境——长三角一体化发展的现实要求

在长三角区域一体化发展过程中,经济的一体化发展由于有市场要素的内在驱动力和城市政府对地方发展的追求,比较容易推进;而生态环境的一体化发展,由于工业经济文化对生态环境的忽视、环境污染的区域性、生态环境产品的公共属性和行政区划的羁绊等因素,仅靠市场和社会的力量难以实现,更需要政府行政力的推动。2007年的太湖蓝藻事件,就是区域经济一体化发展过程中,生态环境一体化缺位的后果。实现长三角一体化高质量发展,必须推进生态环境一体化发展。

二、长三角区域一体化的生态环境需求

(一)工业文明发展路径对生态环境的"补课"需求

工业文明的发展路径,不仅催生了人口集聚的城镇化,还使得教育、科技、人才、资金等资源的配置向城市集聚,并且受到城市规模、级别的影响,越是大城市和级别高的城市,积聚资源的能力越强。生态环境的改善虽然会受到科技创新、资金投入的影响,但总体上讲,生态环境资源的配置主要受自然地理环境影响,而不受经济发展水平、城市规模级别的制约。相反,城市规模越大,经济发展水平越高,对生态环境资源的需求越

大,更需要生态空间的"扩容",以提高整个区域的生态环境承载力。当年太湖的蓝藻事件足以警示我们,长三角区域的经济发展,给周边城市带来了生态环境破坏的威胁。对此,在工业文明发展路径基础上形成的城市群,都需要加强"补课"性质的生态环境建设。

（二）长三角一体化发展对外环生态屏障的需求

长三角区域一体化发展的内涵,已经不再是区域经济总量的扩张和人均GDP的提升,而是要包含生态环境一体化在内的高质量发展。就长三角区域来讲,区域范围越小,对生态环境资源的需求相对较小;区域范围越大,对生态环境资源的需求相对较大。2016年国务院《长江三角洲城市群发展规划》确定了26个城市的新覆盖范围,并提出共筑"淮河—洪泽湖"北部生态屏障、"江淮丘陵—大别山、黄山—天目山"西部生态屏障、"四明山—雁荡山"南部生态屏障,形成与经济发展和区域范围相"匹配"的生态环境屏障。目前,长三角城市群可以形成内环和外环两个生态环境屏障,"长江安徽江苏段—太湖流域—钱塘江"的生态圈可以构成长三角城市群的内部生态环境屏障带;而当长三角城市群向北、西、南方向扩容后,构筑起"苏北—皖南皖西—浙西南"的外环生态环境屏障也就成为现实需求。

（三）长三角一体化发展对北部生态屏障的需求

2018年以来,长三角区域合作办公室制订的长三角一体化三年行动计划,进一步明确了环境整治联防联控的要求和生态环境保护的相关措施。安徽明确提出建设"长江生态绿色后花园"。就江苏来讲,长三角城市群扩展到南通、扬州、泰州、盐城等城市后,必须相应地"匹配"北部生态环境屏障,构建"长三角北部生态园","淮河—洪泽湖—入海水道"就成为必不可少的、唯一的长三角城市群北部生态环境屏障。由此,从生态环境一体化的视角,淮安也应当属于长三角城市群的覆盖范围。

三、构建长三角北部生态园的建议

构建长三角北部生态园,打造长三角北部生态屏障,不仅符合江苏省"1+3"功能区关于江淮生态经济区建设的发展战略,而且是长三角区域生态环境一体化发展的需求,可以说是"两情相悦"。对此,提出以下相关建议。

(一)强化生态环境一体化发展意识

习近平总书记在谈到长江经济带生态环境保护时说:"我讲过'长江病了',而且病得还不轻。"[①]就长三角区域一体化发展来讲,也需要进一步强化生态环境一体化意识,既要加强长江、太湖流域的生态环境联防联控,也要强化"长三角北部生态园"的建设,避免长三角区域发展带来生态环境的"公地悲剧",这也是长三角区域一体化高质量发展的重要标志。

(二)确认"长三角北部生态园"的内涵

根据《长江三角洲城市群发展规划》中生态环境建设的要求,提出构建"长三角北部生态园"的总体设想,将"淮河—洪泽湖—入海水道"生态廊道作为长三角城市群的北部生态屏障,包括苏北灌溉总渠、古(废)黄河湿地、滩涂湿地,以及骆马湖、高邮湖、宝应湖、白马湖等湖泊群,遵循生态环境建设的区域范围和流域覆盖规律,在空间上将长三角城市群北部边界由城市行政区划的"线"边界"扩容"为自西向东的"生态廊道"边界。

(三)制定"长三角北部生态园"建设规划

一是以"淮河—洪泽湖—入海水道"生态廊道建设为主要内容,制定长三角北部生态园建设规划,并作为《长江三角洲城市群发展规划》的生态环境建设规划重要内容,提请长三角区域合作办公室批准。二是积极

---

① 习近平:《在深入推动长江经济带发展座谈会上的讲话》,人民出版社2018年版,第9页。

联系长三角区域合作办公室,邀请上海、江苏专家指导江淮生态经济区各市、县,完善主体功能区、国土利用、城镇建设、产业发展等方面规划内容,与《长江三角洲城市群发展规划》和长三角一体化三年行动计划对接融合。三是实现长三角区域北部生态环境屏障建设规划与"一区两带"战略的有机融合,并与生态农业、生态旅游等产业发展有机融合,相互促进发展。

(四)发挥淮安在"长三角北部生态园"建设中的主导作用

淮安要发挥在长三角区域北部生态环境屏障建设中特殊地理位置的作用,承担起"长三角北部生态园"建设的主导责任。结合淮河生态经济带战略和江淮生态经济区战略,扎实推进"淮河—洪泽湖—入海水道"生态廊道建设,使淮安成为提供长三角城市群北部生态环境保障的主导城市;努力推动长三角区域"生态扩容",促进淮安融入长三角城市群。

(五)构建生态廊道工程科技协同创新机制

以"长三角北部生态园"建设为契机,以"淮河—洪泽湖—入海水道"生态廊道工程为核心内容,提请长三角区域合作办公室牵头,与上海、南京、苏州、无锡、常州有关高等院校、科研院所建立协同创新机制,共同开展生态环境、生态农业科研项目,打造生态环境和生态产业的科研高地,既为长三角城市群区域提供生态环境保障,也为江淮生态经济区建设提供科技支撑。同时,提请省有关部门协调长三角区域合作办公室,给予江淮生态经济区有关城市长三角城市群"观察员"身份,以便其主动介入长三角一体化发展项目,学习、了解、掌握长三角区域发展的信息,确保生态环境一体化的同步推进。

发挥国家水利风景区功能提升淮安水利枢纽旅游功能[①]

淮安水利枢纽(水立交)位于江苏省淮安区城南、京杭运河与苏北灌溉总渠交汇处北侧的淮河入海水道处(里程桩号27K+890),上部渡槽承京杭运河航运之需,是南水北调工程东线调水的唯一通道;下部涵洞则自西向东,沟通淮河入海水道,可防百年一遇的特大洪水。其主要功能是为淮河入海水道泄洪、京杭运河通航和水力发电等服务。由于体量大、功能强,目前,淮安水利枢纽是亚洲同类工程规模最大的上槽下洞水上立交工程,是现代水利工程的样板;现状航道等级为Ⅱ级。此枢纽段是京杭大运河最繁忙的航道段,年货运量在2亿t以上。因此,淮安水立交具有突出的水利、航运功能;此外,由于水工科技先进,水工建筑物密集,河道纵横交错,生态环境优美,具有潜在的水科技文化旅游功能。在淮河入海水道即将获批之际,本文就进一步发挥淮安水利枢纽风景区旅游功能,提出对策建议。

一、淮安水利枢纽概况

淮安水利枢纽自20世纪50年代开始建设,在70多年的建设与使用过程中,规模不断扩大,功能逐步完善。目前,淮安水利枢纽建有运东分

[①] 本文完稿于2019年6月,为淮安市发改委2018年委托的相关课题部分成果。

水闸、引江闸和运西闸、新河闸等大中型节制闸群,京杭运河一、二、三线船闸及运东船闸通航枢纽,南水北调淮安第一、二、三、四抽水站,运东、运西水力发电站和头闸水力发电站等工程,在周边 3 km² 范围内有涵闸、泵站、船闸、水电站等 26 座水工建筑物。一期工程设计防洪标准为洪泽湖防洪标准达到 100 年一遇,即将获批的二期工程设计防洪标准为洪泽湖防洪标准达到 300 年一遇。2003 年 10 月,建成通水。在抗御 2019 年苏北地区 60 年一遇干旱中,淮安水立交起到了重要保障作用。淮安水利枢纽位是水利工程和水利科技的集中展示区,为世界水利工程最密集的水域之一。

如今的淮安水利枢纽已被列为国家级水利风景区,密集的水工建筑群俨然是一座地面"水利博物馆",京杭大运河、苏北灌溉总渠、淮河入海水道相汇形成壮观的"水上立交",水上立交工程桥头堡——安澜塔,成为标志性水利建筑。可以说,淮安水利枢纽具有极高的旅游价值。

二、提高水利枢纽风景区旅游功能的认识

水利枢纽风景区依托水域水体和水利工程而生,属于水利风景区的范畴;水利枢纽既能提供优美的水生态环境,还承载水文化教育功能。近年来,关于生态文明建设等相关政策法规的出台,为进一步拓展水文化内涵、建设水利枢纽风景区提供了政策保障,提出了更高的要求。

(一)构建一个生命共同体

生物多样性是人类生存必需的生态环境。水利枢纽风景区的建设与发展,不能就水谈水,需要注重整体、系统与协同。要牢固树立尊重自然、顺应自然、保护自然的理念,实现"河畅、水清、岸绿、景美"。在科学保护水资源和水生态、确保河流主体功能的前提下,更加合理适度地利用水利风景资源,更加注重水利工程、自然景观和人文内涵的有机结合,大力促进水生态文明建设,努力实现人水和谐。

（二）践行"两山"理论

践行"两山"理论，就要尊重和发挥水资源的自然价值和自然资本，在水生态环境的保护中，实现绿水青山向金山银山的转化。依托省"263"专项行动整治要求，依托河湖长制平台，明确管护主体，落实管护责任，完善管护设施，健全管护机制，着力推进河湖网格化管理。利用5G技术，充分利用大数据、云计算、物联网等先进技术，完善智慧船闸系统和河湖信息共享平台，提高智能化调度水平。

（三）发展"三大水利"

习近平总书记对大运河历史文化遗产提出的"要统筹保护好、传承好、利用好"，也是对淮安大运河建设的要求。要把淮安运河航道枢纽建设深入融入大运河文化带建设中，大力发展民生水利、生态水利与旅游水利，把水利枢纽建设成为高颜值的生态枢纽、文化枢纽和经济枢纽，不断拓展淮安水利产业和水利事业新局面。

（四）实现四个协同

四个协同即建一项工程、成一个景区、带一片城乡、富一方百姓。应把水利作为惠及民生建设高水平全面小康的大事业来做。

（五）发挥五大功能

水文化是中华文化和民族精神的重要组成，也是推动水利事业又好又快发展的重要支撑。当前在我国全面推动社会主义文化大发展大繁荣的热潮中，针对我国日益复杂的水问题、人民群众对水利发展的新期待及丰富多彩的社会文化生活，以水利风景区建设实践为载体，积极推进水文化建设，创造无愧于时代的先进水文化，是淮安面向大运河文化带建设的一项重大而紧迫的任务和崇高的使命。要积极发展水经济，弘扬水文化，保护水资源，改善水环境，修复水生态。

在上述认识的基础上，加强资源整合，构建水利旅游融合体；通过创意设计,打造新模式、新业态、新产品和新体验,实现水利事业和水利旅游经济的可持续发展。

三、科学设计体现江淮文化的水利旅游项目展示集聚区

2019年9月20日,时任江苏省委书记娄勤俭在视察淮安水利枢纽时,要求充分发挥水利枢纽工程综合效益,让水利更好地利国利民。鉴于淮安水利枢纽的地面"水利博物馆"品质和潜在的巨大旅游市场价值,在淮河入海水道二期工程规划时,对淮安水立交要设计防洪、航运、发电和水利景区等功能,以使这个亚洲最大的现代化水利工程发挥独特的水经济、水文化、水科技作用,体现独特性、特色性、新颖性,吸引淮河流域、长三角地区乃至全球的游客。

(一)依靠科技,打造淮运展示馆

充分挖掘淮安文化内涵,将丰厚的文化资源、独特的水资源环境和现代化水利工程技术贯穿到项目开发中去。

1. **闸文化水舞园**。通过水幕电影放映的形式呈现水闸水坝文化,音乐、影像、灯光完美结合,包括中国闸文化的展示,即闸的历史、建筑形态、各种功能、运作原理等,以及国外的水利工程如胡拂大坝、阿斯旺大坝的文化展示。

2. **运河虚拟体验中心**。一方面,运用虚拟现实技术,将运河所流经的各个省市的地方风情和运河在各个历史时期的风情作为网络素材融合进网络游戏中,让游客可以从时空角度领略运河的魅力,充分了解运河,同时利用先进的互动式情景设计,增强趣味性。另一方面,充分利用所附着游戏的登录页、交互页以及音效、背景渲染等媒介,投放有关规划区旅游项目的广告。

3. **音画水情园**。收集淮安各个历史时期与水有关的文学、美术、音乐等艺术作品,反映人们对"水"的敬仰与依赖。包括水的文学——诗词、

成语、名句、幽默、散文、杂谈、趣联、趣闻、歇后语;水的美术——水墨画、油画、水彩画、山水画、漫画、摄影、雕塑(冰雕、雪雕)、陶艺、书法;水的音乐——乐曲、歌曲、舞曲;水的民俗——节俗、鬼神、神话等。通过碑刻、雕塑、印章、水幕、音乐等形式进行表现,并与自然环境相融合。

4. **苏北名河文化园**。通过雕塑小品、文化景墙等形式,以场景方式展示中国另外六大江河长江、黄河、松花江、珠江、辽河、海河的文化,如水利文化、民俗文化、文学艺术等。

5. **漕运表演中心**。基于淮安隋唐时期是南北水运的枢纽,是漕运、盐运中心的背景,利用动力气球基地以北堤坝北侧的陆地,通过文艺表演的形式真实再现历史上漕运、盐运的场景,让游客了解漕运的历史,并可将此表演常设化,定期举行。

6. **淮河缩微景**。通过珍贵文物和丰富历史文献、灯光图表、过水模型和多媒体演示、观众互动等展示形式和高科技手段,展现淮河自然史、文明史和水利史。增加淮安地区其他河流的水利文化的展示。

(二)依托水利景观,打造苏北灌区文化休闲度假中心

依托灌区优越植被和良好的生态环境条件,通过一系列环境改造和设施建设,打造会务论坛、住宿、餐饮、水利文化观光、休闲度假目的地。

1. **水福园**。充分挖掘"水与百姓福祉"的关系,将百姓生活中所用到的水具,如乡间水车、织布水榭、水瓢、水壶、水井、水磨、桔槔(杠杆式提水机具)、水碓(用水力驱动的杵舂)等制作成景观小品在此展示,还可展示水与生产、水与电、水与社会文明、水与饮食等各方面的内容,并与淮安地方古代园林景观小品亭、廊、榭等有机组合,构造优美的园林景观空间,配置适当的游憩服务设施。对区域内的加油站进行包装改造,提升景观环境,加强外部绿化。

2. **水工奇观包装**。区域内的淮安一站、二站以及各个闸在不影响水

利安全的前提下对游客开放，供游客参观，使游客了解水利文化。对淮安一站、二站以及各个闸的外观进行包装提升，并注意主题的差异，形成"闸闸是景、一闸一景"。在建的淮安四站在满足水利功能的前提下，还要充分考虑旅游和景观功能，在周边留有足够的生态环境景观空间，建设成旅游型水利设施。

3. 生态乐岛。 这是主要针对管理处内部工作人员以及大众旅游者的普通的服务接待，提供住宿、餐饮、休闲娱乐和会务功能。对平房北侧现有的两幢接待场所的外观和内部设施进行包装提升，对管理处办公楼进行包装，以作前厅接待和会务场所等。

4. 淮水之心 VIP。 此针对政务、商务、会务等精心打造，提供"休闲式会务，度假式办公，享受型工作"的高级接待场所，以四星级标准建设，预留五星级发展空间，建筑风格采用淮安本土的明清时期风格与新中国成立后的文化符号、现代元素相结合。对会所北侧的变电站进行绿化隔离，为会所创造良好的环境。

5. 淮运 1950。 此创意取材于苏北灌溉总渠 1951 年开挖、大运河 1959 年开拓，将该时期的文化符号与明清时期的建筑风格、现代元素相结合，形成该板块建筑特点。内部设舞台、影剧院、多功能厅、茶室、酒吧、书吧、理疗室、棋牌室、KTV 等，在传统文化风格的环境、氛围、外观和风情格调中，提供现代消费项目。

6. "淮河之魂"特色歌舞表演。 在淮安民间，千百年来，"跳大绳"是人们震慑淮河水妖，祈祷淮水平安的一种原始歌舞。用现代歌舞演绎手法对传统"跳大绳"进行创新完善，为游客呈现淮安的传统民俗，可定期举行，作为规划区的常设性表演项目。

（三）融入地方文化，打造特色淮水船宴

对淮安四站以西的水塘进行整治，水面摆放主题船宴，根据水利文化和淮安的地方文化，以淮扬菜为主要特色，按不同主题风格和档次配置，主打"主题牌"、"文化牌"与"健康牌",以满足不同游客的需求。每条船占地面积 200~300 m² 左右,近期设置两条船,中远期可根据发展需要适当增加。可供选择的主题有:

水利主题——"工程号",以淮安地区的治水为切入点,表现淮安地区的水利文化,突出淮河变迁历史、治淮历程、治淮精神,开设"饮水思源宴"。

红色主题——"翔宇号",以周总理官居高位、人格一品为切入点,开设"新中国开国第一宴"。

文学主题——"西游号",以西游记为切入点,着重表现西游文化,开发"梦幻西游宴"。

爱国主题——"风云号",以梁红玉、关天培以及近代的风云人物为蓝本,开设"风云宴"。

教育主题——"进士"号,以淮安的崇文重教为切入点,表现出淮安地区的科举文化、教育文化,开发"进士宴"。

医药主题——"健康号",以淮安的清代人吴瑭为切入点,表现"中医国学",以药膳与养身康体为卖点,打造"药膳宴"。

戏剧主题——"烟波号",以淮安地区的淮剧为切入点,着力表现戏曲文化,开发"戏剧宴"。

农渔业特产主题——"淮味千年号",淮安传统的稻作文明造就了"鱼米之乡",民风淳朴,生活富足,开发"淮扬美食宴"主题。

四、加强景区游览服务

一是景区提供免费参观游览服务,游客凭身份证免费参观游览,市财政按照参观游客人数按一定标准给予经营补贴。二是提升景区讲解员的水文化素质,使其全面掌握淮河水文化知识、运河文化知识、水利科技知识,为游客提供良好的服务。三是改进淮河安澜展示馆内容,增加运河末口历史文化内容,优化一些不够全面、科学的展示内容和解说。四是改善景区公共交通服务,方便游客交通出行,加强景区安全管理,增设安全提示,强化安全监督服务,确保游客安全。

提升淮阴水利枢纽旅游功能建设运河水利风景区[①]

淮阴水利枢纽作为大运河船闸建设与发展史上的重要水工建筑，既是我国船闸发展演进的缩影，又是我国漕运发展史的重要见证，而且具有打造5A级水利风景区的潜质。目前，该水利枢纽的旅游功能尚未得到有效开发利用，本文就此提出有关建议。

一、淮阴水利枢纽概况

淮阴水利枢纽（淮阴船闸）位于淮安市区西郊，占地304亩，在职正式职工105人，另有辅助工10人。老船闸建成于1936年，于1984年拆除；一线船闸建成于1961年；复线船闸建成于1987年；三线船闸建成于2003年。近年来，淮阴船闸大力推进绿色化、智能化、便捷化、规范化服务，航运能力达到国际先进水平。2018年，淮阴水利枢纽过闸船舶吨位达19 410万t，是长江三峡枢纽年通过量的1.35倍，推动了淮安经济社会发展，多次荣获"江苏省文明单位"和省交通运输厅"创先争优先进单位""建功立业先进单位"等荣誉称号。

该水利枢纽位于历史上的清口，是淮河、古黄河、京杭大运河的交汇处，是漕运最重要的要道关口。当今的淮阴水利枢纽，其地理位置正好处

[①] 2019年9月6日，本文刊发于中共淮安市委办公室编印的《信息专报》第73期。

于京杭大运河、盐河、古黄河、二河、淮沭河的交汇区域,也可以说是当代淮河、古黄河、大运河的交汇处,在流域上与古代清口枢纽具有相同之处,因此,淮阴水利枢纽也可以称为现代"清口枢纽",具有五河口水域、水工建筑群、清口文化遗产等众多的旅游资源。

二、提升淮阴水利枢纽旅游功能的重要意义

近年来,关于生态文明建设等相关文件的出台,特别是大运河文化带建设上升为国家战略,为水利风景区建设提供了新机遇。

(一)构建人水和谐的生命共同体

以"两山"理论为指针,树立尊重自然、顺应自然、保护自然的理念,实现"河畅、水清、岸绿、景美"。在科学保护水资源和水生态、确保主体功能的前提下,注重水利工程、自然景观和人文内涵的有机结合,大力促进水生态文明建设。

(二)发展三大水利

习近平总书记对大运河历史文化遗产提出的"要统筹保护好、传承好、利用好",也是对淮安大运河建设的要求。要把淮安运河航道枢纽建设深度融入大运河文化带建设中,大力发展民生水利、生态水利与旅游水利,把水利枢纽建设成为高颜值的生态枢纽、文化枢纽和经济枢纽,不断拓展淮安水利产业和水利事业新局面。

(三)实现四个协同

四个协同即建一项工程、成一个景区、带一片城乡、富一方百姓。把水利作为惠及民生建设全面小康的大事业来做。

在深化上述认识的基础上,通过规划主创意设计,打造新模式、新业态、新产品和新体验,建设高品质的水利风景区。

三、提升淮阴水利枢纽风景区旅游功能的路径

（一）搞好规划

以现代"清口枢纽"为淮阴水利枢纽的旅游市场定位，选择淮阴船闸和相关重点水利工程项目为景区景点布局，融合九龙口景区规划建设，制定水利风景区建设发展规划。科学确定淮阴水利枢纽景区的范围、内容、项目、绿化、道路等要素，逐步实施规划项目建设。适时成立淮阴水利枢纽景区管委会，统一承担景区的规划、建设和管理职能。

（二）科学设计游览项目

可以创意设计以下几方面内容：一是水上游览五河口景区和大运河水利工程；二是参观游览淮阴船闸、相关节制闸和其他水利工程项目；三是参观淮阴船闸运河文化馆、古清口枢纽水工项目（闸、坝、堤等）实景模型；四是在淮阴船闸设立游船过闸体验项目。

（三）加强景区基础设施建设

一是尽快规划和建设景区各景点道路，选择合适的岸线码头进行整修或改建，使之成为游客码头。二是选择适合地点（如淮阴船闸）制作古清口枢纽实景地貌模型和治水工程项目（闸、坝、堤等）实景模型。三是针对原有船闸公路桥老旧狭窄、难以满足市民通行需求和未来旅游发展要求的情况，充分利用苏北航务处愿意出资建设新桥的意愿，尽快规划建设淮阴船闸新桥，以提高通达度。四是添置游船、游车，为游客提供游览服务。五是在各景点设立环境卫生、旅游服务等设施，为游客提供优质服务。

（四）建设淮阴船闸游客中心

在景区管委会成立之前，以淮阴船闸管理所为基地，建设淮阴船闸游客服务中心，代行景区管委会的部分职责。一是利用船闸现有环境和场

地,为游客游览提供导游、登船、乘车等服务,利用船闸现有就餐设施为游客提供旅游简餐,必要时可开发闲置房屋为游客提供住宿服务。二是优化淮阴船闸运河文化馆内容,提升运河文化馆的服务品质,在介绍大运河历史文化知识的同时,突出古清口枢纽的历史文化知识传播。三是以五河口水上游览、乘船过闸体验、清口枢纽运河文化为特色,打造淮阴水利枢纽和淮阴船闸特色旅游品牌。

(五)加强景区周边环境治理

当前,重点是加强对五河口岸堤环境、运河岸堤和新闸社区等地的"脏乱差"治理,彻底取缔违规设立的"黑"码头。加强周边环境的绿化和美化,实现非建设用地和可造林地绿化全覆盖,见土植绿,使之成为大运河上的著名旅游景点。

美丽淮安建设成效、问题与对策[①]

为了推动美丽淮安建设,淮阴师范学院淮安发展研究院与淮安市发改委资源环境处等部门有关人员,经过调研与座谈,形成本研究报告。

一、"十三五"以来取得的成效和存在的主要问题

(一)美丽淮安建设成效初显

"十三五"时期,全市上下坚持以习近平新时代中国特色社会主义思想为指针,以习近平总书记"把周总理的家乡建设好,很有象征意义"的嘱托为动力,紧紧抓住长三角区域一体化发展、淮河生态经济带、大运河文化带建设等重大战略在淮安交汇叠加的发展机遇,筑牢"两山"理念,把生态优势作为淮安高质量发展的底色,抓重点、扬优势、补短板、强弱项,努力做江苏高质量发展快班的"特长生",以实际行动谱写了"运河之都——美丽淮安"的新篇章。其主要表现为"五美":

1. 自然生态成为底色。 美丽的生态资源禀赋是淮安最为靓丽的特色。河(湖)长制有效保护了美丽的水生态风景线。2017年,淮安在全国率先实行河长制,市委市政府主要领导任总河(湖)长、其他领导任副河

[①] 本文为2019年淮安市发改委委托课题"美丽淮安建设前期基础研究"的主要内容。特别感谢淮安市科协原调研员夏善红、淮安市委党校调研员石平洋、淮阴工学院陆松福教授、淮安市委办公室嵇友胜处长、淮安市发改委何涛处长、淮阴师范学院唐步龙副教授等的调研帮助与建议!

(湖)长,全市5个湖泊、21条主要河流定人定责,"一河(湖)一策、一河(湖)一档",巡河、护河、治河责任明确,创造了河(湖)生态保持的"淮安模式"。全市所有县级以上饮用水源地水质达标率100%。主要河流中京杭大运河、淮河、盐河、淮河入江水道水质状况优,达到功能区划Ⅲ类要求;里运河、苏北灌溉总渠、淮沭新河、古黄河水质状况良好,达到功能区划Ⅲ类要求。生态保护示范区建设全面推进。淮安市获批全国第一批生态文明先行示范区试点,成为苏北唯一国家生态市;金湖县建成首批国家生态文明建设示范县;盱眙县、洪泽区入选首批省级生态文明建设示范县区。全市累计建成省级生态文明建设示范乡镇60个、示范村27个,公众生态环境满意率提升至93.2%,居全省第二。

生态绿色屏障建设织就了绿蓝亲水的美丽珠链。推动林地、绿地、湿地共建,绿化、美化、文化融合,形成了"环湖生态圈、沿河生态带、湿地生态核"相得益彰的良好格局。到2019年年底,全市林地面积189 422 hm^2,森林覆盖面积215 836 hm^2,森林覆盖率19.48%,林木覆盖率24.10%。全市水域湿地面积2 349.77 km^2,占全市面积22.51%,植被覆盖指数达到89.95%。其中洪泽湖湿地是江苏省乃至全国范围的湿地生态系统重点保护区域。白马湖湿地保护列入市级工程,设立了白马湖规划办公室,实施了退渔还湖、退圩清淤、生态修复、尾水改道、污水管网建设等19个项目,湖体主要污染物产生量大幅降低,水体自净能力稳步提高。系统推进"多规合一"规划体系改革,相继出台了白马湖湿地保护、生态景观、生态农业等专项规划,形成了核心区320 km^2、控制区610 km^2的保护与开发规划体系,"一地一园一区"目标基本实现:核心区水质达到Ⅱ类水、整体Ⅲ类水的标准,成为淮安中心城区第二水源地,作为国家级湿地公园和全国湖泊保护与开发示范区即将接受验收。春行白马湖、夏观白马湖、秋赏白马湖、冬养白马湖的生态优势已经成为品牌优势。白马湖作为淮安都市区南部重要生态功能区,长三角地区著名的滨湖生态旅游和休闲度假基地、文化创意产业集聚区,正在并瞄准国际湿地城市的标准加快建设。

环境质量提升成为美丽淮安的最大底气。全市空气质量位居全省前列,$PM_{2.5}$平均浓度约为 43 $\mu g/m^3$,优良天数 265 天,占比 72.6%,高出全省平均水平 1.3 个百分点。到 2019 年年底,全市 36 个国家土壤监测点位中,均无高风险点。18 个耕地点位,各项指标均满足农用地土壤污染风险筛选值要求;12 个林地点位,均满足相应的功能要求;6 个建设用地点位,均满足建设用地土壤污染风险筛选值要求。

2. 城乡宜居起色明显。 生态水城特质成为城乡宜居的主基调。淮安确立了长三角北部重要中心城市、江淮生态经济区中心城市、淮河生态经济带引领城市、大运河文化带标志城市、东部沿海现代综合交通枢纽、现代绿色产业基地和生态文旅水城的城市建设与发展定位。"十三五"期间,"城水相依、组团相间、生态相连、文脉相融"的生态水城特色明显。住在淮安"看河看湖看湿地、品虾品蟹品美食"成为时尚。本着"多规合一"的原则,田园乡村建设取得突破,淮阴区马头镇为第三批全国特色景观旅游名镇;洪泽区蒋坝河工风情小镇被列为省级旅游风情小镇、洪泽的龟山村入选全国乡村旅游重点村。

优质共享的居住环境不断改善。建立了多元包容的住房体系,以公租房、经济适用房、安置房、共有产权住房为主的保障性住房体系不断完善,保障对象实现全覆盖。老旧小区、海绵城市建设、"养老服务时间银行"和淮安市"虚拟养老院"志愿服务措施的落实,让百姓有更多的获得感和幸福感。居家和社区养老服务改革被民政部、财政部确定为第五批中央财政支持开展改革试点地区。

绿色通达的出行体系日趋完善。区域综合交通枢纽地位基本确立,高速公路里程达 404 km,6 条高速公路贯穿境内,建成长 90 km、辐射 6 个方向的城市高速公路环。铁路将在淮安形成"米"字形交汇。国家水运主通道京杭大运河纵贯南北,盐河、淮河、苏北灌溉总渠、洪泽湖等重要航道在境内交汇。先后实施了京杭运河"三改二"、盐河"五改三"和工业园区通用码头、高良涧船闸扩容、淮河出海航道整治等一批重点港航设施建设。全市共有航道 1 483 km,京杭运河、淮河、盐河、洪泽湖西线等三级及以上航道里程达到 231 km,位居全省内河第二。港口货物年吞吐量突破 1 亿 t,集装箱年吞吐量达到 17.5 万标箱,占全省内河的 70% 以上。京杭运河两淮段是世界上最繁忙的内河航道之一。淮安涟水机场一类航空口岸正式开放。城市公交线路已达 99 条、公交车 1 876 辆,清洁能源和新能源公交车占比 94.7%;公交出行分担率达到 30.4%,位居全省第四;万人拥有公交车标台数为 17.2,位居全省第六。有轨电车上线运营列车数量稳定在 18 列,电车最高运行速度提升至 60 km/h。全市镇村公交全覆盖,提前两年完成省市"十三五"镇村公交发展计划。网约车、共享自行车、共享汽车应有尽有,为低碳出行提供了较多的选择。

3. 人文交汇特色美。 以挖掘大运河文化带建设为重点,地域文化魅力彰显。成立了大运河文化带建设领导小组,设立了大运河文化带建设规划办公室。里运河是大运河的核心段,历史文化遗迹甚多。里运河文化长廊按照突出"起""承""转""和",打造四大景区:清江浦景区、中国漕运城景区、山阳湖景区、河下古镇景区。2019 年央视全球直播的中秋晚会主场设在里运河景区,一幅既有历史文化内涵又有现代风情的新版清明上河图和美丽淮安的画卷面向世界高光展示。中国漕运城、清江浦楼记忆馆、1415 街区加快建设,中国水工科技馆建设方案启动实施,大运河国家公园规划建设积极推进。运河沿线民间文化艺术的挖掘已见成果,洪泽湖渔鼓、淮阴小调、三河花船、工鼓锣、运河打硪号子、湖水煮湖鱼、文楼汤包、周氏蛇胆疮膏敷疗法、淮海戏、淮剧、剪纸、泥塑等一批优秀非遗项目得到保护与光大。

以"水懂我心,自然淮安"为特色,全域旅游产业得以壮大。西游文化产业园的大白鲸游乐园对外开放,与此相邻的古淮河生态湿地景观长廊与日月洲湿地公园免费开放。古淮河,又称黄河故道,是指本市行政区域内古淮河京杭运河河口至与盐城市交界处段。古淮河成了淮安最具魅力的生态长廊,从西向东生态景区构成一个美丽的彩色珠链:古黄河生态民俗园成为集保护、科普、休闲于一体的生态型公园,每年的"桃梨风光节"和"酥梨采摘节"吸引百万游客赏花、踏青,桃花坞景区、樱花园景区、母爱公园景区成为市民休闲赏花看景的好去处;古淮河文化生态景区,已创建成国家AAAA级旅游景区,景区内建有中国淮扬菜文化博物馆、中国西游记博览馆、中国城市化史馆、淮安国际摄影艺术馆、房车营等一批文化旅游项目,是游人领略淮安深厚历史文化以及享受淮扬美食的生态旅游胜地;古淮河国家湿地公园创建了湿地景区+房地营、湿地景区+体育休闲赛事、湿地景区+婚纱摄影基地、湿地景区+西游文化等等模式。2020年端午节期间,全市首届龙舟大赛在里运河拉开帷幕。里运河美丽的文旅风景长廊、清江浦大闸口坐游船看淮安别有情调。淮扬菜博物馆及淮扬菜体验馆建成并对外开放,洪泽活鱼锅贴、盱眙龙虾已成为淮扬菜家族的新成员。建成了高家堰大桥,为洪泽湖古堰旅游提供了便利。位于洪泽湖风景区的华强方特熊出没主题乐园正在建设中。

以红色基因传承为内容,美丽淮安又添一道鲜艳色彩。成立了恩来干部学院,成为全国各地党员干部学习恩来精神的重要场所,周恩来纪念地成为全国党性教育的实践课堂。扩建了位于盱眙县黄花塘镇的新四军军部纪念馆,西顺河二十六烈士陵园、刘老庄八十二烈士陵园、新四军车桥战役纪念园等都得到了修缮与扩建。涟水县把五岛湖公园与涟水战役纪念园整体规划、同步建设,让人们在欣赏美丽风景的同时,缅怀烈士精神,感受美好生活的来之不易。刘老庄、西顺河等乡镇把红色旅游与乡村采摘园、特色花卉园等结合起来,让美丽乡村更加艳丽。

4. 文明和谐融为本色。 博爱文明的社会氛围营造深得人心。开展

"德润淮安"公益广告大提升行动,市县区投放近1 000处文明创建公益小品、石雕、铁艺、视频,内容涉及社会主义核心价值观、理想信念、法治精神、传统美德、良好家风、文明礼仪等。以"幸福淮安""倡导移风易俗、弘扬时代新风"等为主题,依托各级文化阵地,累计举办12 000多场(次)公益文化活动。"党建+"激发文明创建"红色动能"。党建网格员依托新时代文明实践站、道德讲堂、好人文化广场等宣传阵地,组织开展有奖问卷、身边好人讲座、树新风惠民演出等一系列活动,营造文明和谐的社会环境。全市机关、企事业单位党员志愿者穿上红马甲、戴上红袖章,捡拾路边垃圾、铲除墙面小广告、整理楼道杂物、宣传文明创建知识,用实际行动践行文明理念、传递正能量。"小手拉大手、共树文明新风",在学校开展了"学恩来、习礼仪、育美德"和"我的中国梦"等教育实践活动,激励未成年人争做时代文明新人。培养使用"公筷公勺"的文明习惯。诚信建设更加规范化、制度化,诚信体系更加完善。

民生保障措施进一步落实。实施了"创富淮安"三年计划,强化兜底就业保障,各项社会保险提标扩面,实行企业职工基本养老保险市区统筹。为12万人提供上门居家养老服务。全省2018年义务教育优质均衡发展监测中,我市义务教育优质均衡比例为70.5%,位居全省第三名,教育现代化监测成绩保持苏北领先。城乡低保并轨,标准提高到每月645元。持续提高困境儿童养育费标准和困难残疾人生活补贴标准。推行"急诊救助"机制,提高对遭遇急难的特殊困难群众的救助力度。农村承包地所有权、承包权、经营权三权分置制度进一步完善。全面放宽城市落户条件,完善户籍等配套政策。在全市37个体育公园和文体广场增加了体育健身设施、建成健身步道108 km。

安居乐业的社会环境进一步优化。学习"枫桥经验",推广网格化社区治理模式,持续开展城乡安全隐患治理,建立非诉纠纷解决综合平台,扎实推进文明社区、文明村院建设。综治平安建设打造了"淮安样本",全市298个居民小区视频监控统一联网,信息化与平安建设深度融合。全面实行市场准入的负面清单,对绿色产业项目实行特事特办,严格优化营商环境考核,来淮客商的满意度显著提升。

5. **绿色底色更亮。**绿色地标产业培育不断推进。打造了升级版的"4+2"优势特色产业,盐化新材料产业、特钢及装备制造产业、电子信息产业、食品产业、新能源汽车及零部件产业等都以绿色为底色进行产业升级。地标性龙头企业再上新台阶,今世缘酒业、康乃馨、苏盐井神成功入选江苏省"自主工业品牌五十强"名单,民康油脂名列全国十大品牌油脂企业,苏食肉品名列全国生猪屠宰行业前30强,江苏共创草坪有限公司已发展为全球最大的人造草坪生产企业。江苏时代芯存半导体有限公司被工信部授予"工业强基存储器一条龙示范企业"称号,总投资130亿元时代芯存一期项目的顺利投产,标志着时代芯存成为继美光、三星之后全球少数几个掌握相变存储器研发、生产工艺和自主知识产权的公司。清江浦食品产业园、洪泽食品产业园区、涟水高沟食品产业园完善载体功能,为淮安建设中国食品城、世界美食之都提供了强有力的载体支撑。

智能制造水平不断提升。全市拥有智能装备制造企业202家,骨干企业装备自动化率达75%以上,部分企业的生产、研发、检测等软硬件水平达到国内甚至国际一流。总投资10亿元、年产能5 000辆的比亚迪新能源专用车项目在淮安签约,首台"淮安造"比亚迪新能源专用车在签约一年后正式下线。围绕先进制造业集群和特色优势产业,打造了盐化新材料、特钢及装备制造、电子信息、新能源汽车、生物医药等8个产业技术协同创新联盟。依托产业龙头企业,重点布局了9个国家级重点企业研发机构培育点。目前,大中型工业企业和规上高新技术企业研发机构建有率已达90%。

生态经济取得突破。先后建成了全国绿色食品标准化生产基地70万亩,省级绿色优质农产品基地146万亩,占耕地面积的近3成;获绿色食品认证258个、有机认证16个,国家农产品地理标志商标126件,列全国设区市之首,品牌价值接近500亿元。建成生态健康养殖示范场(基地)1 000多家。到2019年年底,全市种植业、畜禽业和渔业绿色优质农产品占比分别达到55.2%、75.4%、75%,处在全省前列,绿色、健康、安全日益成为"淮味"农产品的标志。生态种植成为绿色发展的新时尚,全市稻田养鱼、稻田养蟹以及稻鸭共作模式得到了农民的支持,虾稻共生成为农民增收的新亮点。2019年全市虾稻共生面积65万亩,比2016年增加62万亩,亩产生态龙虾100~150 kg,亩均虾粮收益达4 000余元。2020年稻虾生态种养突破102万亩,减少药肥使用量70%以上。沿洪泽湖大道10万亩虾稻共生示范园创成省级现代农业产业示范园。景观经济成为一种新的经济发展模式。形成了"文旅+餐饮业""文旅+休闲农业""文旅+康养产业"等业态。

(二)存在的主要问题

在肯定成绩的同时,美丽淮安建设还存在以下五个突出问题。

1. 美丽淮安创建基础工作不够扎实。一些地方在新型城镇化推进、美丽乡村建设上没有规划设计先行,随意性大,品位不高,"仿制品"较多,没有合理"留白",没有彰显本地自然资源优势。一些地方在美丽乡村建设、优势产业发展上资金筹措难度较大、社会矛盾累积较多,因而举步维艰、进展缓慢。

2. "两山"转化的路径还不通畅。因为绿色发展的体制机制还没有基本建立,生态产品市场化存在瓶颈,绿色资源转向绿色产业的困难较多。一些地方存在急功近利的思想,在招商引资中仍然把目光集中在短期内能够提升GDP水平的低端制造方面,对绿色产业重视度不高。部分亟待转型升级的企业创新能力不足,绿色转型的口号始终高于行动,一些企业看不清转型方向、理不清转型思路、拿不出转型升级办法。

3. 生态绿色农业发展的附加值较低淮安农业资源丰富、农产品品质优良,特别是获得国家农产品地理标志证明商标列全国设区市之首。但是,较好的农产品资源优势没有形成较强的农产品产业优势。一方面是土地流转速度慢,家庭为单位进行种植仍然是主流,农场化种植、公司化经营的步伐不大;另一方面依托优势资源发展精品农业、保健农业、风景农业、休闲农业、体验农业的比重还不是很高,特别是在农产品的深度加工、农产品附加值提升方面,缺乏科技支撑,后劲不足。

4. 公共服务供给与美丽淮安建设、美好生活需要还不够匹配。"学有优教、医有良医、老有善养"等方面基础设施不够配套,资源分布不够均衡,公共服务的优秀人才缺乏。这些问题总体来说都是发展和改革中的问题,必须通过加快发展和深化改革逐步加以解决。

5. 部分居民存在程度不同的不文明行为。这主要表现为:公共场所吸烟、乱扔垃圾、随地吐痰、随处吐口香糖、说脏话粗话;践踏花草破坏绿化、侵占或故意损坏市政基础设施、忽略靠右行走(上楼梯)、乘搭公共汽车(升降电梯)不按习惯先下后上(先出后进)、插队、随处张贴涂鸦、在会场影剧院图书馆等安静场所大声讲话或手机铃声扰人、高空掷物、拒绝给老幼孕妇让座;制造噪音深夜扰民、宠物扰人或任由宠物随处大小便、随处晾晒衣物影响市容、在公众场所穿睡衣或赤膊或穿着不雅、侵占公共用地等。

二、建设目标与重点领域

计划到2025年,创成全国文明城市,基本形成美丽淮安建设的空间布局、发展路径、动力机制,美丽淮安建设评估结果领先苏北,总体上建成"五美淮安",争创美丽江苏建设示范市。主要目标如下:

(一)建设领域

1. 空气质量明显提升。二氧化硫、氮氧化物、挥发性有机物等主要大气污染物排放总量明显下降,空气质量优良天数稳中有升,占比力争达到 80%，冬季重污染天数大幅减少。到 2025 年，全市 PM$_{2.5}$ 年均浓度小于 40 μg/m³。

2. 水环境质量明显改善。 污染严重水体大幅减少，饮用水安全保障水平持续提升。到 2025 年，主城区水环境质量明显改善，环城生态区河湖水系全面建成，流域水质优良比例达 80% 以上。

3. 生态安全格局日益完善。 到 2025 年，全市土壤环境质量得到改善，森林覆盖率、中心城区绿化覆盖率分别达到 40%、45%，人均公园绿地面积达到 15 m² 以上。

4. 绿色出行更加便捷。 到 2025 年，中心城区公共交通机动化出行分担率达 65% 以上，其中轨道交通占公共交通出行的 20% 以上。

5. 城市功能品质显著提升。 城镇空间布局更加合理，城市功能不断完善，城市人文魅力更加彰显，城市治理体系和治理能力现代化水平明显提升。

6. 绿色经济发展成效明显。 产业链耦合共生、资源能源高效利用的绿色低碳循环产业体系初步建立，高新技术产业产值占规上工业总产值比重达 30%，全市研发经费支出占 GDP 比重达到 2.3%，重点行业单位增加值能耗、物耗及污染物排放水平持续下降。

7. 绿色发展体制机制基本完善。 生态文明体制改革取得不断进展，到 2025 年，生态环境地方性法规、标准和技术规范体系基本形成，绿色价值取向在全社会普遍形成，绿色低碳生活方式和消费模式成为社会风尚。

8. 美丽中国淮安典范全面建成。 到 2035 年，全面建成生态良好、生活宜居、社会文明、绿色发展、文化繁荣的美丽中国淮安典范。

到 2035 年，以生态文明为核心的市域治理体系和治理能力现代化基本实现，人与自然和谐共生，社会文明程度达到新高度，节约资源和保护环境的空间格局、产业结构、生产方式、生活方式全面形成，建成生态良好、生活宜居、社会文明、绿色发展、文化繁荣的美丽中国淮安典范。

（二）重点领域

根据淮安的优势和发展要求，近阶段美丽淮安建设重点领域建议为以下6个方面。

1. 大力发展生态循环农业。秉持"绿水青山就是金山银山"新发展理念，创新种养结合，推进农业绿色发展模式，为"绿色高地"提供源头支撑。一是加快发展"五大百亿级、三大三十亿级"农业产业。按照"有标贯标，无标制标"的原则，梳理制订各产业绿色发展模式，通过行业协会、龙头企业、家庭农场等加大宣传推广应用力度，与品牌创建、农产品质量安全追溯和信用等级评定、食用农产品合格证制度"三挂钩"，力求省级以上家庭农场、合作社等新型农业经营主体全覆盖。二是在搭建绿色发展平台上下功夫。密切关注国家农业可持续发展试验示范区创建要求，用3～5年时间，创成2到3个整县域国家农业可持续发展试验示范区，或以市为单位创成国家农业可持续发展试验示范区，推进绿色发展方式集成示范推广应用。三是在落实绿色发展重点上下功夫。持续推进农药化肥减量增效行动，保持农药化肥"零增长"或"负增长"。畜禽粪污就地就近转化还田，病死畜禽无害化处理，试点探索农药包装物和农膜回收利用，有序开展受污染土地修复和安全利用，实施果蔬有机肥替代化肥，有计划休耕轮作，建设一批省级以上绿色防控示范区、粮食高产高效绿色示范片。四是在创新绿色发展政策上下功夫。加大财政支持力度，大力一、二、三产业融合发展，做响做强"淮味千年"品牌，解决农产品精深加工、物联网、冷链物流、"互联网＋"等新产业新业态所必需的用地、资金等问题，提升绿色发展全产业链、价值链和销售链水平，将绿色生态优势切实转变为农民增收致富的"真金白银"。

2. 聚焦国土空间规划引领，着力塑造功能科学、布局合理的空间形态美。科学划分城镇、农业、生态等各类空间，尽快形成中心城区、两大产业城镇集聚片和四条联系轴的"一区两片四轴"空间开发格局,落实与人口、资源和环境相协调的国土空间规划。科学编制"十四五"经济社会发展规划和专项规划,有效对接长三角一体化发展、大运河文化带、淮河生态经济带等重大战略规划,加快构建生产空间集约高效、生活空间宜居适度、生态空间山清水秀、可持续发展的高品质国土空间格局。分区分类实施国土空间用途管制,加快洪泽湖、高邮湖、白马湖、大运河、二河、三河等禁止开发区域生态保护和自然修复,增加生态产品供给。探索规划"留白"制度,谋划好弹性发展区与特别用途区,为未来发展预留空间。

一是优化制造业布局,引导制造业向绿色发展。以西南化工区、淮阴区王营西部工业区等老工业区搬迁改造为抓手,谋划闲置厂房清理盘活、低效产业空间"腾笼换鸟",引导乡镇工业向重点片区、重点镇、特色镇集聚。

二是加大新型产业空间供给,加快发展动力向绿色转型。以淮安开发区、高新区等重点产业片区为抓手,促进新型研发创新、产业孵化落地,支持企业、高校、科研机构等建立绿色技术创新项目孵化器、创新创业基地等,推动工业互联网、大数据、人工智能等方面的绿色设施建设,给予新产业、新业态、新模式相应的空间保障。

三是发挥"枢纽+绿色"优势,打造长三角美丽后花园。发挥"空铁水公"复合枢纽优势,进一步完善枢纽集散体系、提升集聚辐射能力,空港枢纽经济区、高铁枢纽经济区、水港枢纽经济区打造为生态特色鲜明的区域绿色经济中心。同时加强与休闲度假、健康养生等产业链接,拓展增值服务功能,推动传统枢纽产业绿色化转型升级。

3. 建设淮安大运河文化带标志性城市。淮安列入大运河保护规划中的各类运河遗产93项,包括京杭运河、黄河故道、洪泽湖大堤等各时期水利工程及相关文化遗产35项,聚落遗产8项,其他运河物质文化遗产21项,非物质文化遗产27项,生态和景观保护区2项。另外,淮安段运河遗产有42项列入全国大运河遗产保护和管理总体规划,约占沿线35座城市遗产总数326项的八分之一。申遗成功后,淮安又有明代陈瑄所建的板闸遗址、清江浦城墙遗址等重要新发现,保存完好、形制独特。大运河淮安段遗产区和缓冲区面积超过1万 hm^2,其中遗产区面积3 979 hm^2,缓冲区面积6 289 hm^2,约占整个大运河世界遗产面积的七分之一。巨大的遗产宝库,需要保护、传承、利用好大运河文化遗产资源,这不仅是时代赋予淮安的重大机遇,更是历史托付淮安的重要责任。

淮安正在按照中办、国办印发的《大运河文化保护传承利用规划纲要》《长城、大运河、长征国家文化公园建设方案》精神要求,以省委省政府提出的"大运河文化带江苏段建设走在全国前列"要求为指导,着力把淮安建设成为大运河文化带标志性城市。主要目标是:将大运河淮安段建设成为中国漕运文化核心展示区、中国水利河工文化经典集成区、运河生态文旅江淮经典体验区、运河保护利用综合示范区,使淮安成为大运河文化带建设中江苏乃至全国的示范段、先行区。同时,大力推进大运河国家文化公园建设。

4. 着力塑造"水懂我心,自然淮安"人文品牌。一是充分发挥全域旅游在经济社会发展中的综合带动作用,大力发展文化遗产旅游、红色旅游、工业旅游、乡村旅游、研学旅游等业态,把旅游业作为繁荣淮安的支柱产业、宜居淮安的绿色产业、安康淮安的富民产业和文明淮安的幸福产业,让到淮安"看河看湖看湿地、品虾品蟹品美食"成为风尚。二是打造运河文化旅游首选目的地。重点推进中国水工科技馆、板闸遗址公园建设等项目;丰富河下古镇、马头古镇、蒋坝古镇三个千年古镇旅游业态。充分发挥生态优势和生态竞争力,把水的文章做足做活。要以建设生态文旅水城和洪泽湖生态经济区为核心,构建全域生态经济体系。三是支持洪泽、金湖、盱眙建设省级生态保护引领区,完成国家生态文明先行示范区试点,把淮安这方水土建成生活美好、令人向往的地方。

5. 建设环洪泽湖生态旅游景观长廊项目。洪泽湖是中国第四大淡水湖,位于苏北平原的淮安、宿迁两市境内,是淮河中下游结合部和淮河生态经济带上一个重要节点。洪泽湖湖区域面积大、湖岸线长。洪泽湖湖区面积约 2 100 km^2,湿地面积 35 万亩,湖岸线长约 300 km,加之湖区水质好、湖岸林木茂密,建成规模甚大的生态景观长廊对湖堤保护、造福人民以及发展生态旅游与民生休闲等意义重大。同时,洪泽湖还有丰富的历史文化资源。洪泽湖周边历史文化胜景较多,如百里人工石坝长堤、始建于东汉时期的高家堰(亦称汉堰)、水下泗州城遗址、明祖陵、清朝建造的奠淮犀牛、老子炼丹台、临淮三国鲁肃出生地、淮阴故城与兵神韩信出生地等,这些历史文化景观与生态长廊可以有机融合。特别是有闻名的红色文化资源,如淮安市西顺河抗日阻击战、黄花塘新四军军部、新四军洪泽湖水上抗日大队,宿迁市雪枫陵园等等,这些红色文化资源均分布在洪泽湖周边。

2018 年,国家实施《淮河生态经济带发展规划》,给洪泽湖的环境保护与生态价值实现带来巨大发展契机。洪泽湖生态旅游景观长廊建成后,将是长三角、淮河流域最大也是最美的环形景观长廊。主要内容有:人行步道与景观绿化、自行车快速车道及附属设施、环湖汽车拉力赛、沿湖现代生态景观农业、沿湖旅游景点等。

6. 积极创建国际湿地城市、争创国家森林城市。淮安湿地资源丰富,洪泽湖是一个巨大的湿地。2019 年 5 月,古淮河湿地公园已创建成为国家级湿地公园。白马湖持续实施"四湖工程",着力培育"四种业态",聚力创建"四大品牌",确保 2020 年创成国家湿地公园。白马湖努力于 2020 年通过国家湿地公园验收。鉴于此,淮安市委、市政府提出创建国际湿地城市。关于争创国家森林城市,2020 年 4 月,淮安市政府已向省林业局发函,申请创建国家森林城市。

三、推进措施

（一）全面提升全市绿色发展水平

坚持把生态文明体制改革作为重中之重，积极探索，勇于创新，通过做好三大重点，努力为生态文明建设增添内生动力。强力推进"三线一单"制度，开展"绿盾"专项行动，实施生态红线管控，保障生态安全。推进企业环保信用等级评价，实行绿蓝黄红黑"五色管理"，对绿色企业优先安排生态环境专项资金补助，减少随机抽查频次；对红色和黑色企业暂停各类生态环境专项资金补助，加大抽查频次，同时实行差别化水电价。推进"智慧环保"建设。积极运用大数据、"互联网＋"等信息技术手段，实施智能、精准、高效的环评事中事后服务。推进市级项目帮办及"101服务"，不断注入绿色动力，推进经济绿色转型。强化环境执法监管。坚持标准严、检查严、督查严、惩处严，对各类环境违法行为"零容忍"，始终保持严厉打击环境违法的高压态势。强化环境监管，创新环境执法监管方式，实施网格化环境管理和"阳光执法"，实行执法过程全记录，在"双随机"执法基础上开展异地执法、交叉执法、驻点执法和节假日夜间无人机飞行督查。强化协同联动，深化公安、检察院、法院、环保等多部门联合执法机制，健全联动执法联席会议、重大案件会商督办等制度，推进"环保执法"与"刑事司法"有效衔接，协调解决突出环境问题。强化环境监测。根据《江苏省生态环境监测监控系统三年建设规划（2018—2020年）》要求，大力推进全市省级重要断面水质自动站、乡镇空气自动站建设，全面完善环境监测网，实现环境质量自动预警。强化环境监测监察执法。严格落实党政同责、一岗双责要求，利用省以下环保机构监测监察执法垂直管理制度改革契机，强化环保队伍建设，建设和利用好江苏省环境污染防治综合监督平台，建立健全条块结合、各司其职、权责明确、保障有力、权威高效的环境保护管理体制。

（二）突出关键领域，聚力聚焦治理污染

坚持把环境保护和污染防治作为服务绿色产业、建设美丽淮安的有力抓手。突出打好大气、水、土壤三大攻坚战，持续改善区域环境质量，着力打造天蓝、地绿、水碧、气爽的投资环境。坚决打好碧水攻坚战，积极推进入河排污口排查整治，提速实施控源截污、污水处理设施提标改造等工程，统筹抓好重点断面治理，切实加强饮用水水源地保护。坚决打好蓝天保卫战，紧盯 $PM_{2.5}$ 浓度、优良天数比率、降尘量等核心指标，突出抓好夏季臭氧管控、重点区域微环境整治、挥发性有机物治理、扬尘污染管控等工作，积极防范应对重污染天气。坚决打好净土持久战，深入推进重点行业企业用地污染状况调查，持续开展重金属隐患排查整治，抓好土壤污染防治先行区建设，实施淮安区季桥化工园区土壤修复工程。

（三）启动洪泽湖生态经济区建设

洪泽湖为我国第四大淡水湖，南水北调重要通道，具有相对独立的生态环境。洪泽湖位于江苏省西部淮河下游，苏北平原中部西侧，淮安、宿迁两市境内，需要由省里牵头，在市发改委或者其他部门成立诸如"洪泽湖生态经济区管理委员会"类似机构。

洪泽湖生态经济区建设的初步设想是：全面贯彻落实党的十九大"两个阶段、两步走"战略部署，体现洪泽湖生态经济区的先行探索，围绕建设我国生态经济创新发展先行区的总体要求，把生态经济区建设与国家促进东中部地区协调发展、淮河生态带建设等有机地衔接，分阶段、有步骤、循序渐进地推进生态经济区建设。到 2020 年，洪泽湖生态经济发展基础逐步提升，生态经济实力不断壮大，生态环境质量显著改善，形成生态与经济协调发展新模式，成为绿色发展增长极。到 2025 年，在更高层次上推进生态、经济、社会协调发展，生态经济规模和质量显著提升，以生态发展为主题的全域生态景观体系基本建成，绿色发展的体制机制活力和生态富民的建设成效位居全国前列，努力建成全国一流、具有国际影响力的

生态经济示范区。到2035年,基本实现社会主义现代化,全面建成国内一流、具有国际影响的生态经济区,人与自然和谐共生,节约资源和保护环境的空间格局、产业结构、生产方式、生活方式全面形成,还自然以宁静、和谐、美丽,区域治理体系和治理能力现代化基本实现。

启动洪泽湖生态经济区建设,有利于增强江淮生态经济区发展新动能。洪泽湖生态经济区建设是贯彻落实省"1+3"重点功能区战略,积极建设江淮生态经济区的重大工程。同时,洪泽湖生态经济区也是长三角以及苏北地区经济发展的重要增长极。按照"提升功能、建设枢纽、培育特色"原则,推进洪泽湖生态经济区建设,着力发展高效农业,打造新型工业体系,积极发展现代服务业,加快城镇化建设步伐,提升航运能力,建设现代化内河航运枢纽,有利于促进淮安苏北重要中心城市建设,带动苏北地区经济发展。

启动洪泽湖生态经济区建设,有利于探索大湖流域生态环境保护新样板。大湖流域的生态环境保护,是当今世界面临的重大课题。推进洪泽湖生态经济区建设,保护和修复湖泊生态系统,有效控制滨湖和出入湖河道沿线地区的生态破坏,有助于保护"一湖清水",维护湿地复合生态系统的完整性和生物多样性,保障淮河流域下游水生态安全。

启动洪泽湖生态经济区建设,有利于探索地区生态与经济协调发展的新路径。通过统一的规划,以内在的社会经济联系为基础,以便利的交通为纽带,以行政的协调领导为保障,充分发挥市场在资源配置中的决定性作用,最大限度地整合地区资源。构建洪泽湖生态经济区,能够有效打通东中部经济联系通道,推进东中部经济对接,实现中部地区与长三角、沿海经济带区域协调发展。

(四)积极探索健全生态价值实现机制

2017年10月,《中共中央 国务院关于完善主体功能区战略和制度的若干意见》提出,在浙江、江西、贵州、青海四省开展生态产品价值实现机制试点。这是我国第一次提出"生态产品价值实现机制"。2019年4月，中办、国办印发《关于统筹推进自然资源资产产权制度改革的指导意见》，提出以完善自然资源资产产权体系为重点，以落实产权主体为关键，着力促进自然资源集约开发利用和生态保护修复。这个政策的出台，对于加快健全自然资源资产产权制度、探索生态产品价值实现、完善生态文明制度体系、推动形成人与自然和谐发展的现代化建设新格局提供了有力支撑。目前全国已有一些地方在积极探索建立能够体现市场价值的自然资源和生态价值实现路径，建立生态产品"评估—定价—交易（补偿）"的价值实现机制。浙江省丽水市打造了"丽水山耕""丽水山居""古堰画乡"等模式，为绿水青山转化为金山银山提供了"丽水样板"。淮安可学习试点先进地区的经验做法，探索政府主导、企业和社会各界参与、市场化运作、可持续的生态产品价值实现路径，加强推进生态产业化建设，将生态要素转化为生产要素、资源优势转化为经济优势，实现生态建设与产业建设的协同发展。盘活生态资源，在科学开发农林牧渔、自然生态、人文景观等传统资源的同时，向气候、空气、水源、土壤等非传统资源开发拓展，充分发挥生态优势，把绿水青山变成金山银山。大力发展生态农业、文化旅游、休闲康养等生态型产业，实现生态产品的价值转化，力争探索出生态产品价值实现的"淮安模式"，打造生态文明建设标杆。

（五）畅通淮安深度融入长三角高质量发展的空间路径

淮安目前虽然是淮河经济带的中心城市，但是处于长三角的边缘，需要融入长三角，建设美丽淮安。目前，最主要的工作是克服空间距离摩擦阻力，加快完善和畅通"水陆空铁"现代立体交通网络，形成由空中航线、高速公路、高速铁路和大运河组成的深度融入长三角核心区的四条空间通道，成为苏北的交通枢纽，全面接轨大上海。只有深度融入长三角，才能实现高质量发展，为美丽淮安建设提供强大的动能。

（六）把淮安作为美丽江苏首批试点示范市

美丽的生态资源禀赋是淮安最为靓丽的特色，生态绿色屏障建设织就了绿蓝亲水的美丽珠链，环境质量提升成为美丽淮安的最大底气，生态水城特质成为城乡宜居的主基调。淮安是长三角北部重要中心城市，是江淮生态经济区中心城市，是淮河生态经济带引领城市，是大运河文化带标志城市，是东部沿海现代综合交通枢纽，是现代绿色产业基地和生态文旅水城。淮安市也获批全国第一批生态文明先行示范区试点，成为苏北唯一国家生态市；金湖县建成首批国家生态文明建设示范县；盱眙县、洪泽区入选首批省级生态文明建设示范县区。

淮安是江淮生态经济区的重要核心城市，江淮生态经济区是全面配合国家大运河文化带和国家江淮生态大走廊划定的功能区经济区，是江苏省"1+3"重点功能区战略的一部分。江淮生态经济区是江苏省地理位置上较为中心的区域，是扬子江城市群、沿海经济带的共同腹地和后花园，这一区域生态资源最集中，土地开发强度最低，近年来在探索生态优先、绿色发展路子上有了一定的工作基础，经济社会发展也取得了长足进展，但发展不够充分、增长不可持续、群众不够富裕的问题仍摆在我们面前，要实现更高水平的发展，重现这一区域在全省乃至全国发展版图中的历史辉煌，必须在生态上做足文章。

2019年7月，中共淮安市委提出大力建设美丽淮安。淮安是通济江淮的生态水城，具有绿、水、文的良好底色和肌理。淮安将坚持新发展理念，以美丽宜居城市和美丽田园乡村建设为抓手，持续优化市域空间布局，抓好城市形象和能级提升、农村环境整治和农房改善，打造清新、自然、疏朗的城市气质和"留得住记忆、记得住乡愁"的乡村特质，建设更具魅力、更加迷人的美丽淮安，成为江苏美丽中轴和绿心地带的明星城市。精心实施"水懂我心，自然淮安"全域旅游战略，全力推进大运河文化带和国家文化公园建设，申创国际湿地城市、全国森林城市、世界美食之都。

淮安盐化工产业绿色发展

淮安盐岩矿区
地质环境保护探析[①]

根据江苏省地震台网测定,2012年9月6日0时41分,在苏鲁交界处发生3.2级塌陷地震,震源深度0 km。虽然这次塌陷地震没有产生地质灾害,但却警示社会,地质环境已经遭到破坏,地质灾害的隐患犹如深埋的"定时炸弹"。塌陷地震往往与地下采矿有密切关系,淮安盐岩的开采,是否会破坏地质环境,引发塌陷地震并带来地质灾害,也应当引起社会的关注。如何在盐岩开采中保护地质环境,预防地质灾害,这也是新盐都建设所必须思考的问题。

一、盐岩矿区塌陷地震的状况

近年来,我国不少地区因为地下采矿,造成地质环境破坏而引发塌陷地震的情况不断增多。陕西省地震局的检测数据显示:从2009年1月19日至2011年3月22日,榆林市各县先后因塌陷、爆破等原因引发的地震共22次,神木县占到了16次,因塌陷引起的地震次数为全省最高。其中,神木县因塌陷引发的地震有14次、爆破造成的地震1次、不明原因1次,地震级最高为3.3级,最低1.5级,每次地震间隔时间最长5个月,最短不到1天。

---

① 本文定稿于2012年12月。

淮安自发现盐岩以来,开采规模逐步扩大,地下溶腔增多扩大,由地下坍塌产生的地应力释放也逐年增多。据淮安市地震台监测统计,在市区地震台半径 20 km 范围内,2011 年发生塌陷地震 8 次,2012 年 1—9 月发生塌陷地震 12 次,最大震级 0.8 级,且波型特征为塌陷应力释放。市区 20 km(半径)范围只有盐岩的地下矿开采,急剧增多的微小塌陷地震,充分说明盐岩矿区的地质环境已逐步遭到破坏,需要引起有关部门的警觉。

二、盐岩矿区的地质环境分析

淮安市的盐岩分布于洪泽盐盆和淮安盐盆两个地块,其埋藏深度在 650~2 100 m(左右)。根据《淮安盐业志》记载,其地质环境如下:

(一)盐岩矿床的强度

岩石的强度,直接关系到盐矿开采后地质环境的稳定。地质学按岩石的成因将岩石分为三种类型,其强度也各不相同。一是由岩浆冷却形成的岩浆岩,强度最大,常见的有花岗岩(岩浆喷到地面冷却的岩石除外)。二是由地下的高温高压对岩石的作用形成的变质岩,强度其次。三是由不同环境下矿物资沉积形成的沉积岩,常见的有石灰岩、泥岩等,强度最差。沉积岩又可以分为海相沉积、湖相沉积和陆相沉积三种,其中,海相沉积岩的强度较强,陆相沉积岩的强度最弱,湖相沉积岩的强度居中。

洪泽盐盆和淮安盐盆地矿层的岩石成因都属于湖相沉积岩,在岩石的三大类型中属于强度最差的沉积岩,而在沉积岩的三种类型中则强度居中。可见,淮安的盐岩矿床的岩石强度并不是很强,对开采后的地质环境有可能发生不稳定影响。

(二)盐岩矿床的岩石矿物性质

按照岩石矿物的硬度,沉积岩可以分为两类,一是硬度较强的硬质岩石,如砂岩、石灰岩,其强度较硬,经得起较大的冲击力,开采时往往需要爆破;二是硬度较低的软质岩石,如泥岩、页岩等,手工挖掘、水的侵蚀等外力作用就能破坏其结构。

淮安的盐岩矿床的岩石,以泥岩、云泥岩为主,少数夹带粉砂岩、粉泥岩。这些岩石遇水后会软化、溶解、膨胀,易改变和降低原来的物理性能和力学强度,虽然有利于盐矿开采,但不利于开采后的地质环境稳定。此外,盐岩矿床中的方解石、白云石等矿物,具有节理(隐形缝隙)多、易溶解的特性,容易改变工程地质条件,也不利于地质环境稳定。

(三)盐岩矿床的地质构造

沉积岩的产状一般可以分为垂直、倾斜和平缓三种状态,垂直产状不容易坍塌,倾斜的容易滑坡,平缓的容易坍塌。淮安和洪泽两盐盆的盐岩产状平缓,在出现地下大溶腔的情况下,容易具备坍塌的条件。

由于古代地质运动,在洪泽盐盆的赵集次凹的东侧和南侧,各发育一组规模较大的断裂带,分别为杨庄—倪胡庄断裂和邓码断裂,同时伴生有较多的裂隙,这些显然不利于地质环境的稳定。而淮安盐盆未见断裂带,裂隙也不发育,只是偶见小裂隙,有利于地质环境的稳定。

三、影响盐岩矿区地质环境稳定的内外因素分析

地质环境稳定性的破坏,往往是一定的地质环境条件和地质动力条件共同作用的结果。对一个矿区的地质环境稳定来讲,岩层的地质结构、岩石性质等是内部因素,而外来的人类活动和动力来源则是外部因素。维护地质环境的稳定既要注意盐岩矿床的内部因素,也要注意外部因素。

(一)影响地质环境稳定的内部因素

1. 矿床深度。埋藏浅有利于开采,不利于稳定;埋藏深不利于开采,有利于稳定。相对来讲,埋藏在 650 m 的浅层矿床,开采后的地质环境稳

定性差。

2. **矿床岩性**。湖相沉积岩的强度居中,而盐矿矿床主要是强度较低的泥质岩,遇水后强度进一步减弱,对开采后的地质环境稳定较为不利。

3. **地质构造**。由于洪泽盐盆存在较为发育的断裂带,对开采后的地质环境稳定较为不利;而淮安盐盆没有断裂带,开采后的地质环境较为稳定。断裂带、裂隙较为发育的矿床,在充填了水的情况下,水有可能成为诱发地下坍塌的"润滑剂"。天气预报中常常会提醒人们注意暴雨之后(或连续雨天之后)的地质灾害,就是因为水在诱发塌方、滑坡、泥石流等方面的"润滑剂"作用。此外,平缓产状的岩层容易带来地下坍塌。

(二)影响地质环境稳定的外部因素

1. **溶腔体积**。人类对地下矿藏的开采,是造成地质环境破坏的主要外因。淮安的盐矿在平缓产状岩层的条件下,溶腔体积越大,越容易坍塌;溶腔体积越小,越不容易坍塌。可见,产量越大的矿,形成的溶腔越大,地质环境就越不稳定。

2. **地质动力**。人类的开采活动、地表的工程施工等都会给地下矿床带来动力作用,只是这些动力源所产生的应力较小,一般不容易带来地质环境破坏,但对浅层的矿床不排除会有地质环境的破坏作用。此外,由一定规模的地震所引发的盐矿地质环境破坏的可能性还是较大的。2012年的4月8日,金湖县发生震源深度5 km的3.6级地震,对盐岩矿床的断层、裂隙来讲,这是较大的破坏性动力,完全有可能引发盐矿区的地质环境的破坏。

四、地质环境保护的建议

盐矿开采虽然可能延续几十年甚至一二百年,但对人类社会的历史长河来讲,也只是短暂的时间。而我们对盐矿开采留下来的地质环境稳定性的破坏,将是永久的。因此,预防和防范可能产生的地质灾害,是开采盐矿的同时所必须承担的历史责任。

（一）强化地质环境保护意识

虽然淮安盐岩矿区目前还未发生地质灾害，所发生的地下塌陷震级最高也只有 0.8 级，但频繁增加的地下坍塌也警示着我们，需要强化地质环境保护，一旦发生较大的地质灾害，造成的损失是不可估量的。淮安处于郯庐断裂带的边缘，不排除未来在淮安的周边发生较大震级的地震，从而引发盐矿区的地质灾害。地质灾害往往是由多因素造成的，淮安盐矿区地质灾害的产生模式如图 1 所示，在 5 种要素共同作用的情况下，将有可能产生较大的地质灾害；在 5 种要素不齐的情况下，或产生较小的地质灾害，或难以产生地质灾害。

一定规模的地震 ＋ 较大的浅层溶腔（开采量大的盐矿）＋ 产状平缓的岩层 ＋ 断层较多裂隙发育 ＋ 水的润滑作用 → 地下塌陷地质灾害

图 1　淮安盐矿区地质灾害形成图

（二）科学规划盐岩矿区建设

盐岩矿区开采后必然产生地质环境的变化，特别是地下溶腔的出现，以及溶腔大小及深浅的分布。在矿区的城市建设规划中应当充分考虑这些因素，科学合理规划，一方面，减少地质环境对城市建设的负面影响；另一方面，最大限度地减少地面工程对产生地下坍陷的诱因。

（三）建设地质环境监测点

据了解，市国土局已在盐岩矿区建立了地面沉降监测网点，能够较为有效地监测盐矿开采对地表环境的影响。建议在盐岩矿区建设地震监测站，有效监测地下采矿点的塌陷情况，为预防地质灾害服务。

（四）健全盐岩矿区地质数据库

目前，淮安还没有完整的盐岩矿区地质数据库，所勘探的地质数据库分散在勘探企业和采矿企业，无法把握盐矿地质环境的整体状况。建议由政府牵头,出台相关政策,汇聚各企业的地质数据,分析、整理、提炼,既为研究盐化工产业发展服务,也为保护地质环境服务。

(五)积极利用溶腔应用保护地质环境

盐矿开采后的地下溶腔,是诱发地下塌陷的重要因素。而地下岩层的塌陷,往往是溶腔顶层应力无法传递而瞬间释放的过程。如果利用溶腔储备战略物资,使溶腔空间处于充满状态,则有利于溶腔顶部可能坍陷的岩层传递应力,或者避免坍塌,或者缓慢释放应力,减轻或化解地质灾害。

没有盐矿开采后的地质环境保护措施,就没有资格开采淮安的盐矿,也没有资格享用盐矿资源,没有资格获取盐矿所带来的财富。了解盐岩矿区的地质环境,分析盐岩矿区的地质结构,加强地质环境的保护,预防地质灾害的出现,是盐化工产业发展的前提条件,是新盐都建设的基本内容,是当代淮安人义不容辞的历史责任。

做大做强淮安元明粉特色产业的调查与建议[①]

我国是世界上芒硝(十水合硫酸钠)储量最多的国家,已探明的芒硝储量有 200 亿 t。我国芒硝分布于 14 个省份,以青海、四川、内蒙古、湖南、云南、新疆最多,占总储量的 90% 以上。江苏的芒硝目前只探明分布在淮安,埋藏厚度深、品质高,有极高的开采价值;在淮安周边 800 km 范围内,没有其他芒硝矿区。不像岩盐矿产,江苏金坛和丰县、安徽定远、河南平顶山探明储量丰富,与淮安形成竞争。因此,可以说,芒硝是淮安独具特色的矿产资源。然而,笔者通过调查后认为,淮安芒硝的资源优势没有完全转化为有竞争力的产业优势,淮安做大做强元明粉(无水硫酸钠)特色产业虽有困难但并非不可为之。

一、淮安元明粉产业发展概况及在全国的位置

(一)淮安元明粉产业发展现状

淮安市芒硝矿主要位于淮阴区的赵集镇和洪泽县的西顺河镇,已探明芒硝储量达 20 亿 t,是我国东部至今发现的唯一大型芒硝矿藏,约占全国总储量的 10%。自 1988 年 10 月中国人民解放军总后勤部在清浦区

[①] 本文刊发于 2013 年 12 月 30 日的《淮安发展研究》(第 6 期)。
本研究报告得到淮安市人民政府主要领导的批示。

黄码乡投资建设江苏淮海盐化厂以来,淮安元明粉开采规模不断加大。目前全市共有12家企业开采、生产元明粉,总共设计开采芒硝年生产能力为299.6万t。这些企业主要分布于淮阴区、洪泽县、淮安区、清浦区和盐化工园区,产量很小。2012年全市共生产元明粉363.8万t,比2011年增加31.8万t,增产9.5%;2012年产量占全国总产量1 480万t的24.58%,生产量占全国的比重(24.58%)超过保有储量(37 376万t)占全国的比重(1.871%)。2013年全市元明粉产量突破400万t大关,在410万t左右,继续保持全国产量第一的位置。由于大多是硝盐混存,淮安生产的元明粉基本是二类标准(GB 6009—2003)。

另外,江苏洪泽银珠化工有限公司正在建设年产60万t硝盐联产生产线,计划2014年正式投产;实联化工(江苏)有限公司也将有很少一部分的元明粉作为副产品。因此,2014年,淮安元明粉产量可能在450万t以上,总产量可能仍居全国首位。

(二)淮安元明粉产业在全国的位置

1. 从产量上看,淮安元明粉现居全国首位,现为我国元明粉主产区。 过去四川的元明粉产量最大,由于受天府新区城镇发展的影响,原来有25家元明粉生产企业,现已关停并转10多家,由于远离华东需求市场,运费成本比淮安高,又元明粉价格近几年持续走低,当每吨标准元明粉低于400元时,四川许多企业生产就亏本,只有14家企业在生产,其他企业大多停产或者开工不足,四川的元明粉退出华东竞争市场。山西运城只有3条元明粉生产线,设计产能为年产45万t,且运城元明粉处于资源枯竭期;山西南风化工集团股份有限公司的元明粉生产地主要在江苏、四川、湖南等。

2. 从设计生产能力看,淮安位列第二。 四川的总设计产能有600万t之多,位于全国第一。淮安位列第二(410万t)。湖南位列第三(150万t)。

3. 从单个公司生产能力看,淮安市的元明粉生产企业没有进入前三

名。目前,全国元明粉生产龙头企业为山西南风化工集团股份有限公司。该集团除了在山西运城有3条元明粉生产线、年产能力45万t外,还在江苏、四川、湖南三省建有6个元明粉生产企业,即南风化工元明粉分公司、江苏南风元明粉有限公司、江苏南风化工有限公司、南风集团淮安元明粉有限公司、四川同庆南风有限公司、衡阳南风化工有限公司。南风化工集团拥有2套20万t,3套15万t,2套10万t,4套12万t,2套5万t、1套7万t的元明粉生产装置,装置能力达到170万t,年实际销量超过210万t,是目前国内乃至世界最大的元明粉供应商。排名第三的湖南澧县新澧化工有限公司独家引进德国先进技术及设备生产元明粉,设计年产能80万t;因技术先进,元明粉纯度达99.7%以上,pH值中性,杂质少,低硬度,是国内唯一生产高纯元明粉的厂家。排名第四的为四川洪雅青衣江公司,采用国内最先进的五效外热式强制循环真空制硝工艺,年产"青衣江"牌元明粉100万t,还可以为客户对粒度、硬度等有特殊要求的产品组织生产。淮安有4家元明粉企业,位于全国前10名,但排名靠后。(表1)

表1 2012年全国元明粉产能前10名企业

排序	企业名称	2011年实际产能/万t	2012年实际产能/万t
1	中国盐业总公司	207.7	124.5
2	南风化工集团股份有限公司	207.7	108
3	湖南澧县新澧化工有限公司	80	80
4	四川洪雅青衣江公司	80	75
5	河南明星化工有限公司	70	65
6	四川眉山精制芒硝有限公司	60	55
7	江苏白玫化工有限公司	50	50
8	江苏井神盐化股份有限公司	57	52
9	江苏大洋化工有限公司	47	50
10	上海太平洋化工集团淮安元明粉公司	42	50

4. **从元明粉加工转化增值上看,淮安处于后位。** 淮安目前是把元明粉作为原料卖,且品种单一,在价格越来越低的情况下,利润空间日益被挤压。山西的南风化工集团在元明粉加工转化上,走在全国前列,用元明粉生产的洗衣粉、皂类、液洗的产销量,目前在全国名列前茅;还生产硫酸钾、复合肥等,其中硫酸钾产销量全国第一。四川省的川眉芒硝有限公司年产60万t元明粉,所生产的三苏牌芒硝系国药准字,为GMP(药品生产质量管理规范)认证的原料药。

5. **从芒硝储量上看,淮安芒硝储量在全国所占比重很小。** 淮安目前已探明的芒硝储量有3.74亿t,在全国位于第8位。

淮安元明粉产业在全国的位置本文用三句话概括:全国的小储量、最大的生产量,不加工、卖原料,生产量大、行业竞争力小。

二、全市元明粉产业存在的主要问题分析

(一)对元明粉产业重视不够

2006年和2011年,淮安市政府委托石油和化学工业规划院分别做了《淮安盐化工基地产业规划》《中国新盐都发展战略规划》,两个规划对元明粉的发展只是提到:争取将芒硝矿的有效开采率从目前的10%～15%提高到25%以上,达到国际先进水平,抓好盐、纯碱、烧碱、元明粉四大百万吨级产品的扩能改造及大项目建设,在生产多品种元明粉、加工利用方面则没有述及。市政府后来启动盐化新材料产业园建设,也没有对元明粉产业给予高度重视,使得元明粉生产一直处于卖低级原料的状态,没有用规划、政策等引导企业从提高资源利用率、增加附加值等方面做大做强该产业。

(二)芒硝资源利用率低,有时会污染环境

我国芒硝资源分布广泛,造成元明粉生产企业众多,企业规模小,平

均产能不到20万t,目前拥有最大产能60万t装置的仅有一家,产业集中度不高。淮安与全国一样,元明粉生产企业呈"小、散、乱、差"等无序状态,产品基本一样,恶性竞争,市场份额小,盈利能力低,于是导致技术创新能力低、环保投入少、管理水平落后,资源开采利用率只有10%左右,远远达不到国内先进企业20%的要求,导致环境污染(偷排废液、排放二氧化碳)。如淮安南风盐化工有限公司曾因机泵坏,故意从污水槽向外溢流含盐硝水到张福河现象。赵集镇的元明粉企业锅炉用煤燃烧时基本都没有添加石灰石脱硫,造成锅炉烟囱排放的尾气含硫量严重超标,有的为了应付检查,做了添加和采购石灰石的假账。洪泽县有的企业也有类似现象。生产元明粉用煤可以说是引起淮安雾霾的众多原因之一。

(三)全市芒硝资源即将枯竭

按照年产450万t元明粉和目前的利用率水平,淮安元明粉行业可能仅有10年多的生产时间。如果平均芒硝的开采回采率提高到21%,淮安维持年产芒硝400万t的水平也不到20年。因此,一方面要加大勘探投入,实施芒硝资源远景地质调查;另一方面,各企业强化科技创新,研究适合淮安的盐硝或者硝盐分离装置,以提高资源综合利用率,减少环境污染。

三、元明粉应用前景展望

元明粉通常用于洗涤、漂染、造纸、玻璃、皮革、合成纤维、油墨、橡胶等工业,也可作为轻质材料的掺和剂、水泥和混凝土的添加剂、有机化工产品的催化剂等。目前,国内市场中洗涤和印染占约50%,水泥、混凝土添加剂占10%,玻璃、造纸业占15%,轻质材料、复合肥料等各种填充料、深加工占15%,其他为10%。元明粉是众多行业所必需的基础化工原料,在国民经济的蓬勃发展过程中扮演着不可或缺的重要角色。近年来,由于其价格经济、应用广泛、衍生加工性强等诸多特性被越来越多地重视和发掘,特种元明粉、药用芒硝、元明粉深加工产品等一系列高附加值的元明粉终端产品已相继面世,它们的出现彻底改变了元明粉只能作为廉价基础化工原料的传统观念。

(一) 元明粉正在用的新用途

(1) 洗涤行业已不再停留在普通纯白元明粉的原料添加。更具洗涤效果和更加人性化的粗颗粒元明粉,彩色粒子元明粉等传统改型特种元明粉正受到消费者的青睐。

(2) 元明粉还可以作为某些禽畜药的载体。目前,每年用于饲料添加剂方面的硫酸钠达到几万吨。

(3) 药用芒硝将成为未来几年元明粉市场的最大亮点之一。目前国内仅有四川川眉芒硝有限公司的三苏牌药用芒硝获国家药监局 GMP 认证。从目前药用芒硝的市场来看,全国市场年需求量约 10 万 t,年销售额将达到 2 亿~3 亿元,市场潜力巨大。

(4) 随着石油价格快速上涨,超细元明粉被开发应用于塑料透明母料的生产,不但可降低塑料制品的生产成本,而且可提高塑料的透明度。透明母料主要用于塑料管材及薄膜的生产,我国年需求量在 10 万 t 以上。

(5) 高纯元明粉(99.8%)已被用于蓄电池领域。目前南风化工集团和新疆韩华公司均已生产。同时新疆韩华公司还生产不锈钢表面处理专用元明粉。

(二) 元明粉可能的新用途

(1) 随着各国对太阳能利用的深入研究,利用元明粉作为介质储存太阳能又重新引起科研人员的重视。因为芒硝的熔点是 32.38 ℃,熔化潜热约 240 kJ/kg,很适合作一般的储能材料。无水芒硝具有较高的比热和密度,因此有较高的热容量,再加上它有较高的可逆晶型转变潜热和熔点,很适合作为高温储能材料。

(2)生产过氧化硫酸钠。在安定剂的作用下,将元明粉与过氧化氢进行化学反应,生成过氧化硫酸钠。生产过程无污染物排放,整个属于真正的绿色生活。目前,南开大学、天津大学、郑州大学、陕西石油化工研究院的研究走在前列。过氧化硫酸钠具有硫酸钠和过氧化氢的双重性质,溶于水时能迅速释放出高活性的原子态氧;常温常压下,该物质活性稳定,储存方便、运输安全。目前过氧化硫酸钠已广泛应用于纺织、造纸、洗涤剂、化妆品、医药卫生和水产养殖业,使用过程无污染排放,其市场前景极为广阔。

(3)用元明粉生产水玻璃,再加工生产超细氧化硅。估计未来5～10年元明粉年市场增长率在15%左右。如果元明粉的新用途得以推广,则需求量更大。目前,国外元明粉生产总量的缩减,为国内元明粉生产企业提供了绝佳的发展机会。全国许多地方正大力扶持发展芒硝产业,淮安要准确地分析和定位元明粉市场,不失时机地做大做强元明粉产业。

四、淮安市元明粉产业扩量增效发展的建议

(一)制定专门的芒硝产业发展规划,设立淮安元明粉产业园

此前制定的盐化工产业规划,对芒硝的发展规划只是一带而过,没有给予重视。芒硝虽然产业链短,但仍然可以生成许多市场需要的化合物,如制造洗涤剂、过氧化硫酸钠等,还能加工成特色元明粉。对芒硝的开采、综合利用要给予足够的重视,制定专门的芒硝产业发展规划,把淮阴工业新区改名为"淮安元明粉产业园",彰显淮安产业特色,把年产值从目前的14亿元左右扩大到25亿元;在盐化新材料产业园预留用地,供芒硝加工增值之用。

(二)强化科技创新驱动,做长做粗元明粉产业链

建立元明粉省级企业中心、市级企业技术中心,市委组织部、市人社

局在高层次人才引进上给予名额和资金支持,力争引进到国家千人计划人才,赴山西南风化工集团、四川眉山精制芒硝有限公司等企业,以及天津理工大学、天津大学、华东理工大学等科研院所引人才、买专利、共研发,以不断培育和增强元明粉技术研发能力,用人才、技术的领先保证产业做强做大。一是研制、生产精制元明粉。提高元明粉的白度与纯度(印染行业)、降低pH值(6～8)、降低钙镁氯离子的含量,生产大颗粒(粒径大于150 μm,应用于玻璃行业)、彩色元明粉(洗衣粉专用点缀颗粒,包括蓝粒子、绿粒子、粉红粒子、紫色粒子、白色粒子等,以改善视觉效果、增强美观度)、特细元明粉(医药上应用)。二是加强特种元明粉的开发和生产。积极推广饲料级、药用级高级元明粉以及新特种元明粉产品,不断拓展元明粉新的应用领域。三是深加工、精加工,延长产业链。目前主要是发展以元明粉为原料的硫化碱、硫酸钡等无机盐化工产品,积极探索和推进元明粉产品的深加工,开发新品,延伸产业链,尽快改变目前卖原料、低产值的状态。四是研究和使用元明粉生产节能技术。目前,元明粉生产大多以煤燃烧作业,一般1 t元明粉需要耗用煤炭175 kg左右,全市生产400万t元明粉就要用煤70万t,因此排放大量的CO_2,对环境产生污染,要积极探索高温冷凝水综合利用、交流变频调速改造技术、热压法生产以及热电联产技术,以清洁生产、降低能耗。

(三)整合经营状况不良的企业,提高行业集中度

凡是资源性产业,都需要规模化生产,以获得规模经济效应和范围经济效应。元明粉行业也不例外。洪泽县政府近年来靠大靠外,走集团化、规模化之路,经过企业整合,将原先的7家企业组建成3家大企业,整合后企业的产能得到增加、管理得到改善、效益得到提升。有的企业不仅发展困难,甚至生存都处于困境,如:南风集团淮安元明粉有限公司、江苏嘉源元明粉有限公司、淮安南风盐化工有限公司等。要通过企业整合,以改变淮阴区赵集镇芒硝矿产开采企业多、规模小、产品档次低的状况。整合

的路径有：

1. 推动元明粉企业进行企业重组，实行大集团战略，提高元明粉行业竞争能力。鼓励江苏省盐业集团来投资。苏盐是在江苏省的企业，制盐企业大部分在江苏，又准备以苏盐旗下的江苏井神股份公司上市，江苏瑞洪盐业的元明粉也是它旗下公司。江苏井神股份公司在赵集镇还有一个淮盐矿业公司（主要是开采岩盐资源，向连云港、盐城送盐卤），2013年也谈过收购江苏嘉源之事；如果能把江苏嘉源收购，同时收购连续亏损的淮安南风盐化工公司，如果可能的话再并购中石化江苏油田新源矿业公司，可组建年产150万t芒硝的大集团企业，同时增加了淮安南风盐化工所有的1.33 km² 岩盐资源的应用，可以综合开采岩盐和芒硝共生资源，否则完全靠开采元明粉已经不现实了，因为淮安现在已经基本没有芒硝资源。

2. 鼓励中国盐业总公司扩大在淮安的芒硝生产规模。中盐目前在淮安没有形成气候，在赵集镇的企业股份卖了，在洪泽的企业只是把江苏南风企业名字改了，并没有取得任何实际控制，只是把生产报表并了而已，元明粉的商标现在基本还用的是银珠牌，企业内部矛盾也很多。但是，中盐是国务院国资委监管、集盐业生产、销售、科研为一体的国有大型企业集团，是亚洲最大的制盐企业，盐产量超过1 200万t，元明粉产量124万t。据悉，中盐在元明粉生产上，正在全国谋篇布局，计划并购四川的企业，适时在青海、内蒙古建立基地。中盐也有意扩大淮安的元明粉生产规模，计划对合适的对象并购或者联营，建议关注中盐的行动并给予支持。

3. 建立当地政府独资或者控股的元明粉生产企业。2013年，淮阴盐化工发展有限公司花费巨资，成功在赵集镇矿区拥有3个探矿权，面积分别为1.75 km²、3.22 km²、6.11 km²，地段具有较高的勘探开发价值，基本上是淮阴区芒硝资源的最后"家底"。如果勘探结果理想，建议成立当地政府独资或者控股的元明粉生产有限公司，在淮安形成苏盐、中盐、淮安三家大的元明粉生产集团。这三大集团联合成立淮安元明粉营销总公司，实行规模化销售和大吨位运输，降低物流和销售成本，防止低价竞争，共同面对可能来自四川的元明粉价格竞争。

（四）成立淮安市元明粉协会

目前，我国还没有成立国家级元明粉行业协会或者类似的组织，四川省成立自己的元明粉行业协会，并发挥了较好的作用。淮安市有一个张福河流域元明粉行业环保协会，企业轮流坐庄，每月召开一次例会，主要是相互打探价格，没有其他实质性的活动。因为元明粉目前是完全竞争市场，生产量上去了，为了扩大销售，价格不断下跌，相互残杀，不利于企业的长远发展，也不利于保护资源。建议在行业主管部门的牵头下，成立淮安市元明粉行业协会，利用协会的桥梁和纽带作用，引导行业健康发展，避免恶性竞争，推动元明粉产业可持续发展。

淮安盐化工园区循环经济路径探析[①]

盐化工行业是高耗能产业,仅制盐的能耗就相当可观。我国制盐的能耗及效率与国际水平的差距较大。我国大型井矿盐企业综合能耗平均在 180~200 kg 标煤,个别装置可接近 140 kg,与国外平均 80~120 kg 标煤相比,差距较大,综合能耗是国外先进水平的 2 倍,生产效率仅为 1/10,因而造成大量资源浪费和环境污染。如果考虑盐的深度加工,生产氯、碱及其有关的化学品,其能耗则相当大,资源浪费和环境污染更为严重。随着我国实施新的能源战略、出台新的清洁生产法和大力发展循环经济政策的实施,许多行业包括氯碱工业的能源和电力价格优惠政策都相继取消,许多盐化工业不得不通过内引外联的方式来解决能源问题,通过循环经济模式来代替原来的线性生产模式,以降低能耗和减少污染排放,发展绿色化工是唯一选择。基于此,本文就全市盐化工产业的循环生产模式进行调研和思考,先介绍盐化工循环生产的两种主要模式,后提出淮安盐化工园区的循环生产要点。

一、煤化—盐化一体化生产模式

按照循环经济的观点,煤化—盐化一体化生产模式属于企业层的循

[①] 本文发表于《淮安发展研究》2012 年第 1 期,得到时任淮安市人民政府常务副市长的批示。感谢淮阴工学院毛善成博士提供的资料与有关观点。

环模式,盐化工业投入原料(盐和煤)、制造产品(碱、氯和有关化学品)、排出废物和废弃物如盐泥和烟道气再利用,可称为"资源—产品—废弃物—再生资源—再生产品"循环经济模式。近年来,煤炭行业凭借其丰富的能源优势和资源优势,大力发展氯碱生产,而且规模大、势头猛。如安徽滁州大型盐化工项目、山西阳泉煤业集团、山东济宁金威煤电公司、陕西煤化集团等,实行煤化—盐化一体化模式,具体生产煤、电、石灰石、盐、氯碱、电石、电石法 PVC、电石渣水泥。还有一些煤炭和岩盐资源丰富的地区,河北宁晋地区,拥有全国储量大、纯度较高的盐矿资源,储量超过1 000亿 t。同时,该地区煤炭资源丰富,邢台市属于重要产煤区,宁晋境内也拥有煤炭资源,储量超过5 亿 t,属于气肥煤田,适合于化工用煤,更有利于化工园区盐煤化工的有机结合。得天独厚的盐、煤资源,成为大力发展煤盐一体化特色产业链的强大支撑。

平煤集团计划用10～15年的建设时间,建设中部最大、国内国际有影响的以煤盐化工、煤基碳一化工、煤基烯烃、综合利用和煤电五大产业链为主的煤盐联合化工产业园,形成以电力、化工原料、合成材料、特色化学品为核心的煤—电—盐一体的产业布局。整个园区计划投资260多亿元,占地 6.2 km²,园区分两期建设,最终达到年产联碱 100 万 t、甲醇 50 万 t、离子膜烧碱 80 万 t、聚氯乙烯 100 万 t、煤基烯烃 60 万 t 的生产能力,预计总产值将达到 270 多亿元,可实现年利税近 60 亿元。产业园建成后还将拉动其他煤盐化工产品的产业发展,使平煤集团成为具有国际竞争力的新型能源化工企业。

二、盐化—农化—精细化工生产模式

这种循环生产模式是盐化工循环利用,生产系列化、精细化,产业高度化、配套化的重要途径,能带来产业的多次增值,具有广阔的发展前景,也是衡量某地盐化工产业发展水平的重要方面。中国盐业总公司和安徽红四方股份有限公司合作,利用安徽丰富的煤炭和岩盐资源,以盐化工为主导,以纯碱、烧碱、聚氯乙烯树脂为核心项目,进一步扩大合成氨、复合肥生产能力,保持农药生产基础,成为国内重要的支农产品生产基地;立足在精细化工领域已经形成的专有技术,生产高附加值产品,成为具有突出特色的精细化学品生产基地,形成独具特色的盐化—农化—精细化工生产模式。山东东营华泰化工集团走的是改进的盐化—农化—精细化工生产模式,形成集盐矿开采、热电联产、盐化工、精细化工、有机化工、纸业化工于一体的一条独特的、具有循环经济模式的产业链。华泰化工集团以氯碱化工、精细化工、纸业化工、热电为主导产业,生产的烧碱、氯气、盐酸、过氧化氢及其他造纸助剂为华泰化工集团造纸提供原料,形成一条独特的产业链,符合国家倡导的循环经济、友好型、节约型发展模式,2007年万元产值综合能耗量为0.66 t标煤。

三、两种循环生产模式的优劣比较

煤化—盐化一体化生产模式,适合煤、盐资源丰富的地区发展煤盐联合化工产业群。近年来,我国在煤化工与盐化工的一体化发展上取得了一定进步,主要以"煤、电、盐、电石、氯碱、电石法PVC、电石渣水泥"产业链为主,已建立数个产业园区。平煤集团依托平顶山地区的煤、盐、石灰石、水资源优势,建设煤盐联合化工产业园,发展煤盐化工,打造循环经济,拓宽企业发展空间。

现代煤化工则以煤制甲醇、甲醇法合成醋酸、煤制油、煤制烯烃、煤制乙二醇和煤制天然气等为主。盐化工主要有纯碱、烧碱、氯气、氢气等产品。传统上,煤化工与盐化工各自独立发展,下游产品开发不够,抗市场风险能力和可持续发展能力较弱。煤化工与发展煤盐联合化工,提高资源利用价值。煤盐联合化工以煤、盐、石灰石资源为基础,通过卤水开采生产真空盐、烧碱、纯碱,真空盐与煤气化制成的合成氨生产纯碱;石灰石和煤焦化生成的焦炭制电石,供生产聚氯乙烯树脂用;电石反应生成的电石渣和卤水精制过程中生成的盐泥作为原料生产水泥;煤发电供电解、电石、园区动力电使用(直供或过网供电),发电副产蒸汽作为园区热源使用。整个产业链生产过程形成闭路循环,各生产单元之间实现原料、产品和副产品的互供,达到综合利用的目的。盐化工联合发展,除电石法PVC这一循环链条之外,煤化工与盐化工下游产品相结合,可产生的化工产品非常丰富,大力发展高档次精细产品,能提高综合利用价值,具有显著的经济效益。

盐化—农化—精细化工的盐化工循环利用发展模式主要适合盐资源丰富而煤炭相对缺乏的地区发展盐化工业。因为,盐化工主要通过煤化工的竞争力体现出来。仅有盐资源而没有廉价的煤炭或水电资源的地区,并不具有大规模发展盐化工的条件。我国总体盐资源分布广,储量丰富,规划建设的制盐能力较大,因此应该谨慎看待地区拥有的盐资源优势。近年来,我国两碱出口增长迅速,2008年出口量均超过200万t,很大程度上由于国际能源价格的上涨,国外发达地区不鼓励发展高耗能、高排放的盐化工产业所致。而我国低廉的煤炭供应以及相对低廉的环保成本,使我国的盐化工产品具有一定的成本竞争优势,促进了出口量的增加。但美国天然碱、大型氯碱化工基地的竞争优势并未失去。虽然2009年起,我国重新恢复了纯碱、PVC等盐化工产品的出口退税,但从我国的能源和环境支撑条件和与国外的竞争力对比看,我国的盐化工还不具备成为外向型行业的绝对优势。

由此可见,盐化工采用何种循环经济模式,要因地制宜,根据本地区的资源状况和经济发展的具体条件而定,才能收到好的效果。像我国四川、青海、陕西、湖北等地区蕴藏着丰富的盐卤和天然气资源,中科院专家咨询组对此开展了对盐化工、天然气化工行业的深入调研,多次赴盐气产地实地考察,探讨实现天然气化工与盐化工互补、资源综合利用的循环经济发展模式及其技术路线,在确立"清洁生产"、"科学用能"和"资源再循环"作为盐卤和天然气资源综合利用的循环经济指导原则的基础上,提出了"盐化工—天然气化工—动力系统"有机集成的资源综合利用模式。

青海盐湖工业集团已发展成为目前全国唯一的大型钾肥生产企业,它启动的百万吨钾肥产品的综合利用项目,首次打造了世界上独一无二的盐湖资源与天然气资源相结合的循环经济产业链。目前盐湖化工已与电力、石油天然气化工、煤化工、有色金属、建筑材料等产业横向链接起来,初步形成了具有柴达木特色的循环型模式,主要有"油气—盐化工""煤—焦—盐化工""有色金属—天然气—盐化工""煤化工—盐化工—建材",积极推动了盐湖化工工业向综合化、规模化、集约化、精细化方向发展。

四、基于原子经济性要求的生产模式

高能耗、高污染是制约传统盐化工行业的症结所在,降低能耗和减少污染就成为现代盐化工业发展中的中心工作。对于淮安而言,仅有盐资源而没有廉价的煤炭或水电资源发展现代盐化工业,受到煤炭和电力不足的困扰。淮安盐岩资源储量巨大,这是一特大型盐矿床,如何发展好淮安的盐化工业,需要综合多方因素,统筹考虑。淮安虽然不产煤炭,但交通便利,距煤炭产地淮南、淮北、徐州只有 200 km,可以建立专用铁路,也可以同时利用淮河进行水运以降低物流成本。淮安的盐化工业发展战略和模式选择,首先必须符合国家产业政策和能源供应状况。中国的现状是能源缺乏的同时,煤炭占能源构成的 70% 以上,今后在一个相当长的时间内也不会改变。盐化工主要通过煤化工的竞争力体现出来。今后,我国能源发展战略的重点是煤的清洁高效和低碳化利用,循环经济型煤化工是实现煤炭清洁高效利用的重要途径。

为了充分利用煤炭资源,根据"原子经济性"要求,要使每一个碳原子都得到充分利用,不产生任何附产物,达到零排放。这个理论在一碳化学和化工能源方面得到了充分发展,并具有广阔的应用情景,这也是本文的重要指导理论支撑。

一碳化学是指研究含有一个碳原子的化学物的化学。一碳化合物有甲醇、甲醛、甲酸、甲烷、光气等有机化合物以及一氧化碳、二氧化碳和单质碳(煤炭)等无机物。随着能源的缺乏和环境温室效应的加聚,人们逐渐认识到减少二氧化碳的排放和燃烧富氢燃料的重要性。在一碳化合物中,甲醇、一氧化碳、二氧化碳最受人们关注。甲醇可以单独用作汽车和飞机的燃料,也可以作为混合燃料使用,同时也是重要的有机化工原料,如生产甲醛、二甲醚等。一氧化碳是重要的还原剂,可用于合成甲醇、甲酸、光气等;还原二氧化碳又可得到一氧化碳。这样,碳、甲醇、二氧化碳和一氧化碳就形成自生的循环。

煤炭与水反应,生成水煤气。燃烧水煤气发电是煤炭清洁燃烧模式,电能用来电解盐水,产生烧碱、氯气和氢气。氢气和一氧化碳反应可合成甲醇,这样,消耗煤炭和食盐将得到烧碱、液氯、甲醇、二甲醚、甲酸、甲醛、光气以及系列含氯化学品,如漂粉精、水合肼、三氯化磷、氯化法钛白粉(消耗盐酸)和有机氯化学品像氯甲苯、氯乙酸、环氧氯丙烷、氯化苄系列、环氧丙烷、聚偏氯乙烯树脂、氯化聚氯乙烯树脂、氯化聚乙烯、甲基氯硅烷、三氯氢硅等。

五、淮安盐化工园区的循环经济模式

淮安盐化工园区始建于 2006 年,经不断调整和扩大,到 2011 年年底,面积扩大到 66.6 km²,入住的主要企业有实联化工联碱项目、建滔 50 万 t 烧碱项目、宏邦香料项目、安邦光气项目、双阳化工项目、华润热电项目、麦道农化项目等,园区基础设施、配套服务设施和生活小区在紧张施工中,个别项目已进行投产。该园区先后被批准为省级特色园区、科技园区、特色基地、农药集中区,成为打造盐化工千亿元产值的重要平台。

根据上述分析,淮安盐化工园区宜走"一碳化工—热电—氯碱化工—精细化工—盐化工新材料"循环利用模式,可以收到节能、减排(硫氧化物和二氧化碳)、降低能耗的功效。要实现这一循环生产模式,应当在盐化工园区的功能区设计、发展总体规划、招商引资、企业产品流程、企业空间布局等方方面面体现循环生产要求,把盐碱科技产业园建成绿色化工园区。根据笔者的调查,园区管理者虽然也有这方面的打算和动作,但是,由于种种原因,在园区企业引进和空间布局时,在市盐化工园区与洪泽盐化工园区的协调上,在西南化工区搬迁问题上,未能更好地体现按中间产品和废物循环利用的原则进行。其后果是:一是将产生许多废料,增加治理的难度和成本。二是不利于发展下游产品,即不利于发展盐化工新材料产业,这是影响淮安盐化工升级换代、提高档次和竞争力的关键环节,也是能否按清洁生产法要求实现千亿元产值的关键环节,希望能得到有关方面的重视。

淮安盐化工产业可持续发展的思考[①]

自 2008 年淮安市委市政府提出三大千亿元产业（盐化工产业、IT 产业和特钢产业）发展战略以来，淮安盐化工产业发展形势良好。就淮安三大千亿元产业的长远发展来讲，盐化工产业既有丰富储量的矿产资源优势，又有一批龙头企业作为产业发展的基础，可谓是天时地利，是三大千亿元产业中最有可能实现销售额千亿元以上的。但是，要建成一个有竞争力的、可持续发展的千亿元产业，还有许多问题值得我们深思。既要我们创新理念，树立科学的发展观；也要我们长期努力，坚持可持续发展。

一、淮安盐化工产业发展的良好形势

近两年来，淮安盐化工产业发展呈现良好的势头，千亿元产业的基础已初步确立。

（一）产业发展初具规模

到 2009 年年底，全市盐化工产业实现销售 249.2 亿元，上缴税金 19.4 亿元，实现利润 13.3 亿元，共有企业 168 户，职工 2.53 万人；全市已形成 300 万 t 精制盐、280 万 t 元明粉、15 万 t 烧碱、35 万 t 纯碱、26 万 t 硝酸的生产能力，成长了一批龙头企业——安邦电化、井神盐业、华尔

---

① 本文刊发于《淮安发展研究》2010 年第 4 期。

润等。

（二）产业规划进一步优化

2007年12月编制了《淮安市工业园盐化工基地规划》，2008年成立了淮安市盐化工园区，初步统一了清浦区、淮阴区、楚州区和洪泽县的盐化工发展的规划管理，进一步明确和统一了盐化工产业的发展方向。

（三）产业发展前景良好

一是盐化工园区招商引资取得突破，投资30多亿元的实联化工100 t纯碱项目落户淮安，多晶硅项目和雪源纯碱项目均已开工建设。二是市区一批龙头企业已进驻盐化工园区发展，如安邦电化、华尔润。三是盐化工园区一批企业进一步发展壮大，白玫、嘉园扩建的元明粉项目已投产，南风、中石油元明粉项目即将开工建设。

二、淮安盐化工产业长期发展中存在的问题

基于淮安丰富的盐矿资源，千亿元盐化工产业的发展应当是经济发展的长期战略。目前，淮安盐化工产业发展的工作开展，有不少仅是基于几年或十几年的工作目标，而从几十年甚至是百年战略的角度来思考，盐化工产业的长期发展还存在一些值得思考的问题。

（一）长期利用盐矿资源的问题

淮安现有盐类矿产资源中，石盐储量约1 300多亿t，芒硝储量约270亿t。面对巨大的盐矿资源，相当一部分干部盲目乐观，在资源开发认识上没有意识到自然资源的有限性和远期价值，认为一百年也开采不完，一种"今朝有酒今朝醉"的开发观念。这种观念导致了工作中重资源开采、轻产业升级，使淮安盐化工产业发展总体上还处于资源开发型。如，无水芒硝探明储量仅5亿t，开采规模已达615万t/a，按此规模芒硝仅能开采80年，如果考虑开采规模的再扩大和部分难以开采的储量，芒硝储量的

开采年限将更短。此外,还有直接卖卤水的情况,是一种最原始的资源消耗型开发。

(二)矿产资源管理问题

1. **在矿产远景管理上,矿藏资源家底不够明晰。**淮安盐矿的淮安盐盆和洪泽盐盆面积约 330 km^2,勘查开发的面积约 80 km^2,尚有许多空白区未开展地质勘查工作。现有资料为各个采矿权人独自持有,不成系统,不仅使大量地质信息浪费,而且使得矿产资源开采利用的远景不明,给后续开发带来了巨大的风险。

2. **在盐矿开采管理上,不重视盐矿资源的有效利用。**由于盐矿所在岩层厚薄不一、面积大小不一、埋藏深浅不一,各采矿企业在生产中为降低市场成本,自然会选择岩层厚、面积大、埋藏浅、地理位置有利的盐矿层,一方面会造成盐矿资源的凌乱开发,在一定程度上产生"东挖西采"的无序现象;另一方面,会造成一些生产条件相对较差的盐矿层资源的浪费。

3. **在开采技术管理上,不重视提高开采技术。**由于石盐、芒硝在地质成因上为共伴生矿床,在盐矿开采中产生了一些技术问题和生产困难。采矿企业在生产中不重视提高开采技术,导致一些矿区回采率达不到设计利用标准,造成了盐矿资源的浪费,缩短了矿山服务年限,如无水芒硝的开采生产率仅 16%。

(三)环境保护的问题

1. **地表环境保护问题。**淮安的盐化工产业对经济发展的贡献是巨大的,但是对地表环境的污染也是巨大的。多年来,环保部门虽然加大环保检查和执法力度,但无法遏制矿区环境承载能力下降的趋势。2009 年 2 月的自来水污染事件,便是盐化工企业对环境污染的典型事例。以目前的环境保护工作体制,是难以有效地遏制今后盐化工产业对环境的污染。这是不得不令人担忧的。

2. 地质环境保护问题。 盐矿资源所在的岩层为沉积岩，经过千万年的地质作用，已经形成了比较稳定的岩层。而盐矿开采，必然会破坏已有的岩层结构，开采过程中的勘探井、矿井、地下"溶洞"，实际上是对自然的地质环境的一种破坏，使得原有较为稳定的地质构造产生不稳定的隐患，在适当的地质动力条件下，都有可能产生岩隙、地下塌陷、地下断层，从而埋下地质灾害的隐患。据报道，近年来由于我国在经济发展中对地质环境的破坏，使得 2010 年 1—6 月的地质灾害比去年同期增加近 10 倍，达到 19 000 多起。

3. 产品价值含量不高的问题。 从盐化工产业链中产品的市场销售价格来看，高端产品每吨万元以上；中低端产品在 5 000～3 000 元/t，甚至更低一些，如"两碱"产品；低端产品每吨几百元，如精制盐和元明粉，一般价格在 300～400 元/t 左右。淮安目前和今后一段时间的盐化工产品将仍然以较低技术含量和价值含量的中低端产品为主，显然不利于盐化工产业的长期发展。

（1）现有产品结构以中低端为主。2009 年，全市盐化工产品构成上主要是低附加值的中低端产品，高技术和高附加值的高端产品占比很少。一是属于初级加工产品的精制盐和元明粉产品比重大，2009 年生产精制盐 300 万 t，元明粉 280 万 t。二是属中低端产品的"两碱"和硝酸产量较大，2009 年生产烧碱 15 万 t，纯碱 35 万 t，硝酸 26 万 t。三是直接出售的卤水产量较大，2009 年销售卤水 214 万 t，售价仅每吨几十元，实际上是卖原矿资源。

（2）投资项目结构以中低端为主。近年来，淮安大规模引进盐化工项目的同时，现有龙头企业也不断投资新项目。但高技术含量和高附加值的精细化工项目较少，大多数仍然是以"两碱"为主的中低端产品项目，如实联化工的 100 万 t 纯碱和井神盐业的 60 万 t 纯碱项目，安邦电化的 20 万 t 烧碱和方圆化纤的 20 万 t 烧碱项目。此外，清江石化、华尔润、大洋公司、洪泽银珠、嘉诚化工的有关项目也均为中低端产品。在亿元以上的投资项目中,只有安邦集团的环氧氯丙烷项目、环氧树脂项目、TDI项目为高附加值项目,与发展千亿元的大产业要求相比,远远不足。

（四）盐化工产业的管理问题

目前,全市的盐化工产业已有168家,缺少统一的产业发展管理机构。一是在园区管理上,市盐化工园区管委会难以有效协调洪泽、楚州、淮阴三个矿区的发展,招商引资各行其是,互相竞争,其实质是局部利益与全局利益的矛盾、基层与上层的利益矛盾,最终结果是出让了地方利益,客商获得了额外利益。二是在部门管理上,市经信委、发改委、盐务局、国土局等部门各管一块,难以有效协调,盐化工产业缺少主管部门。

（五）人才队伍建设的问题

对一个长期发展的千亿元产业来讲,目前,盐化工人才队伍建设主要有以下三个方面的问题。

1. **具有敬业精神的人才队伍不够**。千亿元的大产业,需要有一大批有敬业精神的干部职工队伍,当一个人把盐化工产业的发展作为自己毕生的事业追求甚至作为自己生命的追求,这种人就是我们所需要的盐化工人才。当前,盐化工产业中除了企业中的人才队伍外,由组织上选调的从事盐化工产业发展的管理干部中,能够把盐化工产业发展作为自己的毕生事业追求的人还较为缺乏。

2. **具有高技术的人才队伍不够**。淮安盐化工产业发展虽然初具规模,但高技术的人才队伍却远远不够,从而制约了高技术盐化工产品的研发,并且也印证了全市盐化工产品中精制盐、元明粉和"两碱"产品居多、高技术和高附加值盐化工产品比例极低的现象。

3. **缺乏盐化工人才队伍建设的规划**。淮安虽然提出了千亿元盐化工产业发展的战略,但缺少人才队伍建设的规划,无论是人才培养还是人才引进,都缺少相应的措施,必将制约盐化工产业的发展。

三、淮安盐化工产业长期发展的建议

以淮安盐矿资源的储量,盐化工产业不仅是一个千亿产业,而且是一个百年产业。因此,从百年产业的战略角度来思考盐化工产业的发展,需要加强和改进以下几方面工作。

(一)充分认识盐矿资源长期的价值增值潜力

自然矿产资源的不可再生性和有限性决定了自然矿产资源具有天然的价值增值性,而社会对自然矿产资源的需求具有无限性。在石油开发利用的初期,原油价格是极低的,1971年1月石油输出国组织(OPEC)对原油的价格定为每桶1.80美元,而2008年3月原油价格已达每桶105.57美元,增值了58倍。从战略角度来看,淮安的盐矿资源也具有价值增值潜力。

自然矿产资源的不可再生性和有限性,要求对盐化工资源的开发利用必须树立起可持续开发利用的观念。虽然目前盐矿资源的市场价格不高,但将来也必然会有巨大的自然增值潜力,保护好盐矿资源,避免浪费性的和急功近利性的开采,也就是为子孙后代留下一笔可观的物质财富。

(二)加强盐矿资源的管理

1. **成立盐化工产业管理部门**。与IT产业和特钢产业不同,淮安的盐化工产业不仅规模大而且企业多,管理工作涉及的部门也多,因此,需要有专门的政府管理部门来统一协调和管理盐化工产业的发展,协调市、县、区盐化工产业发展的矛盾,为企业提供更为有效的服务。同时,成立盐化工产业协会(或学会),组织举办盐化工产业发展论坛、学术研讨等活动,发挥协会在产业发展中的作用。

2. **组建盐矿资产管理公司**。由政府投资组建盐矿资产管理公司,统一盐矿开采权和市场经营,并承担起相应的盐矿开采利用服务工作。

（1）实施盐矿资源远景地质调查，全面了解和掌握石盐和芒硝矿产资源分布状况。

（2）全面征集各勘探和采矿企业的地质信息，建立盐矿地质信息库，为各勘探和采矿企业提供信息服务。

（3）逐步统一盐矿开采市场。盐矿资源和土地资源一样，都是宝贵的国有资产，应由政府统一控制开采权。针对目前盐矿资源已经被各采矿企业拥有开采权的情况下，可分期和分规模逐步统一盐矿开采市场。一是授予盐矿资产管理公司开采权，不再批准新的企业盐矿开采权。二是逐步收回采矿企业到期的开采权。三是暂时允许一定规模以上的采矿企业保留盐矿开采权。四是由盐矿资产管理公司对规模以下的企业统一供应盐矿资源，变无序的"挖矿藏"为有序的"切豆腐"。

（三）强化环境保护工作

从长远来看，有效的环境保护是盐化工产业可持续发展的基础。因此，要从推进盐化工产业可持续发展的战略角度强化环保工作。

1. 鼓励企业加强环保技改投入。 政府应进一步完善政策，激励企业加大环保技改投入，完善激励机制，尽量避免先污染后治理。目前的盐业专营体制，既垄断了工业用盐市场，又使得一些盐化工企业在废液的回收处理中产生的工业用盐无法销售，制约了企业对废液的回收处理和技改投入的积极性。淮安可积极联系有关地方政府（有发展盐化工产业规划的）、有关企业共同向国家有关部门反映问题，为企业环保治理创造更好的制度环境。

2. 提高环境承载能力。 一是加大环境保护的社会投入，改善环境。二是提高环境的排污能力。当前，应充分发挥入海水道的排污能力，提高盐化工园区的环境承载能力。

3. 完善环保执法检查机制。 设立盐化工园区的环保执法检查机构，加强对重点污染企业的污染源点的监控，建立常态的、动态的执法检查机制。

4. 建立盐矿区地质信息系统。保护盐矿区的地质环境是所有盐化工企业的社会责任。政府可通过行政管理措施,征集所有勘探井、采矿井的地质信息,逐步掌握盐矿区的岩层分布和地质构造情况,为地质环境保护提供基础服务。

(四)提升产品和项目价值档次

1. 设立盐化工产业发展基金。通过基金的奖励和扶持,鼓励高端产品研发的项目投资,引导企业投资高端产品和发展精细化工。

2. 限制中低端产品的项目发展。目前,"两碱"和元明粉等产品的市场总体上呈现为产能过剩。实联化工的投资项目,省盐业公司对淮安盐化工企业的兼并和投资,其产品也只是中低端的"两碱",目的是占有盐矿资源。因此,淮安在今后的盐化工招商引资工作中,应限制中低端产品的项目。

3. 杜绝直接卖矿现象。直接卖"卤水"是典型的自然资源枯竭型发展模式,其实际增值率是负值。对直接卖"卤水"的现象,应逐步收回盐矿开采权。建立盐矿资源管理制度,杜绝卖矿行为,使之不因领导人的个人意愿而出让矿区人民的长远利益。

(五)加强人才队伍建设

产业的发展离不开人才队伍。淮钢特钢产业的发展,在于有以何达平为首的一支献身于淮钢事业的人才队伍。有这么一个故事,淮钢有一条非常严厉的安全生产纪律,在生产车间不戴安全帽者解除劳动合同。有一位中层干部不慎违反了这一"铁规",尽管这位中层干部非常热爱淮钢的事业,反复请求公司不要开除,给什么处分都可以。但公司还是"挥泪斩马谡",与这位中层干部解除了劳动合同。这位中层干部被开除后,请求在公司无偿劳动服务一年,一年后再重新加入淮钢的职工队伍。

淮安的盐化工产业发展,也要有一支像淮钢一样的人才队伍,这支人才队伍不仅有盐化工产业发展所需的技术,还要有强烈的敬业精神,把发展盐化工产业作为自己终生的事业追求,作为自己的生命追求。因此,盐化工人才队伍需要从以下三方面加强工作。一是建立盐化工产业发展的人才队伍建设规划,培养既有业务技术又有敬业精神的干部职工队伍,形成盐化工产业的人才高地。二是加大盐化工产业人才的培育,特别是利用高校资源培养不同层次的人才。三是组织开展多种形式的产业发展论坛、学术研讨、技改和学术评比表彰,创造人才成长的社会环境。

关于进一步理顺市盐化工园区管理体制及相关问题的思考[①]

2006年开始规划、建设的市盐化工园区,被赋予很高的期望,期盼盐能像明清时期再次给淮安人民带来福祉。然而,盐化工园区已建设7年,目前仍然处于"启动"阶段,启动期远远大于正常园区。市盐化工园区何时能度过启动期,进入速度与效益快速增长阶段?导致这个问题的根源是什么?笔者通过与市、县区政府管理部门、盐及盐化工企业的深入调查,结合《关于调整淮安盐化新材料产业园区管理体制改革的通知》文件的精神,形成本文。

一、淮安盐化工产业发展现状简评

作为摆在全市首位培育的千亿元产值产业,淮安盐及盐化工产业(以下用"盐化工"指称"盐及盐化工")的发展现状,既取得一定的成效,也存在许多问题,可以用"四多三缺一短"来概括。

1. "四多"。一是淮安的石盐资源和无水芒硝储量多,极为丰富。已探明的资源保有储量分别为195亿t和3.74亿t,钙芒硝185.6亿t,石盐和芒硝储量均居江苏省第一位,资源综合储量位于全国第二位,被第七

[①] 本文刊发于《淮安发展研究》2013年第4期。本文得到淮安市人民政府主要领导的批示与采用。

届中国城市品牌大会(2011年7月于三亚召开)授予"中国新盐都"称号。按现行价格计算,潜在总价值有1.91万亿元;按照10%的开采率计,也有0.191万亿元的资源价值。如果生产精细化工,用科技提升附加值,则总价值更大。二是盐和硝的产量大。从1986年淮安朱桥兴建第一个石盐矿山企业算起,全市已经历27个开采年头,有石盐矿山企业12个、芒硝矿山企业8个,分布于淮阴区、淮安区、清浦区、洪泽县,形成制盐开采能力1 278万t,芒硝开采能力395万t的生产能力。2012年,全市实际芒硝产量380万t,稳居全国第二位;盐开采672万t,其中年产食用盐60万t,占江苏食用盐总产量的60%~70%左右。三是产业发展用地空间大。市目前规划的盐化工园区总面积是66.6 km²,合法规划用地是24.36 km²,是全国目前所有盐化工园区面积最大的区,据说还要扩大面积。四是淮安盐化新材料产业发展得到省、市政府的支持颇多。盐化工产业是淮安市着力发展的重中之重产业,市里在产业发展的各个方面给予的关注多、照顾多、支持政策多,这是其他产业无法比拟的。

2. "三缺"。一是发展盐化工产业的人才紧缺。首先,盐化工新材料技术高端人才紧缺。全市具有高级职称的盐化工专家不到40人,中低级职称的有近400人。这些为数不多的高职称人才大多从事制盐制硝,少数人掌握生产"两碱"技术,精通精细化工技术的人才很少。特别是市盐化工园区,中层及以下人员竟然没有一个真正盐化新材料毕业的。其次,盐化工园区现代管理人才紧缺。在市、县区盐化工园区管理队伍方面,化工类专业毕业的人屈指可数。最后,招商、营销、物流、科技金融等对接盐化工第三产业方面的人才同样稀缺。二是盐化工新材料技术紧缺。从全国来看,全市制盐制硝技术较为先进;安邦的离子膜烙烧碱技术和井神的新旭法生产纯碱技术,目前处于领先位置,不过比日本、德国等国家要落后许多。而从氯碱向下延伸,通过与氯气、氢气发生一级、二级反应形成中间体,这些中间体再与其他物质发生化学反应以生成新材料的技术,除了安邦与洪泽盐化工园区的几家企业有一些外,大多数企业没有,从而影响盐化工新材料的生产。传统盐化工是高能耗、高污染的行业,需要通过建立静脉产业园,以消除污染、变废为宝、循环利用,目前全市还没有一个企业有这样明晰的循环生产技术路线。三是园区氯碱项目紧缺。氯碱是盐化新材料的上游关键产品,是循环经济产业链的引擎,全市只有江苏安邦一家企业生产氯碱,产量为 35 万 t,这条生产线建设上马有 6 年左右,当时投入有 17 亿多元,仍然在城市的西南化工区。就是将来某一天搬迁了,35 万 t 的年生产规模也很小,形成不了盐化工业的大气候,需要再上一条至少产量 30 万 t 的氯碱生产线。而某企业原来签订好上年产 50 万 t 的氯碱生产线,后来爽约,给园区新材料产业链的构建带来被动。

3. "一短"。即盐化工产业链短。全市制盐方面的循环工艺取得突破,江苏井神的井矿盐盐碱钙联合循环生产工艺 2013 年 7 月 9 日通过中国轻工业联合会组织的专家鉴定,节水节能、资源综合利用效果明显,属于国内首创技术。江苏银珠与清华大学开发的密胺生产工艺,是典型的煤化工和盐化工的联合项目,将形成以资源综合利用为中心的循环经济产业链。其他企业的循环链条都很短,主要是在本企业内的部分生产环节循环,只有安邦和华尔润进行企业之间的产品相互利用。全市近 110 亿元的盐及盐化工产值中,属于真正盐化工的有 74 亿元,占 67.2%。但是,这 74 亿元产值中,烧碱 35 万 t、纯碱 100 万 t、氯化铵 60 万 t,大多是基础化工产品,产值有 12 亿多元,只有江苏安邦的氯碱下游产品链较长,拥有近 40 个化工、农药产品;市级园区和洪泽园区的企业大多刚投产或者试生产。在循环经济生产方式方面,市区的华尔润和安邦在企业内和企业之间有很短的产业链,但循环的链条短,只有两三个品种。

二、影响盐化工产业发展的关键问题分析

导致全市盐化工产业发展不快、前景不乐观的因素较多,但是,其主

要原因是"主体园区带动能力弱"。市盐碱科技产业园是市盐化工园区的主体园区,市委、市政府对市盐碱科技产业园给予大量的支持,可谓是要风得风、要雨得雨,期盼着在盐化工产业发展方面起带动、引领和示范作用。而经过7年来的运行,市园区目前的情况很不乐观,建设现状还没有与其一路之隔的洪泽县盐化工开发区好;特别是因为市园区的设立,影响了淮安区盐化工区的建设。

另外,作为主体园区,有责任、有义务对其他三县园区进行指导,至少每隔一个阶段召集县区建设情况交流会,对相关问题进行讨论,做出一致性对策。然而,在调查中发现,这样的会议就没有开过,园区之间情况不通报、不沟通、不协调,四个园区事实上已成为相互竞争的对手,导致全市盐化工产业发展处于竞争无序的格局,极大地影响该产业的发展。

究其原因,笔者认为受三方面因素的影响。

一是管理体制不顺、规划和计划推进力度弱。直到目前,市盐碱科技产业园隶属淮安经济技术开发区管辖(园区副处级人员由市委、市政府任命),而经济技术开发区还要同时管辖综合保税区、留创园、科教产业园、空港产业园、软件产业园和开发区的社会管理工作,是全市工业化的重心,工作任务繁重,要做的事件很多。对盐化工这一科技含量高、投入大的产业而言,这不是最佳的管理模式。因为盐化工园区一切工作需要内行领导,只争朝夕,难事会办、特事特办、快事速办、急事即办,而盐碱科技产业园管委会主任在市经济技术开发区是副主任,这样的状况不利于高效率、快节奏的园区工作要求,有时在资金、人员等方面要让一让、等一等,让位于其他园区;有时因理念上的原因,集体讨论会因某个不是负责盐化工园区的领导疑虑而通不过、放一放、看一看。如此情况,一年即使发生一两次,都会贻误盐碱科技产业园发展的良机。这样的体制,也不利于盐碱科技产业园管委会对中下层工作人员的领导,中下层人员执行力不高,违背了现代企业组织管理层级要少的原则。

二是园区懂盐化工产业发展的高层管理者稀缺。在淮安这样经济次发达的区域,新建园区的领导不仅要有奉献精神、改革创新精神、攻坚克难创业创新的勇气,而且对其所在行业至少要是半个专家,目光至少瞄着全国与亚洲领先地区,能在战略上找准发展方向和把握发展大局,进行运筹帷幄,高水平规划、招聘高端人才。

三是受已有的规划编制影响。市已请石油和化学工业规划院分别于2006年和2011年两次编制盐化工产业发展规划,但是规划的质量不高。这主要体现在:虽然提出了发展循环经济的思路,但是,淮安盐化工要生产什么新材料,具体的循环工艺流程是什么,项目布局上如何体现杜邦企业内部的循环经济模式和卡伦堡工业园区模式,都没有在规划上明确提出。此外,园区的管理和运行机制没有设计好。

三、完善市盐化工园区管理体制的几点建议

既然市盐化工园区管理体制问题已影响甚至制约全市盐化工产业的高效发展,必须刻不容缓地打破这种落后、僵化的管理体制。

建议之一:独立运行,实行管委会与开发公司融合一体的管理模式。世界先进化工园区成功经验之一在于建立精简高效、协调有力的管理机构。我国化学工业园区成功的模式有:以上海化工园区为代表的"政府引导、多方合作、企业化运作、流动式开发"模式,以南京化学工业园区为代表的"一套人马、两块牌子"的管委会与开发公司融合一体的模式,以大亚湾石化区为代表的"委托"开发模式等,分别称之为政府型、混合型、公司型。淮安新盐化工园区要吸取盐化工园区发展缓慢的教训,对园区管理体制实行创新。政府型在园区刚启动建设时适用,公司型适用于成熟的园区,淮安盐化工新材料园区适用混合型较为科学、合理,能兼顾政府主导职能的发挥和园区经济效益的获得,可达到"宏观管住管好,微观放开搞活"的效果。

本着"小政府、大服务"的理念,市盐化工园区要尽早从市经济技术开发区独立出来,直接隶属市委、市政府管辖。新园区的党政机构设置有党政办公室、经济发展局、招商局、规划建设局、人才资源局、财政局、研究室、监察室等行政机构。每个部门设立2~3人,招商、规划建设、经济发展等可以有3~4人,总人数在35名左右。这些内设机构大多数园区都有,而人才资源局则少有,其主要职责是:研究拟订园区人才资源发展战略规划;研究拟订园区培养、吸引、使用人才等方面的有关政策;承担盐化工新材料科技人才和信息的收集、整理与分析,组织开展政产学研创新协作和交流交往活动;联系和吸引海内外高层次人才到园区创新创业,为到园区的院士、高端人才、博士后工作站、企业工程技术中心等提供服务保障,优化园区人才发展环境。

同时,成立江苏盐化新材料发展有限公司,注册资金3亿~5亿元,隶属市政府领导,实行"政府监管、企业运作",是园区的开发建设主体,主要负责园区基础设施与配套公用工程的建设管理、盐矿勘探权和开采权的获取、园区房地产开发与经营等事项。按照公司法的要求,建立现代企业制度,设置内部机构。

根据《国家经济技术开发区管理机构职责》和《江苏省经济技术开发区管理条例》等的规定,园区管委会是淮安市人民政府的正处级派出机构,建议设立初期由市政府分管领导担任管委会党工委书记,管委会主任兼任园区发展有限公司董事长或者兼任总经理,总经理也可以向全国招聘合适人选,不要把人选眼光盯着市内选人,可从全国全球分开招聘。

建议之二:完善县区盐化工园区并入后的利益分配解决方法。全市盐及盐化工产业发展中县区启动早,且市设立盐化工园区的很大动因是看到县、区发展盐化工利益丰厚,市盐化工园区的启动在很大程度上又是在县区(2010年之前有清浦区)支持下运行的,因此,需要慎重处理好整合为一体的几个县区的利益分配问题。在调查过程中发现,县区对此很担心,因为盐及盐化工产值占三个县区总产值的比重较大,税收也较多。如,2012年洪泽县盐及盐化工产值占全县的18.7%;淮阴区纳税大户前10位中,有4家属于赵集镇的采制盐企业。因此,不能强行合并;要认真研究,找出一个市、县区双方都能接受的合理方案。

目前笔者还没有找到与本问题相类似的外地做法,能给予启发思路的是:全国各地飞地招商、飞地经济、苏南苏北共建开发区、园区合作共建等的人才流动,对此问题的解决能提供一些启发。淮安涉及的是同一市行政区域内的合并,市与县区之间的利益协调问题。本文对解决该问题提出三个原则:一是要充分考虑县区对发展盐化工产业的贡献,适当照顾县区的利益。无论市与县区的税收分成比例怎么调整,税收都是淮安市的。二是不同县区采用不同的政策。三是都要围绕培育、实现千亿元盐化工产值的目标,讲大局、讲团结。

由于三个县区的情况不相同,对不同的园区宜采用不同的利益补偿机制。

(1) 淮阴工业园区——税收上交渠道不变。该区为市盐化工园区的河西片区,主要位于赵集镇,矿区还涉及韩桥和南陈集一部分,但以赵集为主体。现在的淮阴工业新区规划面积$7.55\ km^2$,其中,启动区面积$3.62\ km^2$,区域及周边探明的石盐储量有192亿t,无水芒硝近13亿t;现有企业11家,已成为华东地区最大的盐卤开采和输送基地,重要的元明粉生产和出口基地。具有打造"百亿元级产业"的基础。2012年,淮阴工业新区实现销售额14.5亿元,国地税共1.4亿元,企业实现利润1.2亿元。淮阴工业新区与目前的市盐碱科技园区在空间上相距较远,中间间隔一个洪泽县,有点像"飞地",为了调动淮阴区发展盐化工的积极性,对该园区目前的税收入库渠道不变,即仍然在淮阴区开票,地方税收留成仍然归淮阴区财政。

(2) 淮安区盐化工园区——签约进园的企业税收分成。该区位于范集镇,于 2007 年启动建设,其园区被市盐化工园区三次共无偿划入近 23 km^2,时间上分别是 2008 年、2010 年、2011 年,涉及张马、秦阳、陆集、刘桥、北桥等 7 个行政村,划去的园区土地也带走当时楚州区签约的宝利化工、宝润化工(改为双润多晶硅,总投资 1.2 亿元、占地 50 亩,已停产)、双阳苯胺(总投资 5 亿元、占地 208 亩,已投产)和天新化工等四家企业。目前,淮安区发展盐化工的积极性受挫,虽然仍然有盐化工开发管理委员会,但是没有专人负责,为区经信委代管;区盐化工园区无一家化工企业,全为建材企业,大的企业是建华管桩。范集镇的西部部分区域是市盐化工园区将来东拓的主要区域,为了将来盐化工园区顺利东扩,鉴于淮安区在被划去的园区已进行一些基础设施建设,参考《关于大流通建设推行飞地招商的实施意见》(淮政发〔2011〕88 号),建议对淮安区已签约在市盐化工园区已投产的(可能是)四家企业,在税收地方留成上主要向淮安区倾斜,可在投产 10 年内,将税收地方留成的 80% 归淮安区,20% 归盐化工园区。10 期满后,全部归市盐化工新材料产业区。

(3) 洪泽盐化工园区——签约进园的企业税收分成。该园区系 2006 年启动建设,分为东、西两区,东区面积有 3.5 km^2,已有 42 个企业签订进区协议,这些企业主要是以生产盐化工新材料为主。至 2013 年 6 月底,有 10 个企业拿到合法生产手续,6 个项目在小试,企业累计总投入 110 亿元,其中投入 10 亿元以上的项目 3 个。这些项目主要围绕打造化工新材料、医药农药、硅系列、精细化工等 4 条产业链。到 2013 年年底,将有 22 个企业生产或者试生产。2012 年,东区产值近 4 亿元,到 2013 年年底,东区销售额估计达到 20 亿元、税收 1 亿元。据调查,东区拆迁、安置和基础设施建设等的投入近 10 亿元,建成"三纵五横"道路 15 km,建成日处理能力 2 万 t 的清涧污水处理厂,园区水、电、路、汽等基础设施配套基本到位。西区规划启动区面积为 13.4 km^2,已洽谈成功 24 个项目,总投资额为 63.7 亿元,占地 3 360 亩,在等待供地。

洪泽盐化工园区并入后，对已投产（包括小试）的企业，可比照淮安区的政策，投产10年内，将税收地方留成的80%归洪泽县，20%归市盐化工园区；对新园区成立之日的已签约基建、小试中的企业，将税收地方留成的60%归洪泽县区财政，40%归盐化工园区。期满后，全部归市盐化工园区。

当然，上述提供的比例仅供参考，可以适当变化。

建议之三：选用强将精兵到园区兴业。园区是吃苦奉献、攻坚创业的战场，不同于党政机关按部就班式的工作，无事业心的人适应不了快节奏的工作。因此，园区上至领导、下至工作人员都要有强烈的责任心。园区管委会领导班子特别是主要领导，不仅要有良好的组织协调能力，还要含"经"量高，对盐化工技术不强求精通，但也要知道行业发展大势，更要有坚定的意志、坚强的斗志和坚韧的毅力，把规划的宏伟蓝图早日变成现实。鉴于目前本市盐化工行业管理人才缺乏的状况，建议园区至少生产技术副主任、总工程师从全国招聘；管委会主任也可以在全国招聘。这样做，人们看到淮安是真正想发展盐化工大产业，对淮安吸引一流科技人才也起到宣传作用。

至于新园区的中下层工作人员，也要由得力人员担任。据调查了解，淮阴区、淮安区、洪泽县由于盐化工园区启动得早，有一批人才能基本胜任，大概每县区有2~4名，他们既有经验、年富力强，又热爱盐化工行业。如果对这些人员进行培训，安排他们到先进园区参观学习，他们大多数能适应高新技术园区的工作要求。

关于新盐化工园区的功能定位、发展目标、高层次人才支撑与引领等问题，将在以后进行专题探讨。

盐化新材料产业：
科学定位·氯碱先行·人才支撑[①]
——兼第九期淮安发展学术沙龙综述

2014年8月24日，第九期淮安发展学术沙龙在市会议中心国际会议厅举行。本期沙龙由淮阴师范学院主办，市政协经济与科技委员会、市经信委、市人才工作领导小组办公室、市盐化新材料产业园区管委会共同承办。来自主办与承办单位、市人社局、质监局、人才中心、科技局、淮安技师学院、淮安日报社、市化工学会、实联化工（江苏）有限公司、江苏银珠、江苏井神、清江石化、淮河化工、江苏嘉诚、江苏棋成、江苏新东风、江苏中泰、江苏麒祥、洪泽县盐化工管委会、淮阴工业新区管委会的40多名领导、专家学者与企业家参加了沙龙活动，与会代表们就盐化新材料产业发展与人才支撑进行了交流、研讨与智慧碰撞。受与会人员观点及思想碰撞的启发，结合笔者近几年的研究，现对淮安盐化新材料产业发展提出如下建议。

一、科学定位，构建特色盐化新材料产业链

与会人员一致认为，盐化新材料产业园区是科技型企业高度集中的区域，园区内的企业对科技创新和市场开拓有更高的要求和新的定位；因

[①] 本文刊发于《淮安发展研究》2014年第4期，得到淮安市人民政府主要领导的批示。

此,园区发展定位要走循环经济发展路径,走企业集群发展路径,使园区企业形成互惠互利、相互依存的协同合作关系,构成园区创新网络,提升园区整体竞争力。目前,市盐化工园区管理体制得到理顺,综合管理能力得到极大提升,但定位至今不明,影响招商引资、引智,影响园区基础设施建设,影响产业链的构建和企业集群的形成,要尽快做好顶层设计。根据与会人员的意见,结合笔者个人的研究,认为有 4 个产业链构建值得关注、选择。

(一) 构建环氧丙烷衍生的特种环氧树脂新材料产业链

环氧树脂为分子结构中含有环氧基团的高分子化合物,固化后的环氧树脂具有良好的物理、化学性能,它对金属和非金属材料的表面具有优异的黏接强度,介电性能良好,变定收缩率小,制品尺寸稳定性好,硬度高,柔韧性较好,对碱及大部分溶剂稳定,因而广泛应用于国防、国民经济各部门,作浇注、浸渍、层压料、黏合剂、涂料等用途。全市已有一定的生产基础,江苏盈恒化工、淮安巴德聚氨酯科技、江苏斯德瑞德化工等三家公司目前年利用环氧丙烷、环氧乙烷等 8 万～10 万 t,加之即将引进的山东金岭集团是我国环氧丙烷产能规模较大的企业,这些企业可带动特种环氧树脂新材料产业的发展。

(二) 构建以环氧丙烷开发聚醚衍生的聚氨酯新材料产业链

聚氨酯是聚氨基甲酸酯的简称,它是一种新兴的有机高分子材料,聚氨酯制品性能可调范围宽、适应性强、耐生物老化、价格适中,被誉为"第五大塑料",因其卓越的性能而被广泛应用于国民经济众多领域,市场前景广阔。全市现有 12 家企业具有生产聚氨酯的基础,已组建了淮安市聚氨酯产业联盟,具有打造聚氨酯新材料产业链较好的发展基础。

(三) 催化加氢,生产精细化学品

催化加氢反应条件温和,一般生成反应物和水,不会生成其他副产物

(副反应除外),并且大量不饱和化合物、含氧化合物、含氮化合物等后续产品质量高、市场需求量高、收益率好,具有很好的原子经济性。因此,在精细化工生产中具有广泛的应用性。如果淮安企业在氢源质量和催化剂选择上得到保证,则可以生产系列化工新材料,可鼓励、引导江苏安邦、淮河化工、福斯特、清江石化等企业催化加氢、生产精细化学品。

(四)构建为新型农药配套的农药中间体和新农药产品产业链

我国虽然有农药中间体生产厂家800多个,但与国外相比,仍然有明显差距,有些产品需要从国外进口,需要研发新的农药中间体,生产新农药产品。江苏安邦通过氯碱产品,生产杀虫剂、除草剂等,具有一定的生产规模。安邦为中国农化总公司的下属企业,中农化已成功兼并以色列的马克西姆阿甘公司,马克西姆阿甘工业公司是世界领先的非专利农化产品制造和销售商,是全球拥有农药品种最多的公司。中农化规划江苏安邦生产新型农药中间体和新农药产品,园区其他企业可以为其生产配套,在园区内构建循环链条。

总之,盐化工与石油化工、煤化工相结合,实行盐化石化一体化、盐化煤化一体化生产,可以打造许许多多特色产业链,这是一个广阔的市场,大有可为。

二、发展氯碱化工,为产业链提供龙头支撑

作为盐化工发展极其重要且比较典型的代表——氯碱工业,其化学反应原理为直流电电解饱和食盐水。每生产 1 t 100% 烧碱,便会连带产出 0.885 t 氯气,还有少部分的氢气。烧碱是生产氧化铝的主要原料,也是造纸、印染、化纤等行业不可或缺的材料。氢气是化工反应单元中用于还原反应的重要物质,在石油化工、电子工业、冶金工业、食品加工、浮法玻璃、精细有机合成、航空航天等方面有着广泛的应用,还有较好的医学用途。氯气则是氯化物的重要载体,下游衍生品有成千上万个,是盐化新

材料产业发展的上游元素,是能给盐化新材料产业园区带来无限想象空间的关键活性物质。换言之,氯碱化工是真正意义上的盐化工上游龙头产业;缺少氯碱产品,园区盐化新材料生产无从谈起。

在沙龙研讨过程中,企业家们和园区管理者都呼吁园区尽快启动氯碱生产线。特别是洪泽盐化工园区,迫切需要氯碱产品。该园区入驻的42个项目中,已建成投产的项目有26个,2013年已实现销售近10亿元;2014年累计将有38个项目建成投产,预计销售40亿~50亿元。如果氯碱上马配套,2015年42个项目将全部建成投产,预计销售额达到100亿元以上;所有项目全部达产达效后,可实现销售400亿~500亿元,税收35亿元。

仅洪泽盐化工园区的12个竣工项目,2014年就需要氯气用量7万多t,2015年将扩大到9万多t。目前,整个盐化工园区没有一条氯碱生产线,所需要的氯气、氢气全部从外部购进,极大地影响园区的发展,影响园区产业链的构建和产品竞争力的提升,迫切需要上马氯碱化工。

从沙龙研讨的情况看,实联化工(江苏)有限公司的林先景总经理明确表示,实联不会在园区上氯碱项目。现在,全国氯碱产能连续几年严重过剩,不能新上氯碱项目,只能通过置换或者搬迁途径。目前,氯碱进入园区,最有可能的途径有两条。

第一条路径:将江苏安邦的隔膜碱置换为离子膜碱。安邦的氯碱年生产能力为38万t,其中,离子膜碱年生产能力为20万t(2010年新上的北京化工机械二厂装置,批准30万t,实际装置20万t),隔膜碱年生产能力为18万t,而2013年安邦实际生产氯碱28.54万t。隔膜碱已过淘汰期,企业计划一两年内停止隔膜碱生产。根据国家的产业政策,可以将安邦的隔膜碱置换为离子膜碱,搬迁入园区。然而,目前安邦没有这个打算,因为安邦以后将主要生产农药中间体和农药,需要的氯碱产品用量很少,离子膜碱足够需要还有大量剩余。该企业是中农化的下属企业,经营听从于中农化的安排。结合市政府对西南化工区搬迁的实际，明确专人与中农化洽谈，给予必要的政策支持，尽早促成安邦先将隔膜碱置换为离子膜碱，搬迁入园区。

第二条路径：山东金岭的部分氯碱装置搬迁入淮安。山东金岭集团年产烧碱 80 万 t，山东金岭淮安盐化工基地项目系盐化工与石油化工综合利用，总投资 100 亿元，占地 3 000 亩。目前，国家发改委还没有批准其淮安项目，即使批准了，也不能新上氯碱项目，只能将山东金岭的部分氯碱生产线搬迁入淮安。

目前尚不能确定山东金岭淮安盐化工基地何时批准、何时开工建设、是否愿意搬迁氯碱生产装置，这些都是未知数。从多方面的情况分析，山东金岭淮安盐化工基地近期批准的难度较大。即使批准，热电如何解决？园区已有实联化工的热电厂，洪泽园区和国信的锅炉因蒸汽压力和温度不符合工业生产要求，以后将会拆除。山东金岭淮安项目基地如果缺乏热电，是不会开工的。因此，园区不能完全指望山东金岭上氯碱产品，这只是待选方案，最佳的路径是第一条，即安邦氯碱置换搬迁入园是上上之策！

三、打造人才特区，创新驱动产业发展

与会专家一致认为，当今时代，创新正在成为新的关键生产要素，创新驱动型的增长是一种结构性的增长，它消除了经济发展中普遍存在的要素报酬递减、稀缺资源以及负外部性等制约因素，为持续稳定增长提供了可能。而人才是创新驱动的载体，人才是第一资源、高端发展资源，人才特别是高层次人才是盐化新材料产业发展的决定性因素。目前，淮安盐化工行业高技术创新人才现状很不理想，具体表现在以下方面。

（一）盐化工产业高技术创新人才占比太小

淮安市高技能人才 7.29 万人；各类专业技术人才 20.19 万人；高级

职称专业技术人才1.47万人。而2002年至2013年省经信委评定的化工、石油专业高级工程师以上职称84人,其中教授级高级工程师只有5人;2010年至2013年市经信委评定的化工、石油专业工程师105人;截至2013年,人社部门评定的化工技师和化工高级技师分别是120人和5人,其中仅有技师17人在企业一线。很明显,盐化工产业的高技术创新人才数量在全市所占的比重非常小。全市盐化工骨干企业高技术创新人才与未来产业发展规模极不相称。(表1)

表1 全市盐化工骨干企业高技术创新人才情况表 单位:个

企业名称	主营业务	员工人数	工程师	高工以上	技师	高级技师
安邦电化	氯碱等	1 649	75	40	8	0
井神盐业	盐硝碱	2 800	86	12	55	4
淮河化工	一硝基甲苯	797	28	3	6	4
银珠化工	碳酸氢钠	1 200	10	2	25	1
嘉诚化工	硝基甲苯	331	19	5	49	3
华尔润	纯碱等	1 475	8	2	10	2
清江石化	石化产品	1 242	57	6	7	0
宏邦化工	二氢月桂烯醇	139	13	4	0	0

(二)产业链下游新材料研发高技术创新人才几近空白

从盐化工企业发明专利情况了解来看,不仅申报和授权的数量少,而且基本上都是围绕"两碱"等基础化工的工艺、装备技术水平展开的,很难找到具有自主知识产权的高端关键新技术新产品。

(三)盐化—石化产业一体化高技术创新人才非常紧缺

目前除了清江石化有少量工程师对石油乙烯产品比较熟悉外,其他企业在有机氯、有机胺两大系列产品和下游产业链方面的高技术创新人才非常紧缺。

（四）在四大千亿元产业中，盐化新材料产业人才最为短缺

其他三个产业大多建有"两站三中心"，人才资源较为丰富，而规划中的盐化新材料千亿元产业处于人才最洼之地。

因此，人才是盐化新材料产业最短的板子，严重制约产业的发展。近年来，市委、市政府对人才工作越来越重视，特别是2014年，印发了《淮安市服务高层次人才创新创业15个暂行办法（说明）》《关于服务创新驱动战略实施人才工作"五项行动"的意见》《淮安市社会引才奖励暂行办法》《淮安市"蜜蜂引才"工作暂行办法》等政策，这些政策激励力度大，人文关怀度高，相信会收到好的引才效果。但是，盐化新材料产业是一个特殊的行业，与科技、资金、物流、市场等关系密切，笔者2014年春夏在苏南、苏中调研化工产业发展时，与陶氏、巴斯夫、杜邦、旭化成等企业管理者交流时，他们明确表示可预见的未来，企业不会来淮安发展。为尽快改变目前这种人才制约因素，使盐化工产业驶上快车道。笔者认为，可以学习江苏六大人才特区建设试点，南京、苏州、无锡、泰州（全省已有人才特区20多个）等做法，在盐化新材料产业园区建设人才特区，使之成为创新特区、创业特区、资本特区，以加快中国盐谷建设进程。初步的设想如下：

（1）建设目标。以求才若渴的心态，以门槛最低、限制最少、政策最优、环境最好、国际化程度较高为标志，打造园区一流的人才优势。经过3~5年的努力，引进或者聘请一批国际高端人才、国内一流人才、项目团队。同时，使用好本地现有存量人才，培养增量人才，造就一支结构合理、素质优良、创新能力强、竞争优势突出的初中高级人才队伍，实现人才强企、人才兴区。

（2）体制机制创新。实行地方政府自主创新模式，自主创新和完善人才的培养开发、评价、选拔任用、流动配置，技术与金融结合等，搭建人才创业平台、优化人才创业环境，激发人才活力，形成最具创新活力、最优创新环境、最具创新氛围的人才特区。

（3）政策创新。政策创新是人才特区建设成败的关键因素。考虑到盐化新材料产业园区在农村的实际,要解放思想,出台专门的人才政策。按照国外人才、海归人才、国内人才、项目团队等四类人才,形成更有吸引力的人才特区政策体系。总的薪酬原则是:引进国外人才适当高于所在国水平,引进国内高层次人才明显高于原来水平,引进国内领军人才高于江苏水平。为此,除了要申请加入江苏省人才特区试点城市外,还要建立财政专项基金。同时,还要实行周到的人文关怀,对引进的人才要在政治上爱护、工作上支持、生活上关心、人格上尊重,使他们很快融入新环境,找到归属感,实现一流人才、一流业绩、一流报酬。

（4）搞好全面配套服务。人才特区建设是系统工程,涉及金融、风投、孵化器建设、保险、医疗、中介服务、签证、居住、子女入学等许多问题,都需要提前考虑、早作准备。

四、构建产业技术创新联盟,建设绿色化工园区

产业技术创新联盟(以下简称"产业联盟")是多个具有独立法人资格的产学研等主体,以具有法律约束力的契约为保障,将各自的资源(人、财、物、市场、技术、信息等)整合在一起,通过资源共享,开展产学研合作,实现利益共享、风险共担。这一新型技术创新合作组织,可以增强企业在科技创新中的主体地位,促进产业核心竞争力的提升,推动产学研在战略层面的紧密合作,促进创新要素的合理流动和优化配置。产业技术创新联盟最适合用于解决产业和行业面临的关键技术和共性技术。目前,超过80%的世界一流公司将产业技术创新联盟作为企业成长的首选战略工具。我国于20世纪90年代末对此进行探索,2008年12月,科技部等六部门联合下发《关于推动产业技术创新战略联盟构建的指导意见》。根据产业技术创新联盟的内涵、运行方式、共享机制,淮安盐化新材料产业完全可以大胆尝试这种技术创新战略方式,总体构建思路如下。

（一）政府给予积极的引导与支持

目前淮安没有一个真正意义上的产业联盟，这是一个新的课题，需要突破禁区，需要给予政府积极引导与支持。盐化工产业联盟的构建需要产业政策的支持和指导，政策部门牵头、联合相关企业、科研院所成立专家委员会，积极向国家、省科技部门申请批准成立产业联盟，以期给予前期引导资金和研发资金；政府和企业都要积极帮助解决高技术创新人才共享中的困难和问题，鼓励高技术创新人才联合申报盐化工相关各类创新项目，市政府财政优先立项重点支持。对盐化工产业技术合作创新有重大贡献和取得重大技术创新成果的高技术创新人才，及时给予物质和精神奖励。

（二）围绕产业发展重点联合研发

盐化工产业联盟构建要以解决共性、关键性产业技术为任务。一要围绕产业定位，在高技术创新人才共享基础上，推动知识产权共享，推动研发、中试、检测等基础设施共建共享。二要围绕研发科技含量高、市场前景广的绿色精细化工产品生产技术与工艺。三要突出技术标准环节合作，注重盐化工产业联盟技术标准的制定，促进质量标准领域高技术创新人才共享。四要积极参与行业、国家和国际标准化工作，提高盐化工产业技术标准的话语权。五要有国际视野，加强与国际化工行业巨头的协作、合作。六要与国内一流研发机构、行业排名前列的企业协作、合作。在目前的起步阶段，笔者建议市政府与南京工业大学共建南京工业大学淮安研究院。待将来发展到一定高度后，再与清华大学、浙江大学、中科院化学与物理研究所等著名研发机构进行深度合作。

（三）操作规范

盐化工产业联盟的构建要遵循科学规律，坚持"政府引导、企业为主、自愿参加、平等协商"原则，高技术创新人才共享也要"有的放矢、实用为上、互补互用、宁缺毋滥",防止缺乏内部需求的"拉郎配",防止高技术创新人才简单配置,防止形式主义影响高技术创新人才合作创新的积极性。

(四)科学管理

盐化工产业联盟的构建应该建立决策、咨询、执行等组织机构,不断研究完善高技术创新人才共享管理机制。制定高技术创新人才参与合作研发等活动的经费筹措和使用管理制度,明确高技术创新人才工作成果和知识产权的归属、许可使用和转化收益分配机制,强化违约责任,保护高技术创新人才的合法权益。

五、抓住江苏石化产业结构调整机遇,与周边企业合作

2011年11月,江苏省政府印发《江苏省石化产业调整和振兴规划纲要》;2013年5月,江苏省委、省政府发布关于贯彻落实《苏南现代化建设示范区规划》的实施意见,要求全省进行石化产业结构调整,推动石油化工等技术改造升级,促进中心城市周边石化等重化工业向江苏沿海地区转移。2014年6月,国务院出台的《石化产业规划布局方案》中,明确其范围限于炼油、乙烯、芳烃(PX)三类产品,全国七大石化产业基地中我省的连云港有幸入选,这对淮安也是一次绝佳的发展机遇。此外,中石化也已完成全国区域发展目标定位。目前,南京规划只在保留扬子石化的基础上对金陵石化公司石油化工进行资源重组和调整,而将扬子石化炼油生产能力在"十二五"期间培育到3 000万t/a;连云港规划炼化项目为1 000万t/a,争取达到3 000万t/a。淮安正好处于南京与连云港之间,可以很好地与两地的化工企业进行合作。为此,市化工学会、清江石化的与会人员建议:

(1)利用淮安与南京、连云港相邻的区域优势,争取两地的石化产品、副产品运到淮安。通过采用先进的技术,进行二次加工,生产石油烯烃,与氯碱相结合,带动园区整体发展。采用石脑油、重渣油裂解制烯烃

和丙烷脱氢制烯烃在淮安实施都是可行的,而且也有一定的企业基础。此举可以带动清江石化分步入园,又可以调整产品结构,还有可能在政策调整中将项目做大。

(2) 实施该项目可以为园区提供充足的丙烯和乙烯。丙烯通过 H_2O_2 直接氧化生成环氧丙烷,形成淮安聚醚系列聚氨酯—新材料产业的发展。丙烯还是生产环氧氯丙烷的原料(淮安目前两个工艺路线都有),从而带动环氧树脂新材料的发展。乙烯通过氯化生产氯乙烯带动淮安聚氯乙烯和氯化聚氯乙烯产业的发展,填补市内产业空白。

(3) 为淮安做大做强有机氯特种精细化学品提供原料保证。利用南京、连云港石油企业的产品、副产品,为淮安盐化工发展提供充足的苯、甲苯、C4、C5、C9和其他石油化工原料,生产特色精细化工产品。

为了达到上述目的,建议市政府首先召开市有关部门和企业会议,在统一思想的基础上,与扬子石化公司进行充分交流并争取合作,为园区项目的建设提供原料保证。希望扬子石化公司将部分石脑油配给淮安,提供丙烷和重渣油的原料来源。在政策允许下,加大清江石化原料的供给量。

时任淮阴师范学院院长朱林生教授出席会议并致热情洋溢的欢迎词,表示淮阴师范学院将进一步加强智库建设,更好服务地方经济发展。淮安市政协副主席朱毅民研究员作了研讨总结,认为本期沙龙规格高、高效有序、观点明晰,高度肯定本期沙龙取得的丰富研讨成果。

(致谢:本文在调研、撰写过程中,得到时任淮安市委组织部部务委员姜洪洋、淮安盐务局副局长韩国虎、淮安盐业公司党委书记丁海林、市委组织部人才处处长张唱、市经信委盐业管理处处长陈莉、市经信委科技质量处处长刘林舟、市化工学会秘书长白宝山、市经信委主任科员王兆成,以及淮安市盐化新材料产业园区管委会、洪泽盐化工园区管委会、淮阴工业新区管委会等领导、专家学者的调研支持,在此一并表示衷心的感谢!)

后 记

呈现在您面前的《淮安绿色高地建设研究》，系笔者近十年来关于淮安绿色发展的35篇调研论文汇集而成。

书中的研究报告在调研过程中得到淮安市委、市人大、市政府、市政协有关领导、有关部门和专家学者的关心、支持和帮助。特别感谢淮安市政府主要领导对一些调研报告的肯定性批示和对有关建议的采用！感谢淮安市政协原副主席朱毅民研究员对调研工作的指导！感谢淮安市委办公室、市人民政府办公室（研究室）、市发改委、市生态环境局、市农业农村局、苏淮高新区管委会、市国土规划局、市统计局等单位在调研上给予的支持！感谢淮安市社科联、科协给予的多方面支持！感谢淮阴工学院副教授毛善成博士对盐化工循环经济发展的宝贵意见！感谢淮安市政协港澳台侨委原主任许斌、市政协经科委副主任潘万林、民建淮安市委副主委庞进亮对调研工作的支持！感谢淮安市广播电视台张振平先生提供封面摄影图片！最后，感谢家人的大力支持。

本调研报告在撰写过程中，参考了大量古今学者的论著论文，有的在书中做了注释，有的未能一一提及，不周之处，敬请有关学者谅解！

最后，向尚未提及到对本书的出版给予支持或者帮助的所有领导、老师、同学、同事和朋友致以诚挚的谢意！

在本书即将付梓之际，中办、国办印发了《关于推动城乡建设绿色发展的意见》。我们将以此书的出版为新的起点,继续开展相关研究,为淮安经济社会发展全面绿色转型贡献绵薄之力。

本书错漏之处,恳请读者批评指正。

特此为记!

何伟　朱洁
2021 年 11 月